KB167637

사자성경
四字聖經

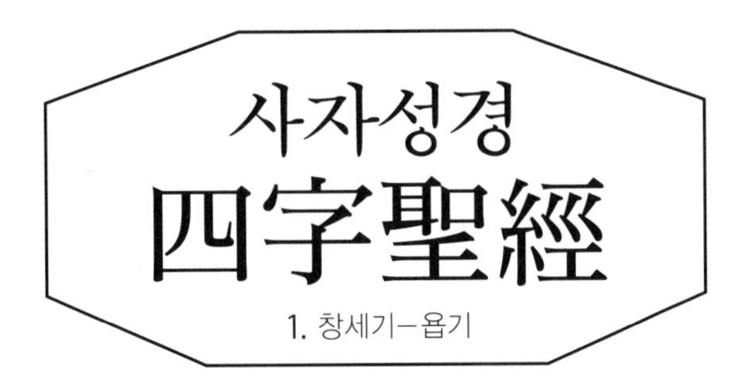

사자성경
四字聖經

1. 창세기–욥기

정종기 편저

홍성사.

머리말

소년 시절부터 아버지께 한학의 가르침을 받았으나 마음에 깊이 새기지 못했다. 그러다 1980년대 말 서강회書講會에서 한문 지식이 부족함을 깨닫고 큰 충격을 받았다. 한문 학습에 대한 필요성을 절실히 느껴 시중에 나와 있는 한문 서적을 구해 익혀 보았으나, 시간을 투자한 만큼의 효과를 얻지 못했다. 조급한 마음은 오히려 한문을 익히는 데 장애물이 되었고, 고루하기 그지 없는 한문 학습서들은 흥미를 떨어뜨려 여러 차례 도전과 실패를 반복했다. 그러던 중 한문 성경을 접하면서 한학에 흥미를 찾게 되었다. "성경을 알면 한문이 보인다"라는 말이 체현되는 감격의 순간순간이었다. 성경 구절을 통해 한문 학습까지 할 수 있는 일거양득의 수확을 거둘 수 있었다. 이를 성경 제자반을 운영하면서 칠언七言과 오언伍言으로 구성하여 교육해 보았으나 익숙지 않은 긴 구절 탓에 학생들 마음에 간명한 깨달음을 주기 어려웠다. 결국 한국인들에게 익숙하기도 하고 기억하기도 쉬운 형태가 사자성어四字成語임을 확인하며 사자성경으로 구성하게 되었다.

1971년 초등학교 교과서에서 한자가 사라진 뒤 한문에 대한 지식 수준은 차츰 저하되었다. 삶의 지혜이자 진리를 담고 있는 사자성어에 대한 활용도 역시 급속하게 낮아졌다. 하지만 한국어의 70퍼센트가 한자어로 되어 있기에 한국어를 제대로 이해하기 위해 한자의 어원을 이해하는 것은 필수라 하겠다.
다행스러운 것은 근래 어린이들이 한자에 부쩍 흥미를 갖게 되었고, 어휘 습득 과정에서 한자 학습의 필요성이 부각되고 있는 점이다. 초등학교 교과서에 한글 한자 병용의 도입 필요성이 대두되고 있다. 한자 교육은 언어를 익히는 기본이라 할 수 있으며 학습자들의 학문적 인식에 많은 영향을 미치기 마련이다. 한자 문화의 중요성이 다시 부각되는 현실에서 사자성경을 통해 성경 말씀을 많은 사람들의 입에서 회자되도록 한다면, 사회 인성교육의 중심 교재로, 학문의 바탕으로, 전도의 말씀으로 크게 도움이 되리라 사료된다. 사자성경이 사자성어처럼 일상 회화의 윤활유 기능으로서, 진리와 지혜를 전하는 말씀으로서 널리 회자되길 바란다.

2018년 3월

차례

일러두기

◦본서는 성경을 통해 한자를 쉽게 익힐 수 있는 학습서로, 성경 구절을 사자四字로 구성하여 가독성을 높이고,
독자가 내용을 필경筆經할 수 있는 자리를 두었다.
예시) 태초에 하나님이 → 太初上帝 〔클(태) 처음(초) 하늘(상) 임금(제)〕
천지를 창조하시니라 → 創造天地 〔만들(창) 지을(조) 하늘(천) 땅(지)〕
◦언어 학습이 더 확장되도록 한문/훈독/영어/중국어 순으로 편성했다.
◦자주 사용되는 어조사(실질적인 뜻은 없고 다른 글자의 보조로 쓰이는 토) '야也', '어於', '언焉', '여歟', '재哉', '호乎' 등은 문맥에 맞게 해석하고자 했다.
◦특별히 설명이 더 필요한 한자와 영어 단어는 그 뜻을 추가해 넣었다.
◦인명과 지명은 성경에서 통용되는 발음을 중국에서 사용하는 한자어로 표기했고, 밑줄로 구분하여 놓았다.
◦성경의 내용 전부를 사언고시로 엮기에 한계가 있어, 스토리로 흐르면서도 일반적으로 널리 알려진 중요 내용을 취하여 엮었다.
◦본서에서 한글 성경은 개역한글판(1996년 발행)을 참조했다.
◦영어 성경은 NIV, KJV, NASB, GNB를 참조했다.
◦한문 성경은 漢文聖經 梨花出版社, 國漢文聖經全書, 現代中文譯本修整版 聖經, 新舊約全書 上帝版 聖經을 참조했다.

◦본서의 한자수는 약 3,600자이며, 겹친 한자를 제외하면 2,700자 이상을 익힐 수 있다.

◦독자들이 필경하기 좋도록 180도 펼칠 수 있는 PUR 제본을 하였다.

◦한국저작권위원회 인문학 분야 특허로 아래와 같이 저작권등록이 되어 있다.

1권 창세기-욥기: 제 C-2016-003020호

2권 시편: 제 C-2016-003021호

3권 잠언-아가: 제 C-2016-004076호

4권 이사야-에스겔: 제 C-2016-012849호

5권 다니엘-말라기: 제 C-2016-017283호

6권 마태복음-요한복음: 제 C-2016-018658호

7권 사도행전-갈라디아서: 제 C-2016-019278호

8권 에베소서-요한계시록: 제 C-2016-020202호

창세기

하나님이 세상을 창조하심과 인류의 시작 및 이스라엘 민족의 형성 과정이 기록됨.

Genesis [dʒénəsis]

太	初	上	帝
클(태)	처음(초)	하늘(상)	임금(제)

태초에 하나님이

創	造	天	地
만들(창)	지을(조)	하늘(천)	땅(지)

천지를 창조하셨다.

太	初	上	帝

創	造	天	地

태초에 하나님이 천지를 창조하시니라. (창 1:1)

*上(상): 하늘, 위, 앞, 임금, 첫째　*帝(제): 임금, 하나님

In the beginning God created the heavens and the earth.

*create [kri:éit] vt. 창조하다, 창시하다

起初, 神创造天地.

上	帝	命	令
하늘(상)	임금(제)	명할(명)	하여금(령)

하나님이 명령하셨다.

上	帝	命	令

當	要	有	光
마땅(당)	원할(요)	있을(유)	빛(광)

빛이 있으라 하셨다.

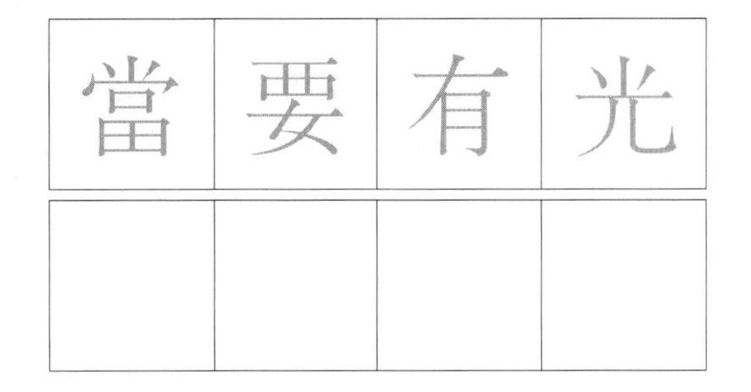

當	要	有	光

하나님이 가라사대 빛이 있으라 하시니라. (창 1:3)

Then God said, let there be light.

神说, 要有光, (就有了光)

穹	蒼	爲	天
하늘(궁)	푸를(창)	할(위)	하늘(천)

궁창을 하늘이라 하셨다.

有	夕	有	朝
있을(유)	저녁(석)	있을(유)	아침(조)

저녁이 있었고 아침이 있었다.

穹	蒼	爲	天

有	夕	有	朝

궁창을 하늘이라 하고, 저녁이 되고 아침이 되니라. (창 1:8)

God called the expanse sky, and there was evening, and there was morning.

*expanse [ikspǽns] n. 넓고 푸른 하늘, 창공蒼空, 팽창, 확장

神称空气为天. 有晚上, 有早晨,

上	帝	名	陸
하늘(상)	임금(제)	이름(명)	육지(육)

하나님이 땅이라 이름을 붙이셨다.

上	帝	名	陸

上	帝	名	海
하늘(상)	임금(제)	이름(명)	바다(해)

하나님이 바다라 이름을 붙이셨다.

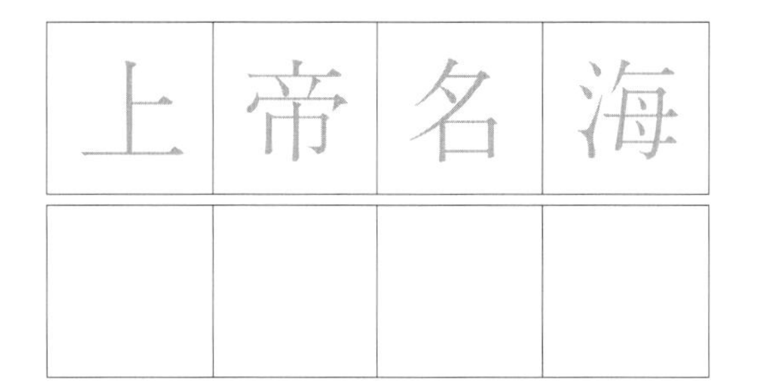

上	帝	名	海

하나님이 (뭍을) 땅이라 칭하시고 (모인 물을) 바다라 칭하시니라. (창 1:10)

God called the dry land earth, and he called seas.

神称旱地为地, 称水的聚处为海.

天	上	發	光
하늘(천)	위(상)	밝힐(발)	빛(광)

하늘을 빛으로 밝히셨다.

天	上	發	光

分	別	晝	夜
나눌(분)	다를(별)	낮(주)	밤(야)

낮과 밤을 나누셨다.

하늘에 광명체들이 있어 낮과 밤을 나누었더라. (창 1:14)

*發(발): 피다, 밝히다, 쏘다, 들어나다, 계발하다

There be lights in the sky, separate the day from the night.

天上要有光体, 可以分昼夜,

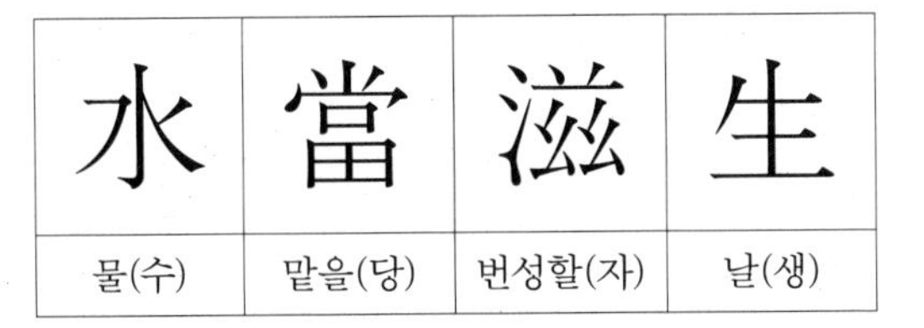

水	當	滋	生
물(수)	맡을(당)	번성할(자)	날(생)

물에는 생물들이 번성했다.

有	生	動	物
많을(유)	살(생)	움직일(동)	만물(물)

많은 동물이 살게 되었다.

水	當	滋	生

有	生	動	物

물에는 생물이 번성하고 많은 동물이 살게 되었더라. (창 1:20)

*當(당): 마땅, 맡다, 저당抵當

Let the waters teem with swarms of living creatures.

*teem [ti:m] vi. 번성, 충만(풍부)하다, 열매를 맺다　*swarm [swə:rm] n. 떼, 무리

水要多多滋生有生命的物；

鳥	飛	地	上
새(조)	날(비)	땅(지)	위(상)

땅 위에는 새들이 날았다.

鳥	飛	地	上

上	戾	穹	蒼
위(상)	이를(려)	하늘(궁)	푸를(창)

위에는 푸른 하늘이었다.

上	戾	穹	蒼

땅 위 하늘의 궁창에는 새가 날도록 하시고, (창 1:20)

*於(어): 어조사, 에, 에서, 따르다, 가다, 존재하다, 탄식하다(오)

Let birds fly above the earth in the open expanse of the heavens.

要有雀鸟飞在地面以上, 天空之中.

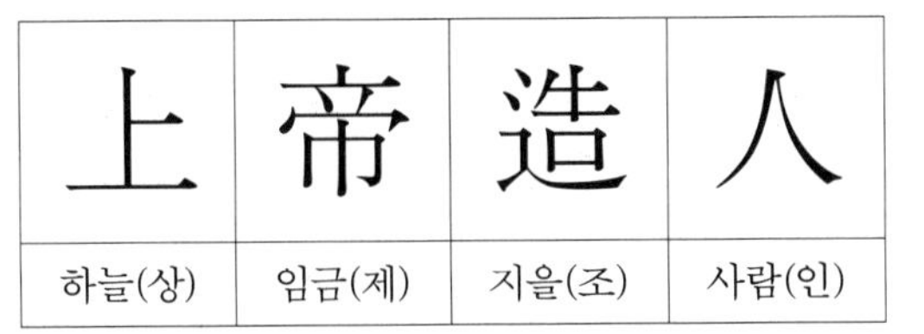

上	帝	造	人
하늘(상)	임금(제)	지을(조)	사람(인)

하나님이 사람을 창조하셨다.

上	帝	造	人

造	男	造	女
지을(조)	남자(남)	지을(조)	여자(녀)

남자를 창조하시고 여자를 창조하셨다.

하나님이 사람을 창조하시되 남자와 여자를 창조하시고, (창 1:27)

God created human beings, God created male and female.

神造人, 造男造女.

男	離	父	母
남자(남)	떠날(리)	아버지(부)	어머니(모)

남자는 부모를 떠나

男	離	父	母

與	妻	聯	合
함께(여)	아내(처)	연결(연)	합할(합)

아내와 연합하게 된다.

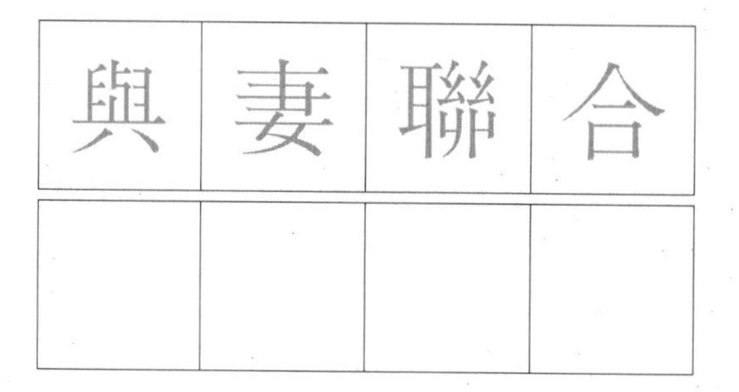

與	妻	聯	合

남자가 부모를 떠나 그의 아내와 연합할 것이라. (창 2:24)

*與(여): 더불다, 함께하다, 같이하다, 참여하다, 협조하다

A man shall leave his father and his mother, and be united to his wife.

人要离开父母, 与妻子连合,

主	造	生	物
여호와(주)	지을(조)	날(생)	만물(물)

여호와께서 지으신 생물 중에

莫	效	於	蛇
없을(막)	본받을(효)	에(어)	뱀(사)

뱀에게는 본받을 것이 하나도 없었다.

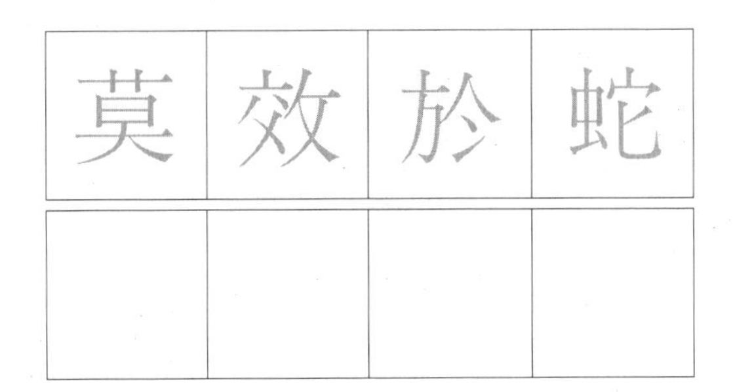

여호와 하나님이 지으신 것 중에 뱀은 가장 간교하니라. (창 3:1)

The serpent was more crafty than any beast which the Lord God had made.

*crafty [krǽfti, krá:f-] a. 교활한cunning, 간악한, 교묘한, 능란한

耶和华 神所造的, 惟有蛇比(田野一切的活物)更狡猾.

蛇	謂	婦	曰
뱀(사)	이를(위)	여자(부)	말씀(왈)

뱀이 여자에게 말했다.

蛇	謂	婦	曰

園	中	諸	樹
동산(원)	가운데(중)	모든(제)	나무(수)

동산의 모든 나무들 중에서

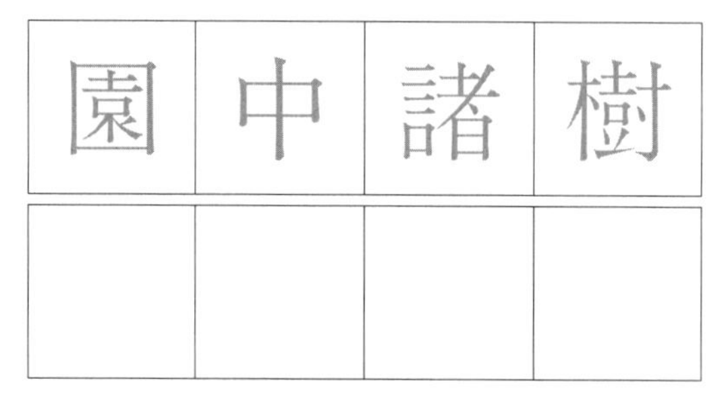

園	中	諸	樹

뱀이 여자에게 물어 이르되 동산의 모든 나무들 중에서 (창 3:1)

The serpent said to the woman, any tree of the garden,

蛇对女人说:园中所有树

上	帝	皆	戒
하늘(상)	임금(제)	모두(개)	경계할(계)

勿	食	果	乎
말(물)	먹을(식)	과실(과)	인가(호)

하나님이 모든 것을 경계하시며

열매를 먹지 말라 하셨느냐?

上	帝	皆	戒

勿	食	果	乎

하나님이 (참으로) 모든 열매를 먹지 말라 하시더냐. (창 3:1)

*乎(호): 인가, 로다, 에, 구나

Indeed, has God said, shall not eat fruit?

神岂是真说, 不许你们吃果子吗?

惟	園	之	中
오직(유)	동산(원)	~의(지)	가운데(중)

오직 동산 중앙에 있는

惟	園	之	中

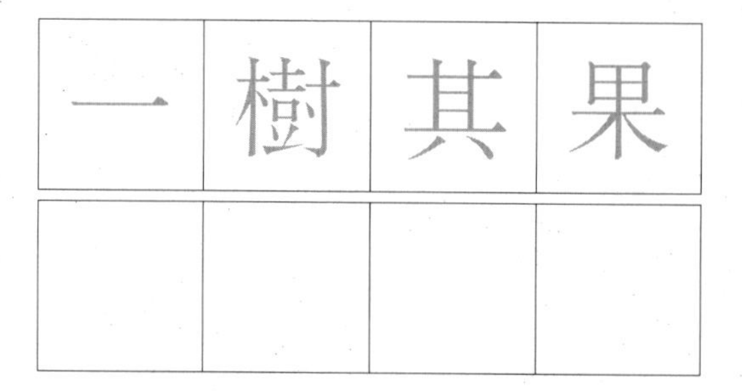

一	樹	其	果
한(일)	나무(수)	그(기)	실과(과)

그 한 나무의 과일은

一	樹	其	果

동산 중앙에 있는 그 나무의 과일은 (창 3:3)

*之(지): 가다, 의, 지, 에, 을, 그리고　*其(기): 그, 그것, 장차, 그래서, 이에

But from the fruit of the tree which is in the middle of the garden,

惟有园当中那棵树上的果子,

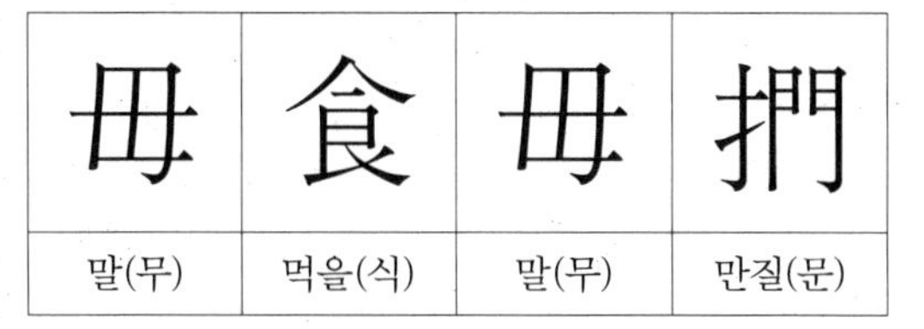

毋	食	毋	捫
말(무)	먹을(식)	말(무)	만질(문)

恐	致	死	亡
두려울(공)	이를(치)	죽을(사)	망할(망)

먹지도 말고 만지지도 말아라,

두려움에 이르고 죽게 될 것이다.

먹지도 말고 만지지도 말아라, 그렇지 않으면 너희가 죽게 될 것이니라. (창 3:3)

You shall not eat from it or touch it, or you will die.

你们不可吃, 也不可摸, 免得你们死.

蛇	對	婦	曰
뱀(사)	대할(대)	여자(부)	말씀(왈)

뱀이 여자에게 말했다.

蛇	對	婦	曰

爾	未	必	死
너(이)	아닐(미)	반드시(필)	죽을(사)

너희는 절대로 죽지 않을 것이다.

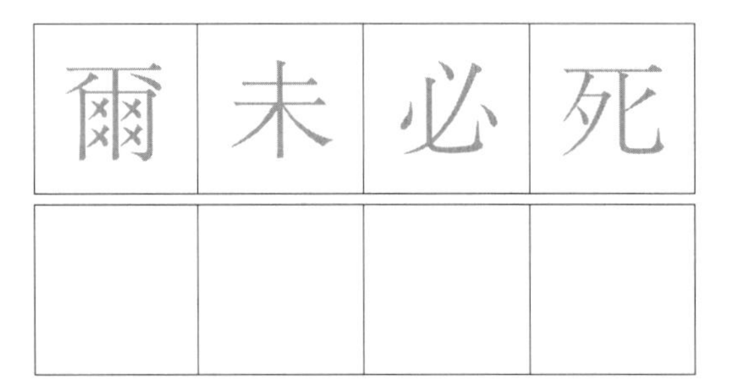

뱀이 여자에게 말하기를 너희는 절대로 죽지 아니하리라. (창 3:4)

The serpent said to the woman, you surely will not die.

蛇对女人说, 你们不一定死.

婦	見	樹	果
여자(부)	볼(견)	나무(수)	과실(과)

여자가 그 나무의 과일을 보았다.

可	食	可	觀
가히(가)	먹을(식)	가히(가)	볼(관)

가히 먹고 싶고 보기에도 좋았다.

婦	見	樹	果

可	食	可	觀

여자가 그 나무의 과일을 본즉 먹음직도 하고 보암직도 하였더라. (창 3:6)

*可(가): 옳다, 가히, 쯤, 정도

The woman saw that the fruit of tree was good for food and pleasing to the eye.

*pleasing [plí:ziŋ] a. 즐거운, 기분 좋은, 유쾌한, 만족한

于是女人见那棵树的果子好作食物, 也悦人的眼目,

能	得	智	慧
능할(능)	얻을(득)	지혜(지)	지혜(혜)

능히 지혜를 얻을 수 있어

能	得	智	慧

摘	其	果	食
딸(적)	그(기)	과일(과)	먹을(식)

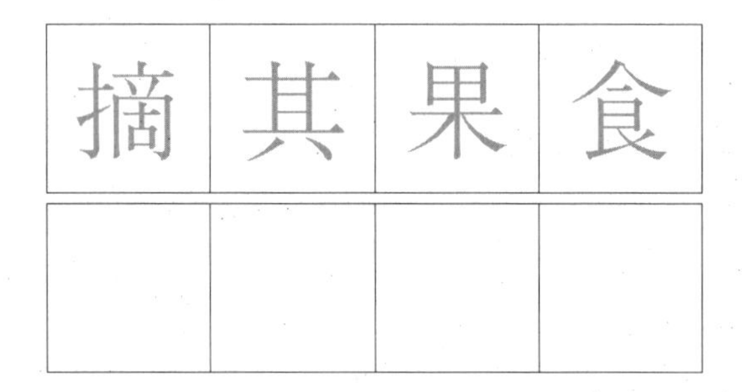

그 과일을 따서 먹었다.

摘	其	果	食

능히 지혜롭게 할 수 있어 그 과실을 따먹었더라. (창 3:6)

The tree was desirable to make one wise, she took from its fruit.

*desirable [dizáiərəbəl] a. 탐스러운, 갖고 싶은. 매력 있는

能使人有智慧, 就摘下果子来吃了,

並	給	其	夫
아우를(병)	줄(급)	그(기)	남편(부)

아울러 그의 남편에게 주었다.

並	給	其	夫

夫	亦	食	之
남편(부)	또(역)	먹을(식)	갈(지)

남편도 먹었다.

夫	亦	食	之

아울러 남편에게 주었는데 남편도 역시 먹은지라. (창 3:6)

*之(지): 하였다

She gave also to her husband, and he ate.

*husband [hʌ́zbənd] n. 남편

又给她丈夫, 她丈夫也吃了.

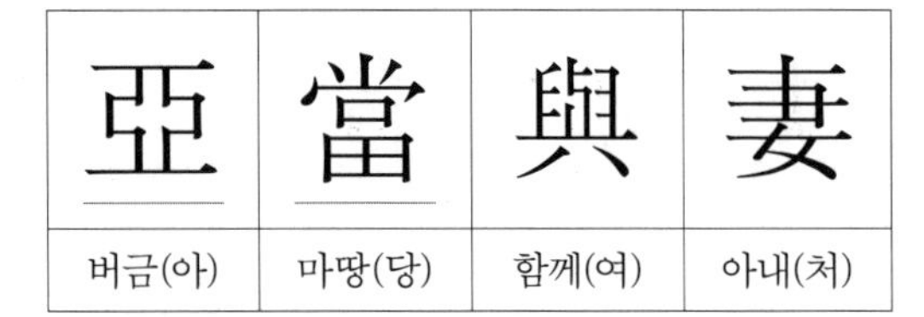

亞	當	與	妻
버금(아)	마땅(당)	함께(여)	아내(처)

夏	娃	同	房
여름(하)	예쁠(왜)	함께(동)	방(방)

아담이 그의 아내

하와와 합방을 하였다.

亞	當	與	妻

夏	娃	同	房

아담이 그의 아내 하와와 동침하였더라. (창 4:1)

Adam lay with his wife Eve.

有一日, 那人和他妻子夏娃同房,

孕	生	該	隱
아이밸(잉)	날(생)	갖출(해)	숨을(은)

잉태하여 가인을 낳았다.

孕	生	該	隱

後	生	亞	伯
뒤(후)	날(생)	버금(아)	맏(백)

그 후 아벨을 낳았다.

後	生	亞	伯

잉태하여 가인을 낳고(창 4:1) 다음 아벨을 낳았더라. (창 4:2)

She conceived and gave birth to Cain, again, she gave birth to Abel,

就怀孕, 生了该隐, 又生了亚伯.

亞	伯	牧	者
버금(아)	맏(백)	칠(목)	사람(자)

아벨은 양을 기르는 자였고,

亞	伯	牧	者

該	隱	農	人
갖출(해)	숨을(은)	농사(농)	사람(인)

가인은 농사를 짓는 자였다.

該	隱	農	人

아벨은 양 치는 자였고 가인은 농사하는 자였더라. (창 4:2)

And Abel was a keeper of flocks, Cain was a tiller of the ground.

*keeper [kí:pər] n. (동물의) 사육자, 소유주, 임자, 파수꾼, 간수, 수위

亚伯是牧羊的；该隐是种地的.

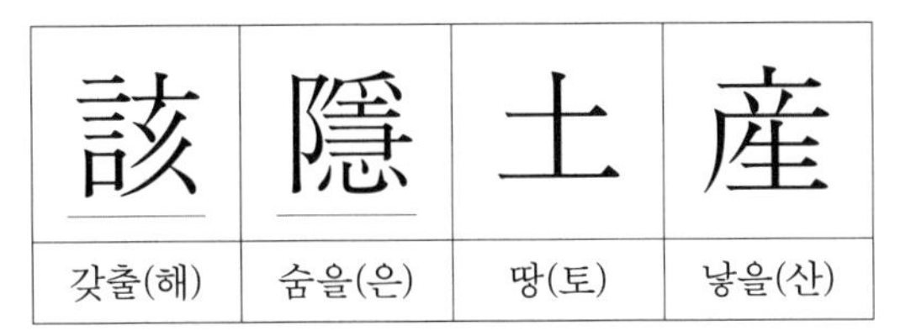

該	隱	土	産
갖출(해)	숨을(은)	땅(토)	낳을(산)

奉	獻	於	主
받들(봉)	바칠(헌)	에(어)	여호와(주)

가인은 땅에서 나는 생산물을 여호와께 예물로 드렸다.

該	隱	土	産

奉	獻	於	主

가인은 자기 농산물을 여호와께 예물로 드렸더라. (창 4:3)

Cain brought an offering to the Lord of the fruit of the ground.

该隐拿地里的出产为供物献给耶和华；

亞	伯	奉	獻
버금(아)	맏(백)	받들(봉)	바칠(헌)

아벨이 예물로 바친 것은

首	生	之	羊
먼저(수)	날(생)	갈(지)	양(양)

처음 난 양이었다.

亞	伯	奉	獻

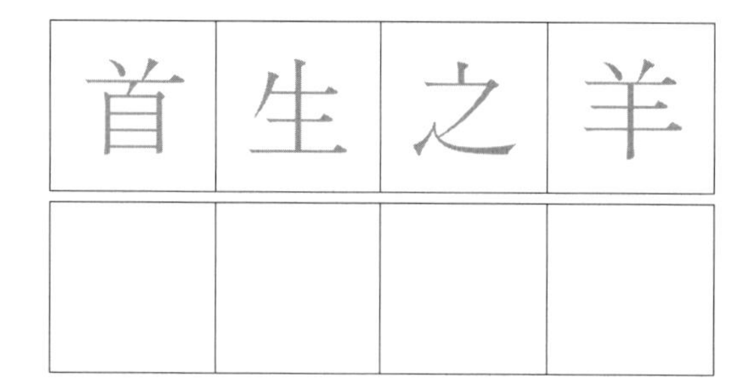

首	生	之	羊

아벨은 자기 양의 첫 새끼를 잡아 드렸더라. (창 4:4)

Abel, on his part also brought of the firstlings of his flock.

亚伯也将他羊群中头生的献上.

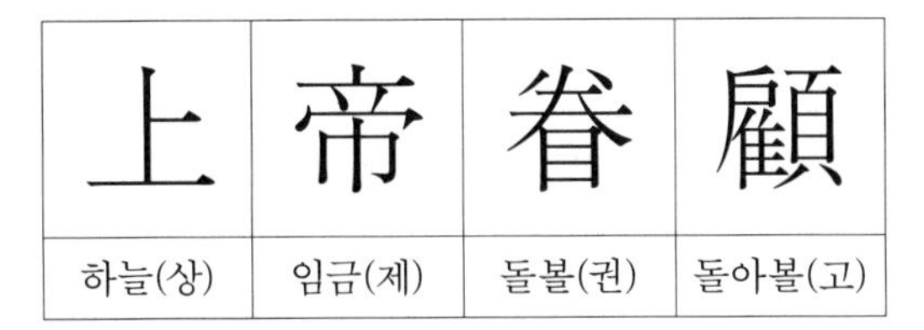

上	帝	眷	顧
하늘(상)	임금(제)	돌볼(권)	돌아볼(고)

亞	伯	獻	物
버금(아)	맏(백)	바칠(헌)	만물(물)

여호와께서 돌아보신 것은 **아벨이 드린 예물이었다.**

上	帝	眷	顧

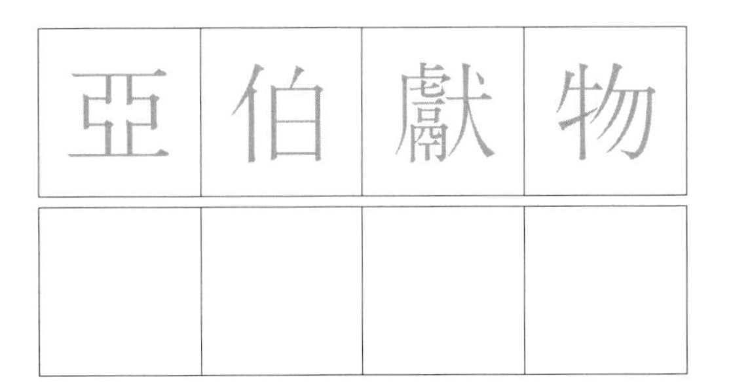

亞	伯	獻	物

여호와께서는 아벨의 예물을 기쁘게 받으셨더라. (창 4:4)

The Lord had regard for Abel and for his offering.

耶和华看中了亚伯和他的供物.

主	不	眷	顧
여호와(주)	아닐(불)	돌볼(권)	돌아볼(고)

여호와께서 돌보지 않은 것은

主	不	眷	顧

該	隱	獻	物
갖출(해)	숨을(은)	바칠(헌)	만물(물)

가인이 드린 예물이었다.

該	隱	獻	物

그러나 여호와께서 가인의 예물은 받지 않으셨더라. (창 4:5)

*主(주): 주인, 여호와, 상전上典, 하나님, 임금

But for Cain and for his offering he had no regard.

只是看不中该隐和他的供物.

該	隱	遂	起
갖출(해)	숨을(은)	이를(수)	일어날(기)

攻	弟	殺	之
칠(공)	아우(제)	죽일(살)	갈(지)

가인은 일어나 **동생을 쳐 죽이고 말았다.**

該	隱	遂	起

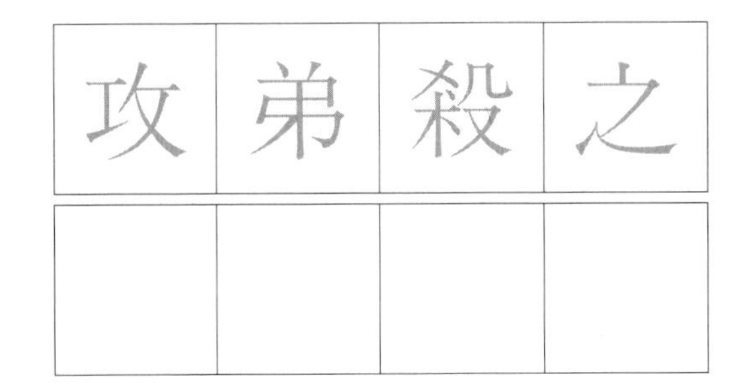

가인이 동생 아벨을 쳐 죽이고 말았더라. (창 4:8)

*之(지): 하였다

Cain rose up against Abel his brother and killed him.

该隐起来打他兄弟亚伯, 把他杀了.

主	見	人	世
여호와(주)	볼(견)	사람(인)	세상(세)

여호와께서 세상 사람들을 바라보니

罪	惡	貫	盈
허물(죄)	악할(악)	뀁(관)	찰(영)

죄악이 가득했다.

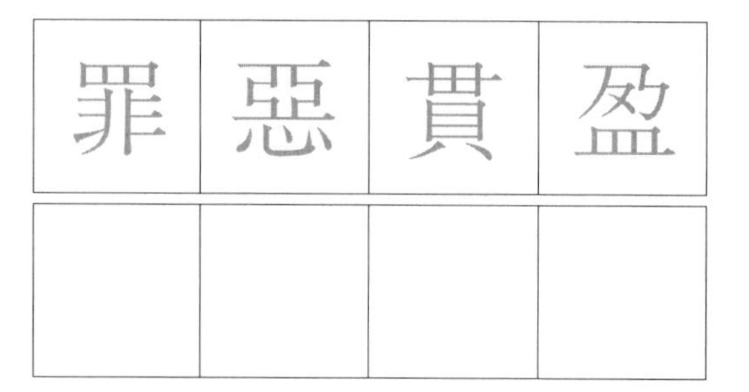

여호와께서 세상 사람들을 보니 죄악이 가득하였더라. (창 6:5)

The Lord saw that the wickedness of man was great on the earth.

*wicked [wíkid] n. 악한, 사악한, 불의의, 악의 있는

耶和华见人在地上罪恶很大,

心	所	圖	惟
마음(심)	것(소)	꾀할(도)	생각(유)

恒	爲	奸	惡
항상(항)	할(위)	범할(간)	악할(악)

마음으로 생각을 꾀하는 것이

항상 간악했다.

心	所	圖	惟

恒	爲	奸	惡

마음으로 생각하는 모든 계획이 항상 간악하더라. (창 6:5)

That every intent of the thoughts of his heart was only evil continually.

*intent [intént] n. 의도, 기도, 계획, 의향, 목적, 의지

终日所思想的尽都是恶,

將	滅	於	地
장차(장)	멸할(멸)	에서(어)	땅(지)

장차 땅에서 멸할 것이다.

主	造	之	悔
여호와(주)	지을(조)	~의(지)	뉘우칠(회)

여호와는 창조하심을 후회하셨다.

장차 (사람을) 지면에서 멸하리니 여호와께서 창조하심을 후회함이니라. (창 6:7)

*於(어): 어조사, 에, 에서, 기대다, 의지하다, 탄식하다

Destroy man from the face of the earth, for I am grieved that I have made them.

耶和华说, 都从地上除灭 因为我造他们后悔了

主	謂	挪	亞
여호와(주)	이를(위)	옮길(나)	버금(아)

하나님이 노아에게 말씀하셨다.

主	謂	挪	亞

爾	作	方	舟
너(이)	지을(작)	모(방)	배(주)

너는 방주를 만들어라.

爾	作	方	舟

하나님이 노아에게 가라사대(창 6:13) 너는 방주를 만들라. (창 6:14)

Then God said to Noah, make for yourself an ark.

*ark [a:rk] n. (노아의) 방주, 피난처

神就对挪亚说, 你要造一只方舟

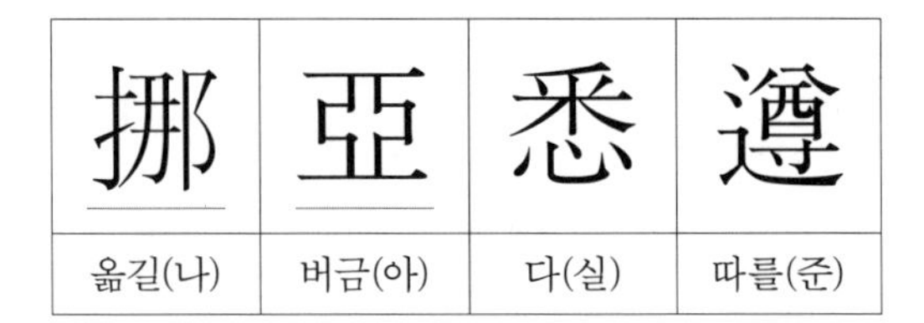

挪	亞	悉	遵
옮길(나)	버금(아)	다(실)	따를(준)

노아는 다 따르며

挪	亞	悉	遵

主	命	而	行
여호와(주)	명할(명)	말이을(이)	행할(행)

여호와가 명하신 대로 행했다.

主	命	而	行

노아는 다 준행하여 하나님이 명하신 대로 행하였더라. (창 6:22)

Noah did, according to all that God had commanded him, so he did.

*command [kəmǽnd] vt. 명(령)하다

挪亚就这样行, 凡神所吩咐的,

注	雨	於	地
쏟을(주)	비(우)	에(어)	땅(지)

비가 땅에 쏟아졌는데

四	十	晝	夜
넉(사)	열(십)	낮(주)	밤(야)

사십 일 밤낮 동안이었다.

注	雨	於	地

四	十	晝	夜

비가 땅에 쏟아졌는데 사십 주야 동안이었더라. (창 7:12)

The rain fell upon the earth for forty days and forty nights.

四十昼夜降大雨在地上.

皆	滅	於	地
다(개)	멸할(멸)	에서(어)	땅(지)

지면의 모든 것을 멸하셨다.

在	舟	得	存
있을(재)	배(주)	얻을(득)	있을(존)

배에 있던 자들만 남았다.

皆	滅	於	地

在	舟	得	存

지면의 모든 것을 쓸어버리시되 방주에 있던 자들만 남았더라. (창 7:23)

Blotted out from the earth, and only left those in the ark.

*blot [blat/blɔt] vt. 진멸하다, 지우다, 없애다. ~ out the enemies 적을 섬멸하다 *ark [a:rk] n. (노아의) 방주(Noah's ~). 피난처

都从地上除灭了, 只留下在方舟里的.

天	隙	皆	塞
하늘(천)	틈(극)	다(개)	닫을(색)

하늘의 (폭우가 내리던 문) **틈이 닫히고**

天	隙	皆	塞

雨	息	於	天
비(우)	쉴(식)	에서(어)	하늘(천)

하늘에서는 비가 그쳤다.

雨	息	於	天

하늘의 틈이 닫히고 하늘에서 비가 그쳤더라. (창 8:2)

The floodgates of the sky were closed, and the rain from the sky was restrained.

*restrained [ristréind] a. 삼가는, 자제하는, 구속된

天上的窗户, 都闭塞了, 天上的大雨也止住了.

放	一	鴉	出
놓을(방)	한(일)	까마귀(아)	나갈(출)

한 마리 까마귀를 내놓았더니

鴉	翔	往	來
까마귀(아)	날(상)	갈(왕)	올(래)

까마귀가 날아 왕래했다.

放	一	鴉	出

鴉	翔	往	來

까마귀를 내놓으니 까마귀가 날아 왕래하였더라. (창 8:7)

Sent out a raven, and it flew here and there.

*raven [réivən] n. 갈가마귀, 큰까마귀

放出一只乌鸦去, 那乌鸦飞来飞去,

放	鴿	出	舟
놓을(방)	비둘기(합)	나갈(출)	배(주)

비둘기를 배에서 내놓았더니

放	鴿	出	舟

口	啣	新	葉
입(구)	머금을(함)	새(신)	잎(엽)

그 입에 새 잎사귀를 물고 왔다.

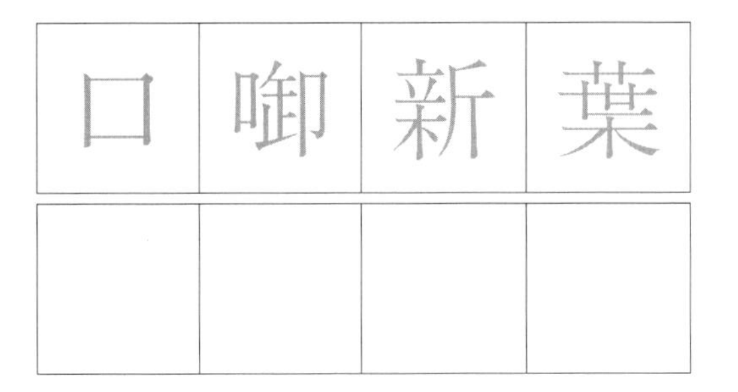

口	啣	新	葉

비둘기를 방주에서 내놓으매, (창 8:10) 그 입에 새 잎사귀가 있는지라. (창 8:11)

Sent out the dove from the ark, in dove mouth was a freshly picked leaf.

*freshly [fléʃli] ad. 새로이 *leaf [li:f] n. 잎, 나뭇잎, 풀잎

再把鴿子从方舟放出去, 嘴里叼着一个新叶子

上	帝	許	福
하늘(상)	임금(제)	허락할(허)	복(복)

挪	亞	諸	子
옮길(나)	버금(아)	모두(제)	아들(자)

하나님이 복을 허락하신 자들은 **노아의 모든 아들이었다.**

上	帝	許	福	挪	亞	諸	子

하나님이 복을 허락하신 자들은 노아의 아들이라. (창 9:1)

And God blessed Noah sons.

神赐福给挪亚和他的儿子,

生	育	衆	多
날(생)	기를(육)	많을(중)	많을(다)

생육하고 번성하며

生	育	衆	多

遍	滿	於	地
두루(편)	찰(만)	에서(어)	땅(지)

땅에서 충만하도록 하셨다.

遍	滿	於	地

생육하고 번성하여 땅에 충만하라. (창 9:1)

Be fruitful and multiply, and fill the earth.

你们要生养众多, 遍满了地.

當	時	天	下
맡을(당)	때(시)	하늘(천)	아래(하)

당시 천하에는

口	音	唯	一
입(구)	소리(음)	오직(유)	한(일)

언어가 하나였다.

當	時	天	下

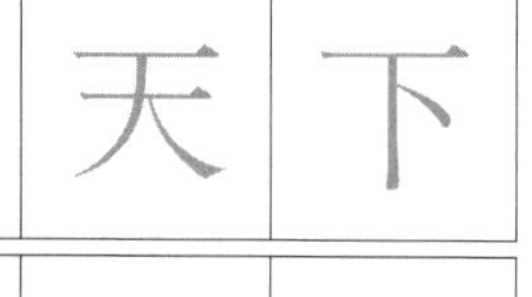

口	音	唯	一

당시 천하에는 언어가 하나더라. (창 11:1)

Now the whole earth used the same language.

那时, 天下人的口音, 言语, 都是一样.

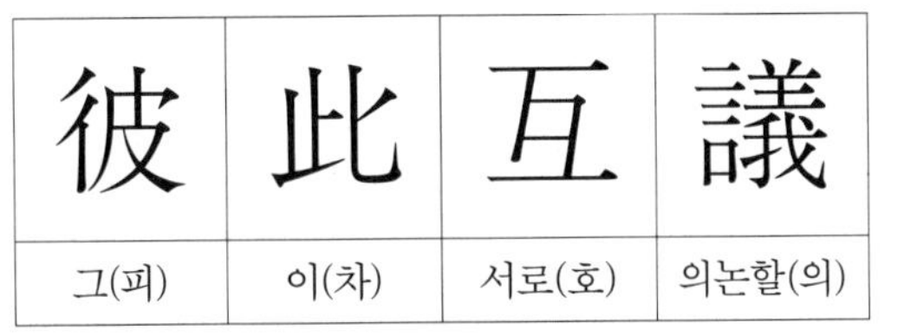

彼	此	互	議
그(피)	이(차)	서로(호)	의논할(의)

피차 서로가 의논했다.

彼	此	互	議

我	儕	作	甎
나(아)	무리(제)	지을(작)	벽돌(전)

우리가 벽돌을 만들자.

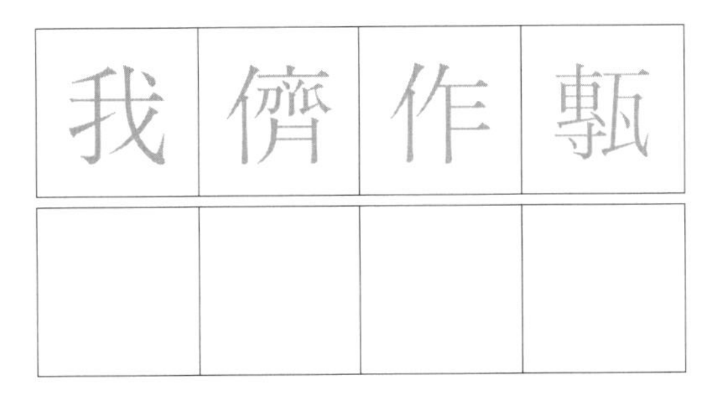

我	儕	作	甎

서로(피차) 말하되, 우리 벽돌을 만들어 굽자. (창 11:3)

They said to one another, come, let us make bricks.

*brick [brik] n. 벽돌

彼此商量说, 我们要做砖.

建	城	與	臺
세울(건)	도읍(성)	함께(여)	대(대)

臺	頂	及	天
대(대)	정수리(정)	이를(급)	하늘(천)

성읍과 탑을 건설하자.

그 탑 꼭대기를 하늘에 닿게 하자.

建	城	與	臺

臺	頂	及	天

성읍과 탑을 건설하여 그 탑 꼭대기가 하늘에 닿게 하자. (창 11:4)

Let us build for ourselves a city, and a tower whose top will reach into heaven.

要建造一座城和一座塔, 塔顶通天.

我	儕	降	臨
나(아)	무리(제)	내릴(강)	임할(림)

淆	其	言	語
뒤섞일(효)	그(기)	말씀(언)	말씀(어)

우리가 내려가서

언어를 혼잡하게 하자 하셨다.

我	儕	降	臨

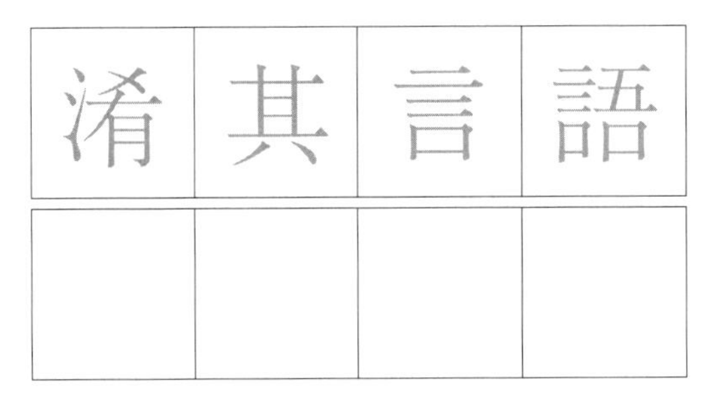

우리가 내려가서 언어를 혼잡하게 하자 하셨도다. (창 11:7)

Come, let us go down and there confuse their language.

*confuse [kənfjúːz] vt. 혼동하다, 헛갈리게 하다, 혼란시키다, 어지럽히다

我们下去, 在那里变乱他们的口音.

故	名	巴	别
연고(고)	이름(명)	바랄(파)	나눌(별)

그 이유로 이름을 바벨이라 하였다.

故	名	巴	别

散	之	遍	地
흩을(산)	~의(지)	두루(편)	땅(지)

(인간들을) **온 지면에 흩으셨다.**

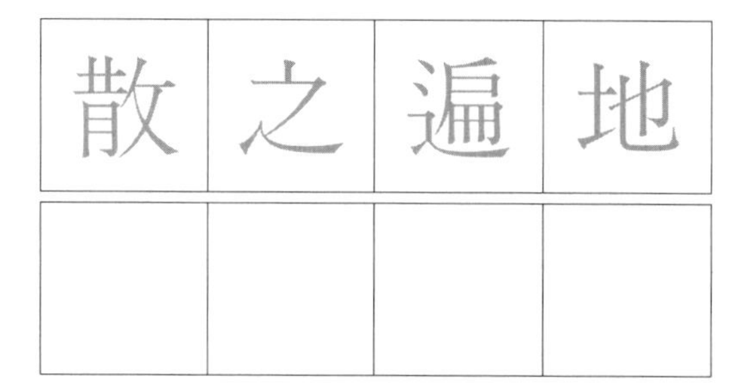

散	之	遍	地

이름을 바벨이라 하고 온 지면에 흩으셨더라. (창 11:9)

Therefore its name was called Babel, scattered (them) of the whole earth.

*scattered [skǽtərd] a. 뿔뿔이 된, 흐트러진, 드문드문한, 산만한

所以那城名叫巴别(就是变乱的意思), 分散在全地上.

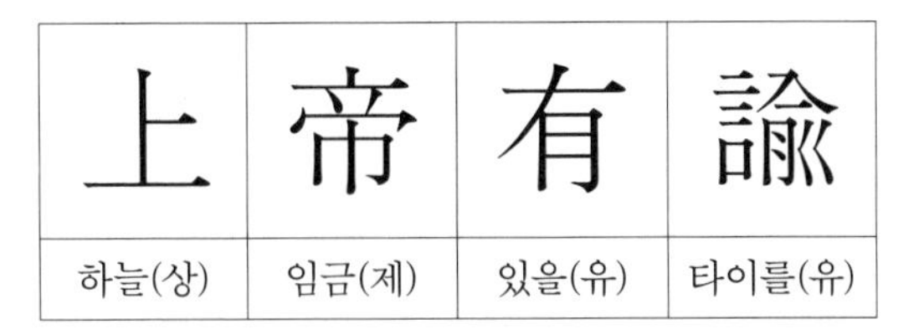

上	帝	有	諭
하늘(상)	임금(제)	있을(유)	타이를(유)

亞	伯	蘭	曰
버금(아)	맏(백)	난초(란)	말씀(왈)

하나님께서 타이르시며 **아브람에게 말씀하셨다.**

上	帝	有	諭

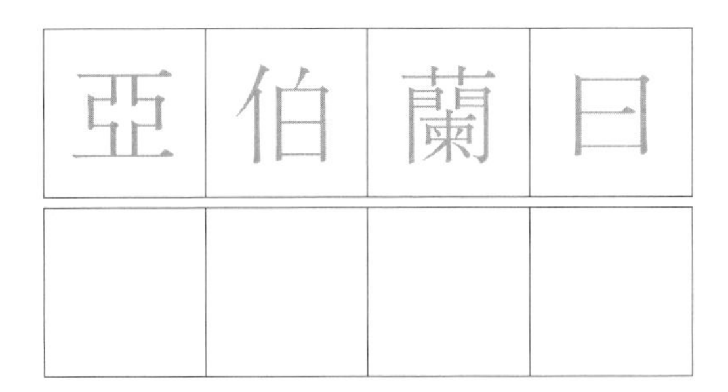

亞	伯	蘭	曰

여호와께서 타이르시며 아브람에게 말씀하셨도다. (창 12:1)

Now the Lord said to Abram.

耶和华对亚伯兰说:

爾	離	故	鄉
너(이)	떠날(이)	옛(고)	고향(향)

親	族	父	家
친할(친)	겨레(족)	아버지(부)	집(가)

너는 옛 고향을 떠나라.

바로 친족과 아버지의 집에서다.

爾	離	故	鄉

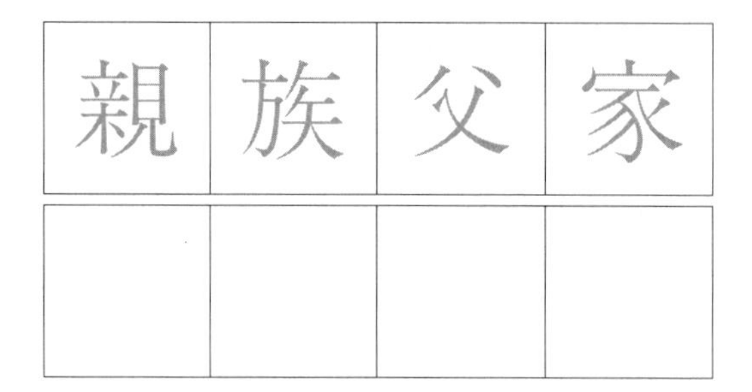

너의 고향과 친척과 아버지의 집을 떠나가라. (창 12:1)

Go forth from your country, your relatives, your father's house.

*forth [fɔ:rθ] ad. 떠나라, 출발하다, go ~ 외출하다, …에서 밖으로(out of)

你要离开本地, 本族, 父家,

賜	福	於	爾
줄(사)	복(복)	에(어)	너(이)

네게 복을 줄 것이다.

賜	福	於	爾

大	揚	爾	名
큰(대)	날릴(양)	너(이)	이름(명)

네 이름을 크게 날릴 것이다.

大	揚	爾	名

네게 복을 주어 네 이름을 창대하게 하리라. (창 12:2)

I will bless you, and make your name great.

*great [greit] a. 창대한, 큰, 거대한, 광대한

我必赐福给你, 叫你的名为大;

亞	伯	拉	罕
버금(아)	맏(백)	끌(랍)	드물(한)

民	族	祖	上
백성(민)	겨레(족)	조상(조)	위(상)

아브라함은 **민족의 조상이다.**

亞	伯	拉	罕

아브라함, (여러) 민족의 아버지라. (창 17:5)

Your name shall be Abraham, the father of a multitude of nations.

*multitude [mʌ́ltitjù:d] n. 다수, 민족, 군중, 군집

要叫亚伯拉罕, 你作多国的父.

撒	拉	生	子
뿌릴(살)	끌(랍)	날(생)	아들(자)

命	名	以	撒
명할(명)	이름(명)	써(이)	뿌릴(살)

사라가 아들을 낳았다.

이름을 이삭이라 하였다.

撒	拉	生	子

사라가 낳은 아들 이름을 이삭이라 하였더라. (창 21:3)

Sarah bore the son, (Abraham) named him Isaac.

撒拉所生的儿子起名叫以撒.

獨	子	以	撒
홀로(독)	아들(자)	써(이)	뿌릴(살)

獻	火	焚	祭
드릴(헌)	불(화)	태울(분)	제사(제)

(여호와께서) 독자인 이삭을 **번제로 드리라 하셨다.**

獨	子	以	撒

獻	火	焚	祭

독자 이삭을 번제로 드리라. (창 22:2)

Your only son, Isaac, and offer him there as a burnt offering.

*burnt [bə:rnt] BURN의 과거·과거분사. 태운, 그을린

你独生的儿子, 以撒, 把他献为燔祭.

縛	子	以	撒
묶을(박)	아들(자)	써(이)	뿌릴(살)

祭	臺	柴	上
제사(제)	대(대)	섶(시)	위(상)

아들 이삭을 결박해 **제단인 장작나무 위에 올렸다.**

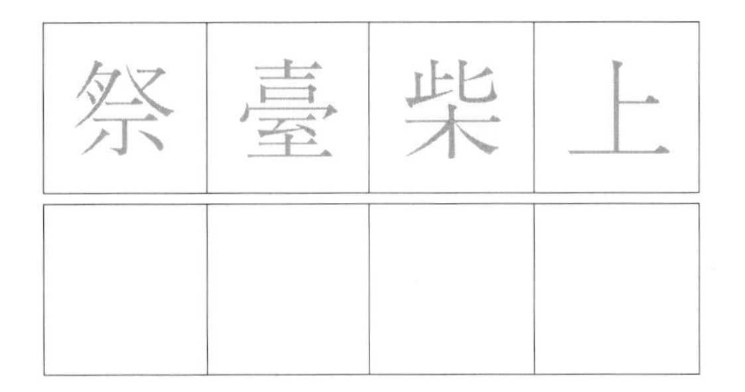

아들 이삭을 결박하여 제단 장작나무 위에 놓았더라. (창 22:9)

Bound his son Isaac and laid him on the altar, on top of the wood.

*bind [baind] vt. (bound [baund], bound) 결박하다. 묶다, 동이다, 포박하다 *altar [ɔ́:ltər] n. 제단, 제대, 성찬대

捆绑他的儿子以撒, 放在坛的柴上.

伸	手	取	刀
펼(신)	손(수)	가질(취)	칼(도)

將	殺	以	撒
장차(장)	죽일(살)	써(이)	뿌릴(살)

손을 내밀어 칼을 잡고

이삭을 죽이려 했다.

伸	手	取	刀

將	殺	以	撒

손을 내밀어 칼을 잡고 그 아들을 잡으려 하였더라. (창 22:10)

Abraham stretched out his hand and took the knife to slay his son.

*stretch [stretʃ] vt. 뻗치다, (손 따위를) 내밀다, 늘이다, 펴다, 내뻗다 *slay [slei] vt. (slew[slu:], slain[slein]) 죽이다, 살해하다, 학살하다

就伸手拿刀, 要杀他的儿子.

使	者	天	呼
사신(사)	사람(자)	하늘(천)	부를(호)

毫	毋	加	害
터럭(호)	말(무)	더할(가)	해할(해)

사자가 하늘에서부터 불렀다.

털끝만큼도 해를 가하지 말라.

使	者	天	呼

毫	毋	加	害

사자가 하늘에서부터 불러 말하되(창 22:11) 아무 해도 입히지 말라. (창세기 22:12)

Angel called to him from heaven, do not hurt the boy.

使者从天上呼叫他說:一点不可害他!

以	撒	年	邁
써(이)	뿌릴(살)	나이(연)	넘을(매)

目	矇	不	明
눈(목)	어두울(몽)	아닐(불)	밝을(명)

이삭이 나이가 많아졌다.

눈이 어두워 잘 보지 못했다.

以	撒	年	邁

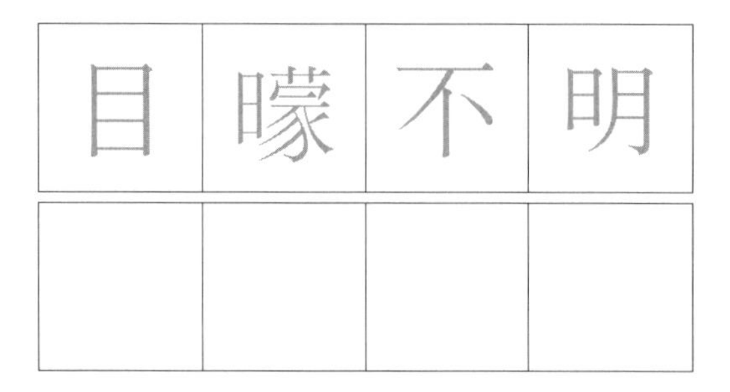

目	矇	不	明

이삭이 나이가 많아 눈이 어두워 잘 보지 못하였더라. (창 27:1)

*年(연): 해, 나이, 신년

When Isaac was old and his eyes were too dim to see.

*dim [dim] a. 흐린, 침침한(빛이) 어둑한, 어스레한

以撒年老, 眼睛昏花, 不能看见.

父	召	雅	各
아버지(부)	부를(소)	맑을(아)	각각(각)

아버지가 야곱을 불러

父	召	雅	各

彼	之	祝	福
그(피)	갈(지)	빌(축)	복(복)

그에게 축복했다.

彼	之	祝	福

아버지가 야곱을 불러 그에게 축복하였더라. (창 28:1)

*彼(피): 저, 저 사람, 그, 그이　*之(지): ~에게

So Isaac called Jacob and blessed him.

以撒叫了雅各来, 给他祝福,

雅	各	共	有
맑을(아)	각각(각)	함께(공)	있을(유)

야곱이 둔 것은

雅	各	共	有

十	二	子	兒
열(십)	두(이)	아들(자)	아이(아)

아들 열둘이었다.

十	二	子	兒

야곱의 아들은 열둘이었더라. (창 35:22)

Jacob had twelve sons.

雅各共有十二个儿子.

父	愛	約	瑟
아버지(부)	사랑(애)	맺을(약)	거문고(슬)

特	別	寵	愛
특별(특)	나눌(별)	사랑할(총)	사랑(애)

아버지는 요셉을 사랑하셨는데,

특별히 총애하셨다.

父	愛	約	瑟

特	別	寵	愛

아버지는 요셉을 특별히 사랑하였더라. (창 37:3)

Father loved Joseph more than all his sons.

以色列原来爱约瑟过于爱,

約	瑟	得	夢
맺을(약)	거문고(슬)	얻을(득)	꿈(몽)

요셉이 꿈을 꾸었다.

約	瑟	得	夢

述	於	諸	兄
말할(술)	에(어)	모두(제)	형(형)

(그리고) **자기 모든 형들에게 말했다.**

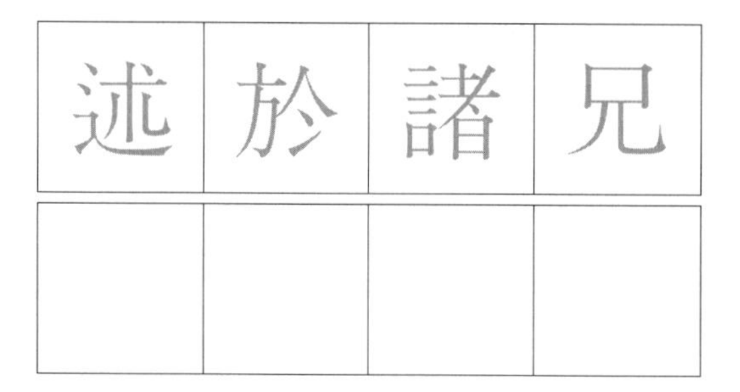

요셉이 꿈을 꾸고 자기 형들에게 말하더라. (창 37:5)

Joseph had a dream, and when he told it to his brothers.

约瑟做了一梦, 告诉他哥哥们,

在	田	束	禾
있을(재)	밭(전)	묶을(속)	벼(화)

環	我	束	拜
두를(환)	나(아)	묶을(속)	절(배)

밭에서 곡식 단을 묶는데

내 단을 둘러서서 절했습니다.

在	田	束	禾

環	我	束	拜

밭에서 곡식 단을 묶더니 내 단을 둘러서서 절하더이다. (창 37:7)

*環(환): 고리, 두르다, 돌다, 선회하다

We were binding sheaves in the field, around and bowed down to my sheaf.

在田里捆禾稼, 围着我的捆下拜.

見	日	月	星
볼(견)	해(일)	달(월)	별(성)

해와 달과 별을 보니

皆	拜	約	瑟
다(개)	절(배)	맺을(약)	거문고(슬)

모두가 요셉에게 절을 했습니다.

見	日	月	星

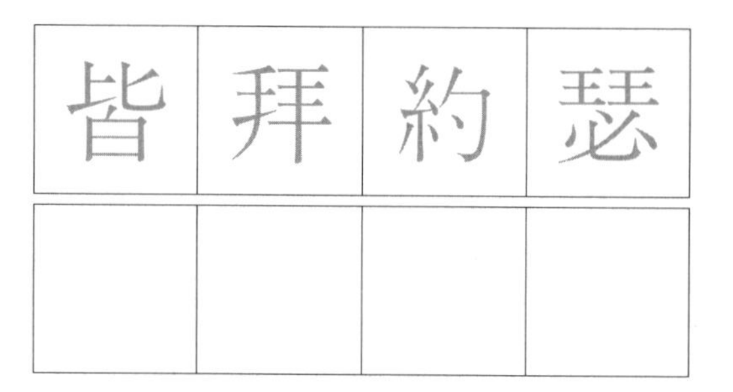

皆	拜	約	瑟

해와 달과 (열한) 별이 요셉에게 절을 하더이다. (창 37:9)

The sun and the moon and (eleven) stars were bowing down to Joseph.

*bow [báu] v. 인사하다, 절하다

梦见太阳, 月亮, (与十一个)星向约瑟下拜

父	斥	之	曰
아버지(부)	지적할(척)	~의(지)	말씀(왈)

아버지가 꾸짖으시며 말씀하셨다.

夢	者	何	歟
꿈(몽)	이(자)	무엇(하)	이냐(여)

꿈이 무엇이냐? (네 꿈은 개꿈이다.)

아버지가 꾸짖으시며 말씀하시되 네가 꾼 꿈이 무엇이냐. (창 37:10)

*斥(척): 물리치다, 지적하다, 드러나다, 가리키다

His father rebuked him, what is this dream that you have had?

*rebuke [ribjú:k] vt. 꾸짖다, 견책하다, 저지하다

他父亲就责备他说;你做的这是什么梦.

諸	兄	嫉	之
모든(제)	형(형)	시기할(질)	갈(지)

모든 형들은 시기하게 되었다.

唯	父	在	心
오직(유)	아버지(부)	있을(재)	마음(심)

오직 아버지만 마음에 두었다.

諸	兄	嫉	之

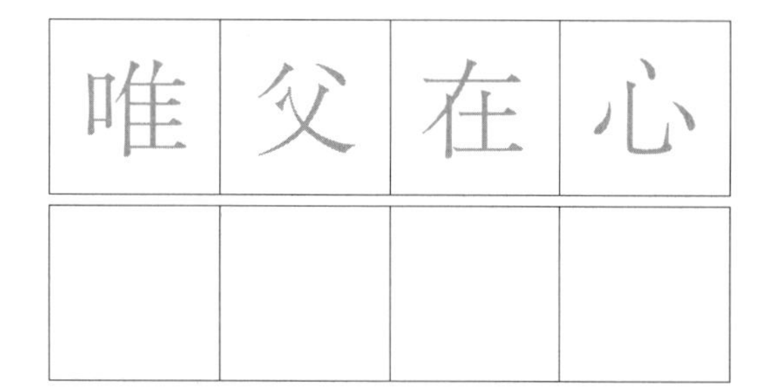

唯	父	在	心

그의 형들은 시기하되 그의 아버지는 그 말을 간직해 두었더라. (창 37:11)

*之(지): ~하였다

His brothers were jealous of him, but his father kept the saying in mind.

他哥哥们都嫉妒他, 他父亲却把这话存在心里.

諸	兄	遙	見
모든(제)	형(형)	멀(요)	볼(견)

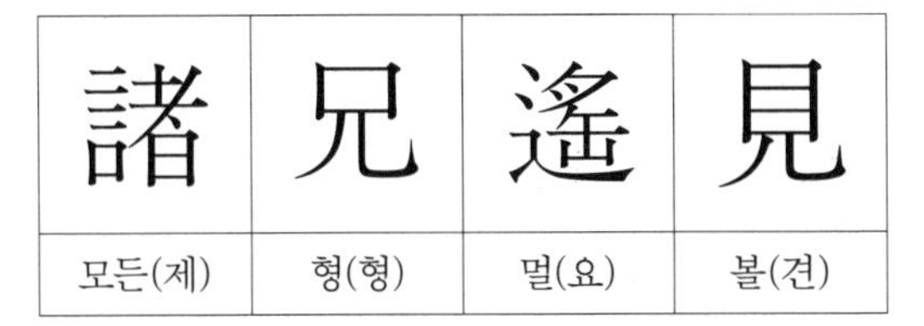

모든 형들이 멀리서 보고

諸	兄	遙	見

共	謀	殺	之
함께(공)	꾀할(모)	죽일(살)	갈(지)

함께 꾀를 내서 죽이기로 했다.

共	謀	殺	之

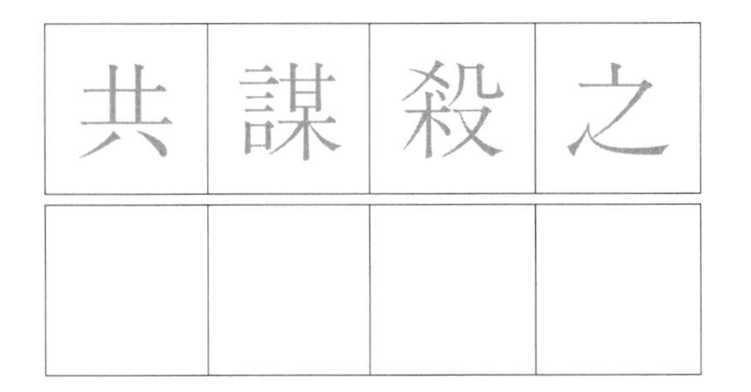

그들이 요셉을 멀리서 보고 죽이기를 꾀하였더라. (창 37:18)

*之(지): ~하였다

They saw him from a distance, they plotted against him to put him to death.

他们远远地看见他, 大家就同谋要害死他.

約	瑟	賣	渡
맺을(약)	거문고(슬)	팔(매)	건널(도)

요셉을 팔았다.

法	老	大	臣
법(법)	늙을(로)	클(대)	신하(신)

(산 사람은) **바로왕의 대신이었다.**

約	瑟	賣	渡

法	老	大	臣

요셉을 바로왕의 대신에게 팔았더라. (창 37:36)
Sold Joseph in Egypt to King's officer.
把约瑟卖给法老的内臣,

約	瑟	解	夢
맺을(약)	거문고(슬)	풀(해)	꿈(몽)

요셉이 꿈을 풀이해 주었다.

約	瑟	解	夢

法	老	之	夢
법(법)	늙을(로)	~의(지)	꿈(몽)

바로왕의 꿈이었다.

法	老	之	夢

요셉이 바로의 꿈을 해몽하였더라. (창 41:25)

Joseph said to Pharaoh's dreams.

约瑟对法老说 : 法老的梦乃是一个.

바로가 (요셉을) **임명한 것은** **애굽의 총리였다.**

法	老	任	命

伊	及	總	理

바로가 (요셉을) 애굽의 총리로 임명하였더라. (창 41:41)

Pharaoh said (to Joseph), I have set you governor over all Egypt.

*Pharaoh [féərou] n. (고대 이집트의) 왕, 파라오, 전제적인 국왕, 혹 사자

法老(又对约瑟)说, (我派你)治理埃及全地.

王	之	指	環
임금(왕)	~의(지)	손가락(지)	고리(환)

授	約	瑟	手
줄(수)	맺을(약)	거문고(슬)	손(수)

왕의 인장인 반지까지도 **요셉의 손에 끼워 주었다.**

王	之	指	環

授	約	瑟	手

왕의 인장인 반지를 요셉의 손에 끼웠더라. (창 41:42)

Pharaoh took off his signet ring and put it on Joseph's hand.

*signet [sígnət] n. (반지 따위에 새긴) 인장, 도장, (옛 영국 왕의) 옥새

法老就印的戒指, 戴在约瑟的手上,

遍	地	俱	饑
두루(편)	땅(지)	함께(구)	주릴(기)

두루 온 땅에 기근이 심했다.

遍	地	俱	饑

約	瑟	啓	廩
맺을(약)	거문고(슬)	열(계)	곳집(름)

요셉은 (모든) 창고를 열었다.

온 지면에 기근이 심하여 요셉이 모든 창고를 열었더라. (창 41:56)

The famine was spread over all the earth, then Joseph opened all the storehouses.

*famine [fǽmin] n. 기근, 굶주림, 배고픔, 기아 *spread [spred] vt. 전개하다, 펴다, 펼치다, 늘이다 *storehouse [stɔ́rhaus] n. 창고, (지식 따위의) 보고

当时饥荒遍满天下, 约瑟开了各处的仓,

伊	及	有	穀
저(이)	미칠(급)	있을(유)	곡식(곡)

애굽에는 곡식이 있다는데,

伊	及	有	穀

彼	此	觀	望
그(피)	이(차)	볼(관)	바랄(망)

서로 바라보고만 있느냐?

彼	此	觀	望

애굽에 곡식이 있다는데 서로 바라보고만 있느냐. (창 42:1)
There was grain in Egypt, why are you staring at one another?
埃及有粮, 你们为什么彼此观望呢?

爾	可	下	去
너(이)	옳을(가)	아래(하)	갈(거)

너희는 그리로 가는 것이 옳다.

爾	可	下	去

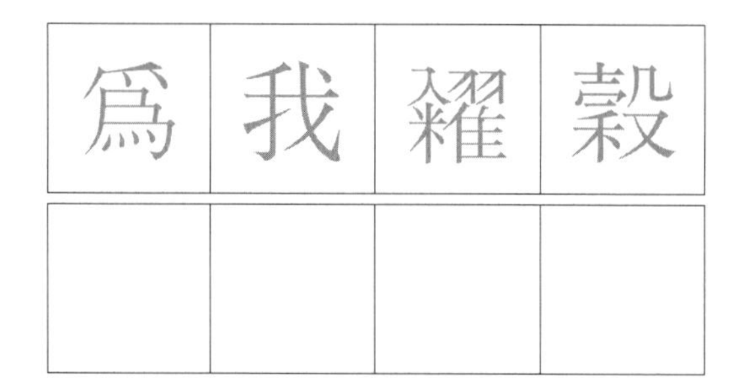

爲	我	糴	穀
할(위)	우리(아)	쌀살(적)	곡식(곡)

우리를 위해 곡식을 사오너라.

爲	我	糴	穀

너희는 그리로 가서 거기서 우리를 위하여 곡식을 사오라. (창 42:2)

*我(아): 나, 우리, 외고집, 굶주리다

Go down there and buy some grain for us from that place,

你们可以下去, 从那里为我们籴些来,

以	保	生	命
써(이)	지킬(보)	살(생)	목숨(명)

免	於	死	亡
면할(면)	에서(어)	죽을(사)	망할(망)

그러면 생명을 보존하여

죽음을 면하게 되겠구나.

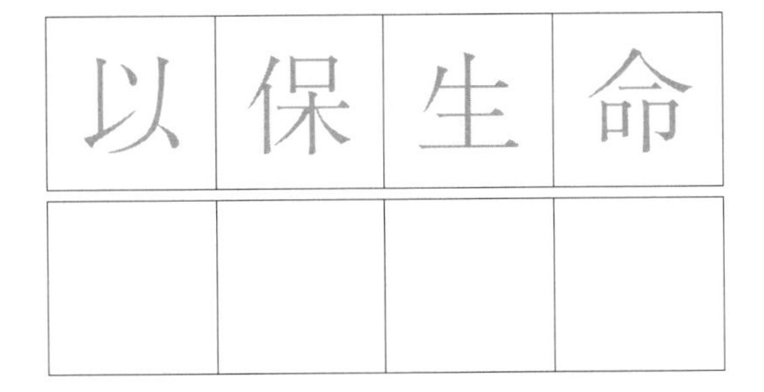

免	於	死	亡

그러면 (우리가) 살고 죽지 아니하리라. (창 42:2)

So that we may live and not die.

使我们可以存活, 不至于死.

總	理	約	瑟
거느릴(총)	다스릴(리)	약속(약)	거문고(슬)

요셉이 그 나라의 총리로서

總	理	約	瑟

糶	穀	衆	民
팔(조)	곡식(곡)	무리(중)	백성(민)

모든 백성에게 곡식을 팔았다.

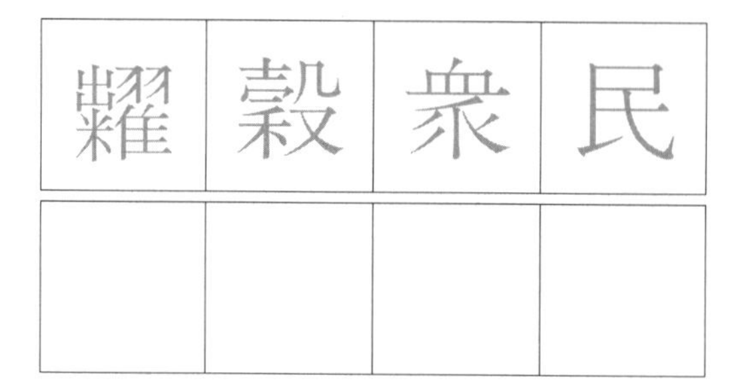

요셉이 나라의 총리로서 모든 백성에게 곡식을 팔았더라. (창 42:6)

Now Joseph was the governor of the land, the one who sold grain to all its people.

当时治理是约瑟;粜粮给那地众民的就是他.

兄	至	其	前
형(형)	이를(지)	그(기)	앞(전)

형들이 그 앞에 이르렀다.

兄	至	其	前

俯	伏	而	拜
구부릴(부)	엎드릴(복)	말이을(이)	절(배)

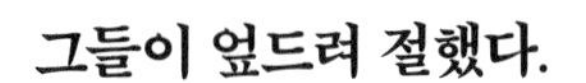

그들이 엎드려 절했다.

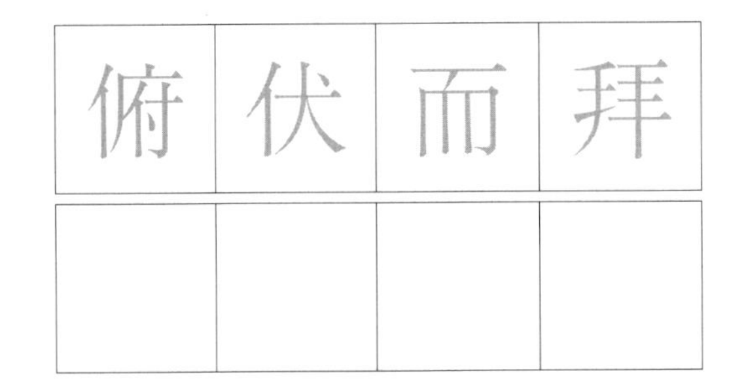

俯	伏	而	拜

형들이 그 앞에 와서 땅에 엎드려 절하더라. (창 42:6)

Joseph's brothers arrived, they bowed down to him with their faces to the ground.

约瑟的哥哥们来了, 脸伏于地, 向他下拜.

約	瑟	識	兄
약속(약)	거문고(슬)	알(식)	형(형)

요셉은 그의 형들을 알아보았다.

約	瑟	識	兄

而	兄	不	識
그러나(이)	형(형)	아닐(불)	알(식)

그러나 형들은 알아보지 못했다.

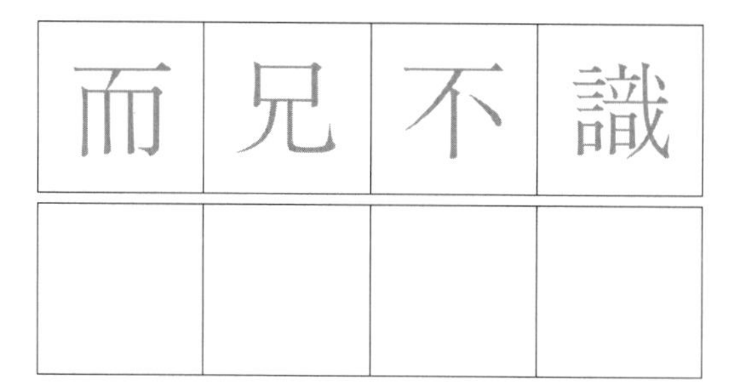

而	兄	不	識

요셉은 그의 형들을 알아보았으나, 그들은 요셉을 알아보지 못하더라. (창 42:8)

Joseph had recognized his brothers, although they did not recognize him.

约瑟认得他哥哥们, 他们却不认得他.

我	乃	約	瑟
나(아)	곧(내)	약속(약)	거문고(슬)

내가 바로 요셉입니다.

我	乃	約	瑟

鬻	於	伊	及
팔(육)	에(어)	저(이)	미칠(급)

(당신들이) **애굽에 판 자입니다.**

鬻	於	伊	及

나는 요셉이니 (당신들이) 애굽에 판 자라. (창 45:4)

*乃(내): 이에, 곧, 또, 그래서

I am Joseph, whom you sold into Egypt.

我是约瑟, (就是你们)所卖到埃及的.

約	瑟	備	車
약속(약)	거문고(슬)	갖출(비)	수레(거)

요셉이 수레를 준비했다.

約	瑟	備	車

迎	接	父	親
맞이할(영)	사귈(접)	아버지(부)	친할(친)

그리운 아버지를 맞이했다.

迎	接	父	親

요셉이 수레를 갖추고 아버지를 맞이하였더라. (창 46:29)

Joseph prepared his chariot and meet his father.

约瑟套车, 迎接他父亲.

父	親	見	之
아버지(부)	친할(친)	볼(견)	갈(지)

그의 아버지가 보시고

父	親	見	之

抱	頸	而	哭
안을(포)	목(경)	말이을(이)	울(곡)

목을 감싸안고 통곡했다.

抱	頸	而	哭

그의 아버지에게 보이고 그의 목을 어긋 맞춰 안고 울었더라. (창 46:29)

*之(지): ~하였다

He appeared before him, wept on his neck.

及至见了面, 就伏在父亲的颈项上, 哭了许久.

以	色	列	曰
써(이)	빛(색)	벌일(열)	말씀(왈)

이스라엘(야곱)이 말씀하셨다.

爾	旣	尙	存
너(이)	원래(기)	아직(상)	있을(존)

네(요셉)가 지금까지 살아 있었고,

爾 旣 尙 存

이스라엘이 이르되 네가 지금까지 살아 있고, (창 46:30)

Israel said, that you are still alive,

以色列对约瑟说, 知道你还在,

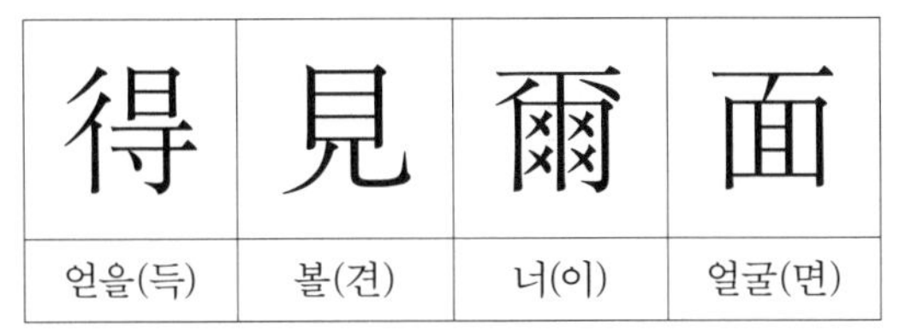

得	見	爾	面
얻을(득)	볼(견)	너(이)	얼굴(면)

네 얼굴을 보았으니

得	見	爾	面

卽	死	亦	可
곧(즉)	죽을(사)	또(역)	옳을(가)

지금 죽어도 여한이 없다.

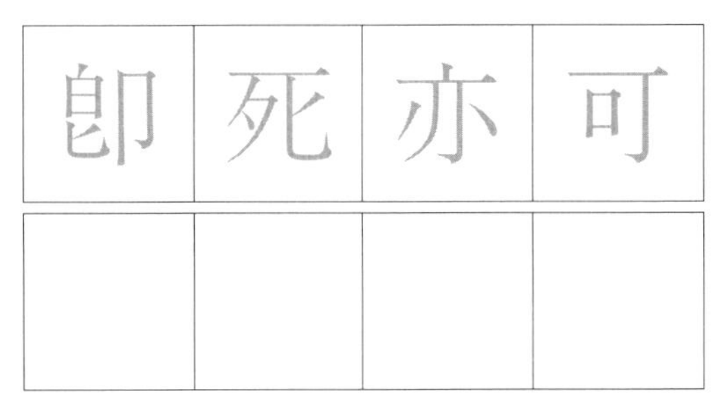

卽	死	亦	可

내가 네 얼굴을 보았으니 지금 죽어도 여한이 없도다. (창 46:30)

Now let me die, since I have seen your face.

我既得见你的面, 就是死我也甘心.

約	瑟	往	見
맺을(약)	거문고(슬)	갈(왕)	볼(견)

요셉이 아버지를 뵙고 돌아갔다.

約	瑟	往	見

告	法	老	曰
고할(고)	법(법)	늙을(로)	말씀(왈)

그리고 바로왕에게 보고했다.

告	法	老	曰

요셉이 보고 돌아가 바로에게 고하여 이르되, (창 47:1)
Then Joseph went in and told Pharaoh, and said,
约瑟进去告诉法老说:

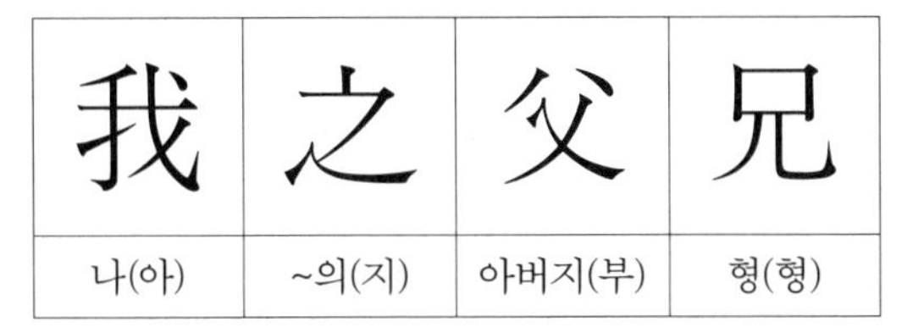

我	之	父	兄
나(아)	~의(지)	아버지(부)	형(형)

在	歌	珊	地
있을(재)	노래(가)	산호(산)	땅(지)

제 아버지와 제 형들은

고센 땅에 있습니다.

我	之	父	兄

在	歌	珊	地

내 아버지와 내 형들이 고센 땅에 있나이다. (창 47:1)

My father and my brothers, they are in the land of Goshen.

我的父亲和我的弟兄带着, 如今在歌珊地.

以	色	列	族
써(이)	빛(색)	벌일(열)	겨레(족)

居	歌	珊	地
살(거)	노래(가)	산호(산)	땅(지)

이스라엘 민족이 **고센 땅에 살게 되었다.**

以	色	列	族

居	歌	珊	地

이스라엘 족속이 애굽 고센 땅에 거주하며, (창 47:27)

Now Israel lived in the land of Egypt, in Goshen,

以色列人住在埃及的歌珊地.

在	彼	獲	業
있을(재)	그(피)	얻을(획)	업(업)

그곳에서 살며 생업을 얻었고,

生	育	極	繁
날(생)	기를(육)	극진할(극)	번성할(번)

(자녀를) **생육하니 매우 번성했다.**

在	彼	獲	業

生	育	極	繁

그곳에서 생업을 얻어 생육하고 번성하였더라. (창 47:27)

They acquired property in it and were fruitful and became very numerous.

*property [prápərti] n. 생업, 재산, 자산, 소유물, 목장, 농장 *fruitful [frú:tfəl] a. 생육, 다산의, 비옥한, 풍작을 가져오는

他们在那里置了产业, 并且生育甚多.

雅	各	命	畢
맑을(아)	각각(각)	명할(명)	마칠(필)

斂	足	於	牀
거둘(염)	발(족)	에(어)	침상(상)

야곱이 (아들에게) 유언을 마치니

그 발을 침상에 모았다.

雅	各	命	畢

斂	足	於	牀

야곱이 (아들에게) 명하기를 마치고 그 발을 침상에 모으고, (창 49:33)

When Jacob finished charging (his sons), he drew his feet into the bed,

*draw [drɔ:] vt. (drew [dru:], drawn [drɔ:n]) 정렬하다, 모으다, 당기다, 끌어당기다

雅各嘱咐众子已毕, 就把脚收在床上,

雅	各	氣	絶
맑을(아)	각각(각)	기운(기)	끊을(절)

야곱이 숨을 거두었다.

歸	於	列	祖
돌아갈(귀)	에(어)	벌일(열)	조상(조)

그리고 그의 조상에게로 돌아갔다.

雅	各	氣	絶

歸	於	列	祖

야곱이 숨을 거두고 그의 조상에게로 돌아갔더라. (창 49:33)

Jacob breathed his last, and was gathered to his people.

*breathed [breθt, bri:ðd] vi. 호흡하다. 숨을 쉬다

雅各气绝而死, 归他列祖.

約	瑟	享	壽
맺을(약)	거문고(슬)	누릴(향)	목숨(수)

百	十	歲	卒
일백(백)	열(십)	해(세)	마칠(졸)

그리고 요셉 또한 수명의 향유함을

백십 세에 마쳤다.

約	瑟	享	壽

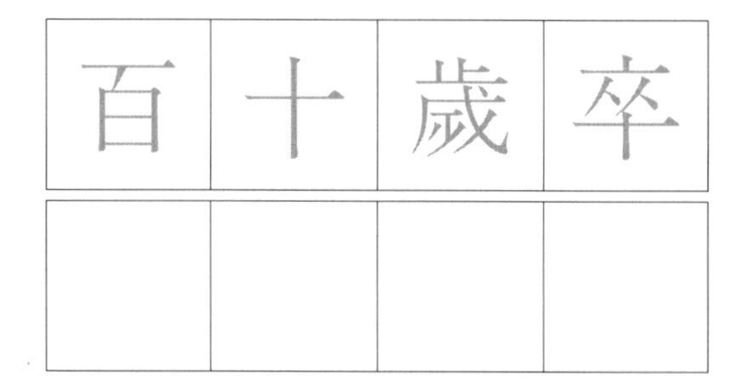

요셉이 백십세에 죽었더라. (창 50:26)
Joseph died at the age of one hundred and ten years.
约瑟死了, 正一百一十岁.

출애굽기

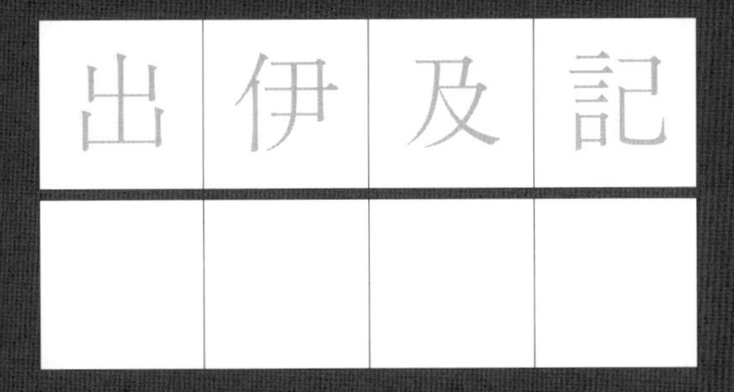

요셉이 죽은 뒤 이스라엘 민족의 노예생활과 애굽(이집트)에서 탈출하는 수난사가 기록됨.

Exodus [éksədəs]

以	色	列	族
써(이)	빛(색)	벌일(열)	겨레(족)

이스라엘 종족이

生	育	衆	多
날(생)	기를(육)	무리(중)	많을(다)

생육하여 많은 무리를 이루었다.

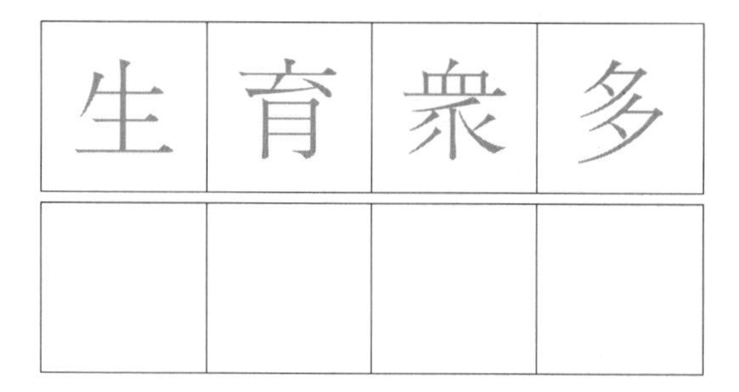

以	色	列	族

生	育	衆	多

이스라엘 자손은 생육하고 불어나더니 (출 1:7)

The sons of Israel were fruitful and increased greatly,

*fruitful [frú:tfəl] a. 다산의, 자식이 많은, 열매가 많이 열리는 *increase [inkrí:s] vt. 늘리다, 불리다, 증대하다

以色列人生养众多,

昌	熾	蕃	衍
번성할(창)	성할(치)	우거질(번)	넓을(연)

번성하고 가득하여

昌	熾	蕃	衍

致	甚	强	大
이를(치)	심할(심)	강할(강)	큰(대)

매우 강하게 되었다.

번성하고 가득하며 매우 강하게 되었더라. (출 1:7)

Multiplied, so that the land was filled with them, and became exceedingly mighty.

*exceedingly [iksí:diŋli] ad. 대단히, 매우, 몹시 *mighty [máiti] a. 강력한, 위대한, 강대한, 거대한

并且繁茂, 极其强盛,

伊	及	王	命
저(이)	이를(급)	임금(왕)	명할(명)

애굽 왕이 명령했다.

伊	及	王	命

見	其	所	産
볼(견)	그(기)	바(소)	낳을(산)

해산을 살펴라.

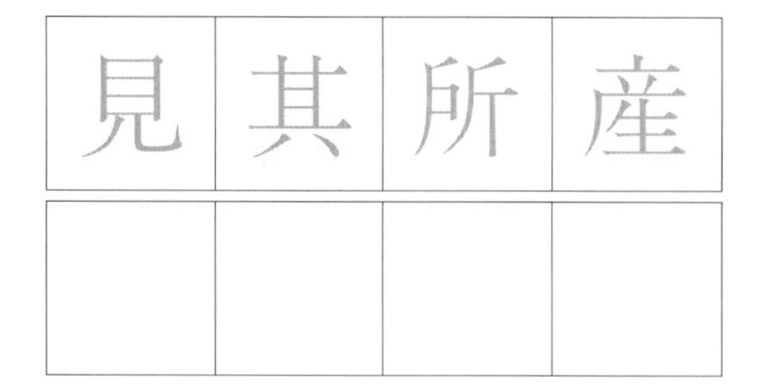

見	其	所	産

애굽 왕이 명령하기를(출 1:15) 해산 시에 살펴서(출 1:16)

Egypt King said, when you see them upon the birthstool,

*birthstool [bə́:rθstu:l] n. 아이를 낳을 때 사용하는 의자

埃及王说, 看临盆的时候,

若	男	則	殺
만일(약)	사내(남)	곧(즉)	죽일(살)

만약 아들이거든 곧 죽여라.

女	則	存	焉
딸(여)	곧(즉)	있을(존)	도다(언)

딸이거든 살려두어라.

若	男	則	殺

女	則	存	焉

아들이거든 죽이고 딸이거든 살려두라. (출 1:16)

*焉(언): 어찌, 도다, 그러하다

If it is a son, you shall put him to death, but if it is a daughter, she shall live.

若是男孩, 就把他杀了;若是女孩, 就留她存活.

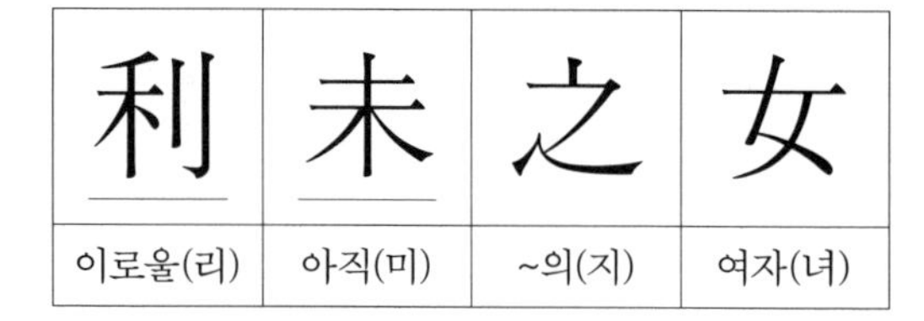

利	未	之	女
이로울(리)	아직(미)	~의(지)	여자(녀)

懷	孕	生	子
품을(회)	아이밸(잉)	날(생)	아들(자)

레위 종족의 한 여자가

임신해 아들을 낳았다.

利	未	之	女

懷	孕	生	子

레위중 한 여자가(출 2:1) 임신하여 아들을 낳으니(출 2:2)

Levi woman conceived and bore a son,

利未家的, 那女人怀孕, 生一个儿子,

見	其	俊	美
볼(견)	그(기)	뛰어날(준)	아름다울(미)

匿	之	三	月
숨길(익)	을(지)	석(삼)	달(월)

그 아이의 잘생긴 것을 보고

숨기기를 석 달 동안 하였다.

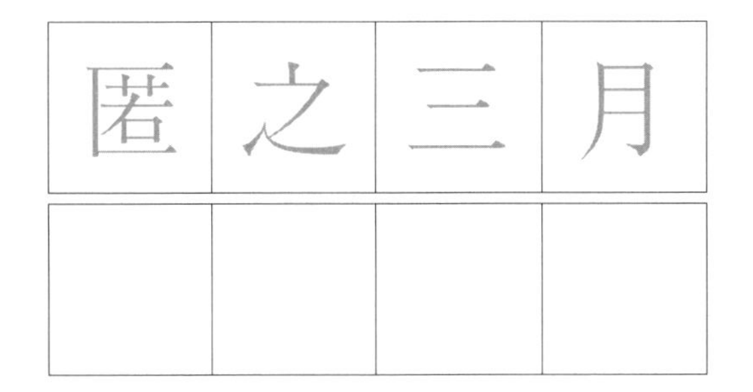

見	其	俊	美

匿	之	三	月

 ____________________

그가 잘생긴 것을 보고 석 달 동안 숨겼더라. (출 2:2)

*之(지): ~을/를

She saw that he was beautiful, she hid him for three months.

见他俊美, 就藏了他三个月,

取	一	葦	箱
가질(취)	한(일)	갈대(위)	상자(상)

갈대 상자를 가져다가

納	子	於	中
들일(납)	아들(자)	에(어)	가운데(중)

아이를 그 속에 담아 두었다.

取	一	葦	箱

納	子	於	中

갈대 상자를 가져다가 아기를 거기 담아 두었더라. (출 2:3)

Got a wicker basket and she put the child into it.

*wicker [wíkər] n. 갈대. 버들가지, 가느다란 가지

就取了一个蒲草箱, 将孩子放在里头,

時	法	老	女
때(시)	법(법)	늙을(로)	딸(녀)

그때 바로왕의 딸이

時	法	老	女

臨	河	將	浴
임할(임)	강(하)	장차(장)	목욕할(욕)

강으로 목욕하러 나왔다.

臨	河	將	浴

그때 바로의 딸이 나일 강으로 목욕하러 왔더라. (출 2:5)

The daughter of Pharaoh came to bathe at the Nile.

法老的女儿来到河边洗澡,

王	女	見	箱
임금(왕)	딸(녀)	볼(견)	상자(상)

遣	婢	取	之
보낼(견)	여종(비)	가질(취)	갈(지)

왕의 딸은 그 상자를 보고

시녀를 보내 오게 했다.

王	女	見	箱

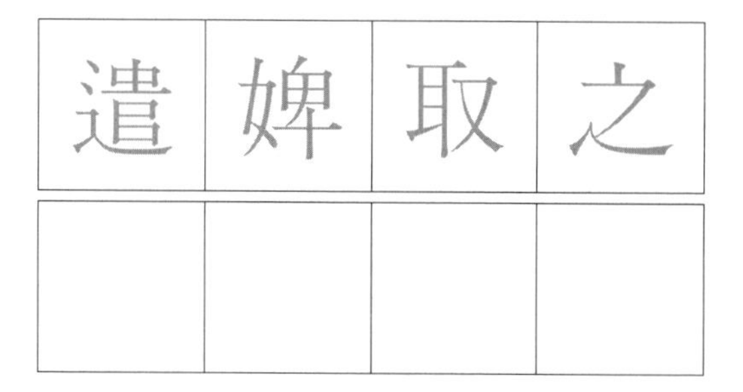

遣	婢	取	之

왕의 딸은 그 상자를 보고 시녀를 보내 가져왔더라. (출 2:5)

*女(여): 여자, 딸, 너, 처녀 *之(지): ~하였다

She saw the basket and sent her maid, and she brought it to her.

*reed [ri:d] n. 갈대밭, 갈대 이엉

王的女看见箱子, 就打发一个婢女拿来.

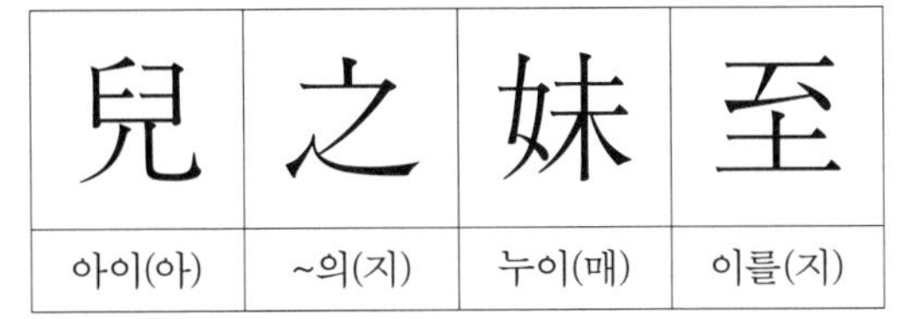

兒	之	妹	至
아이(아)	~의(지)	누이(매)	이를(지)

法	老	女	曰
법(법)	늙을(로)	딸(녀)	말씀(왈)

그 아이의 누이가 그곳에 가서 **바로왕의 딸에게 말했다.**

兒	之	妹	至

法	老	女	曰

그 아이의 누이가 이르러 바로의 딸에게 말하였더라. (출 2:7)

Then his sister said to Pharaoh's daughter.

孩子的姊姊对法老的女儿说：

往	招	乳	媼
갈(왕)	부를(초)	젖먹일(유)	어머니(온)

爲	爾	乳	子
위할(위)	너(이)	젖먹일(유)	아들(자)

제가 가서 유모를 불러오겠습니다.

당신을 위해 아이에게 젖을 먹이게 하겠습니다.

往	招	乳	媼

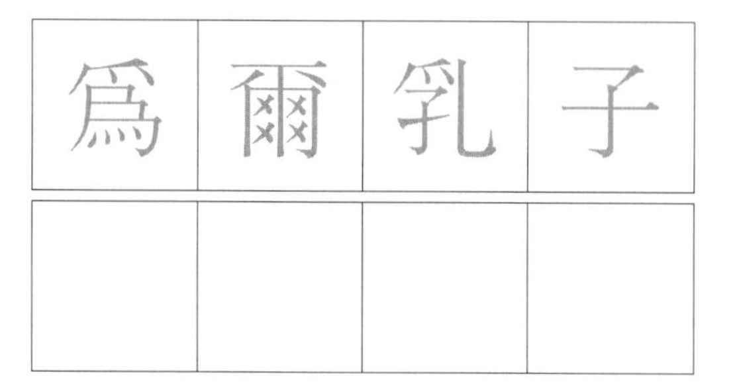

가서 유모를 불러다가 당신을 위하여 아이에게 젖을 먹이게 하리까. (출 2:7)

*乳(유): 젖, 젖을 먹이다 *媼(온): 어머니 *乳媼(유온): 유모

Call a nurse that she may nurse the child.

我去叫一个奶妈来, 为你奶这孩子, 可以不可以?

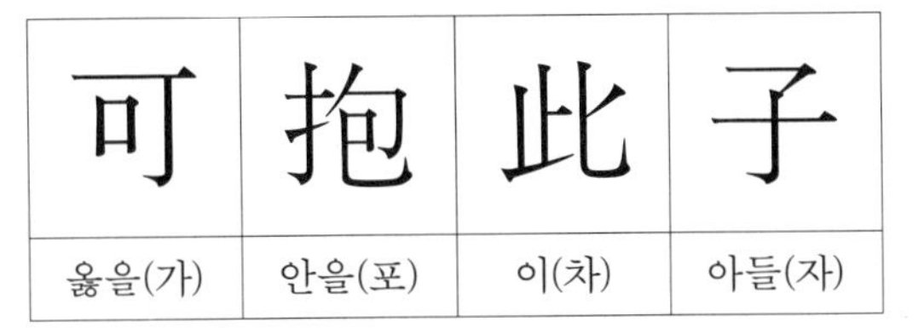

可	抱	此	子
옳을(가)	안을(포)	이(차)	아들(자)

좋다, 이 아기를 안고 가서

爲	我	乳	之
할(위)	나(아)	젖먹일(유)	갈(지)

나를 위해 젖을 먹이라.

可	抱	此	子

爲	我	乳	之

이 아기를 데려다 나를 위하여 젖을 먹이라. (출 2:9)

Take this baby and nurse him for me.

*nurse [nə:rs] …에게 젖을 먹이다, 아이를 보다, 돌보다, 키우다, 양육하다, 유모, 보모

法老的女儿对她说, 你把这孩子抱去, 为我奶他,

摩	西	旣	長
문지를(마)	서쪽(서)	이미(기)	어른(장)

모세가 이미 장성하여

摩	西	旣	長

至	同	族	處
이를(지)	같을(동)	겨레(족)	곳(처)

자기 동족들이 있는 곳에 가게 되었다.

至	同	族	處

모세가 장성하여 자기 동족들이 있는 곳에 나가니라. (출 2:11)

When Moses had grown up, that he went out to his brethren.

*brethren [bréðrin] n. 종교상의 형제 (혈족상의 형제에는 쓰지 않음), 동포

摩西长大, 他出去到他弟兄那里,

觀	其	苦	役
볼(관)	그(기)	쓸(고)	부릴(역)

고되게 노동하는 것을 보았고,

觀	其	苦	役

見	擊	同	族
볼(견)	칠(격)	같을(동)	겨레(족)

또 자기 동족(히브리인)을 때리는 것을 보았다.

見	擊	同	族

고되게 노동하는 것을 보았고 또 자기 동족을 치는 것을 본지라. (출 2:11)

Looked on their hard labors, and he saw beating one of his brethren.

看他们的重担, 见(一个埃及人)打(希伯来人的)一个弟兄.

殺	伊	及	人
죽일(살)	저(이)	이를(급)	사람(인)

애굽 사람을 쳐 죽이게 되었다.

殺	伊	及	人

王	聞	此	事
임금(왕)	들을(문)	이(차)	일(사)

(바로)왕이 이 사건을 듣게 되었다.

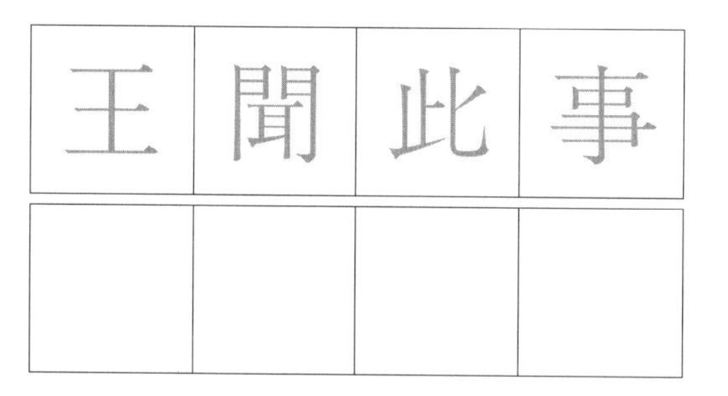

王	聞	此	事

애굽 사람을 쳐 죽이니(출 2:12) 바로가 이 일을 듣게 되었더라(출 2:15).
He struck down the Egyptian, when Pharaoh heard of this matter.
就把埃及人打死了, 法老听见这事,

欲	殺	摩	西
하고자할(욕)	죽일(살)	문지를(마)	서쪽(서)

모세를 죽이고자 했다.

摩	西	避	王
문지를(마)	서쪽(서)	피할(피)	임금(왕)

모세는 (바로)왕을 피해 도망하였다.

欲	殺	摩	西

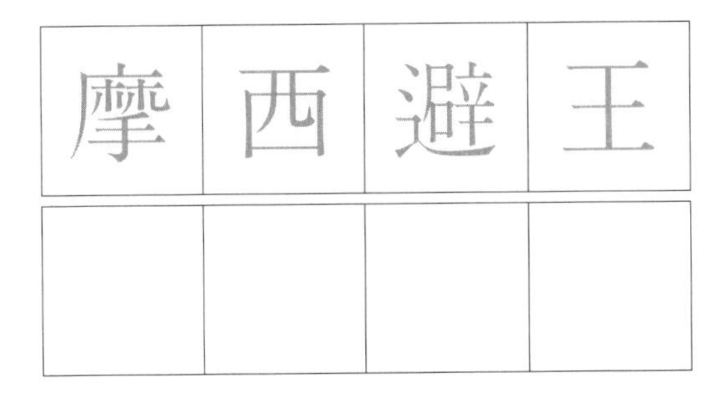

摩	西	避	王

모세를 죽이고자 하니 모세는 왕을 피하였더라. (출 2:15)

He tried to kill Moses, but Moses fled from the presence of king.

*flee [fli:] vi. (fled [fled]) 달아나다, 도망하다, 피하다 *presence [prézəns] n. 존재, 현존, 실재, 면전, 어전, in the ~ of 면전에서

就想杀摩西, 但摩西躲避法老,

摩	西	看	見
문지를(마)	서쪽(서)	볼(간)	볼(견)

荊	棘	着	火
가시나무(형)	가시(극)	붙을(착)	불(화)

모세가 바라보니 **가시 떨기나무에 불이 붙어 있었다.**

荊	棘	着	火

모세가 보니 떨기나무에 불이 붙었더라. (출 3:2)

Moses looked, the bush was burning with fire.

*bush [buʃ] n. 수풀, 덤불, 관목

摩西观看, 荆棘被火烧着,

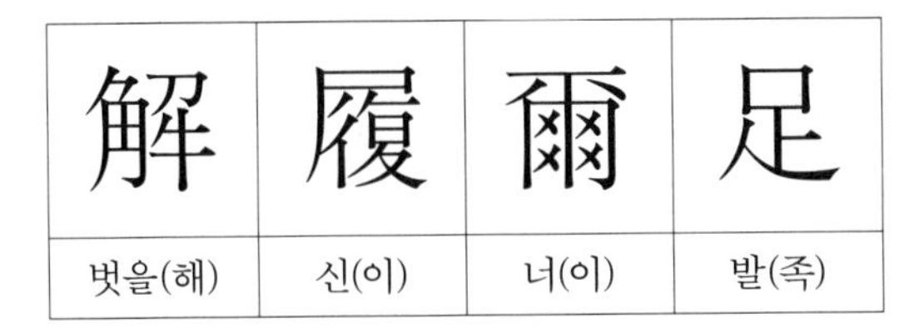

解	履	爾	足
벗을(해)	신(이)	너(이)	발(족)

爾	立	聖	地
너(이)	설(립)	거룩할(성)	땅(지)

네 발에서 신을 벗으라.

네가 선 곳은 거룩한 땅이다.

解	履	爾	足

爾	立	聖	地

네 발에서 신을 벗으라, 네가 선 곳은 거룩한 땅이니라. (출 3:5)

Take off your sandals, because you are standing on holy ground.

*sandal [sǽndl] n. (여성·어린이용) 샌들, 짚신 모양의 신발

「当把你脚上的鞋脱下来, 因为你所站之地是圣地」;

遣	爾	法	老
보낼(견)	너(이)	법(법)	늙을(로)

너를 바로에게 보낼 것이다.

遣	爾	法	老

導	我	民	族
인도할(도)	나(아)	백성(민)	겨레(족)

내 민족을 인도하여라.

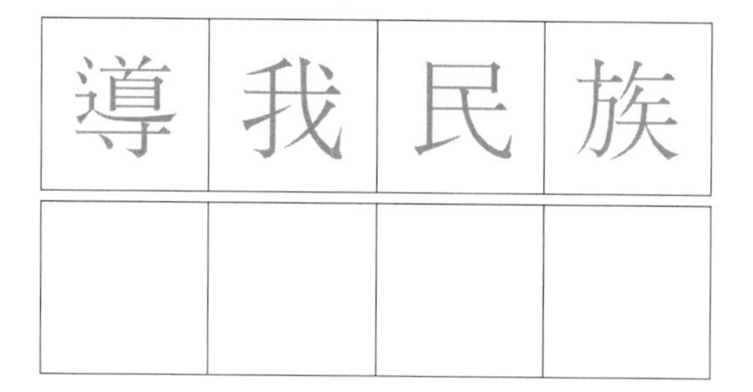

너를 바로에게 보내어 내 민족을 인도하리라. (출 3:10)

I will send you, so that you may bring my people.

(我要)打发你去见法老, 使(你可以将)我的百姓(以色列人从埃及领)出来.

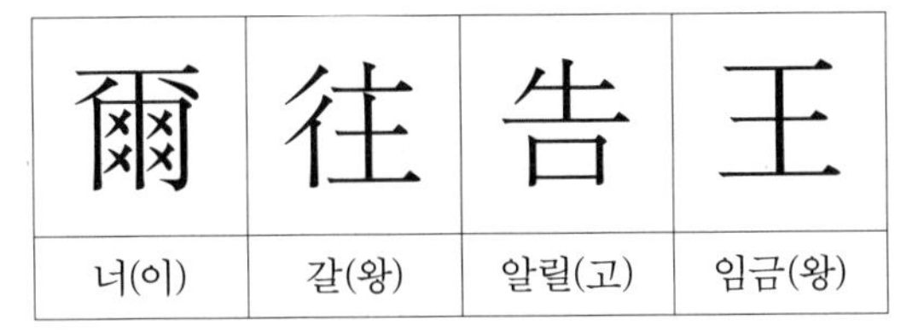

爾	往	告	王
너(이)	갈(왕)	알릴(고)	임금(왕)

伊	及	法	老
저(이)	미칠(급)	법(법)	늙을(로)

네가 가서 왕에게 알려라,

애굽 바로에게.

爾	往	告	王

伊	及	法	老

네가 가서 왕에게 말하라, 애굽 바로에게. (출 6:11)

Go, tell Pharaoh king of Egypt.

你进去对埃及王法老说,

釋	以	色	列
풀(석)	써(이)	빛(색)	벌일(열)

이스라엘(자손)을 석방하며

釋	以	色	列

民	族	出	國
백성(민)	겨레(족)	날(출)	나라(국)

(이스라엘) **민족을 이 땅에서 내어 보내라.**

석방하되 이스라엘(자손)을 그 땅에서 내어 보내게 하라. (출 6:11)

To let the sons of Israel go out of his land.

要容以色列人出他的地.

王	必	不	聽
임금(왕)	반드시(필)	아닐(불)	들을(청)

我	降	大	災
나(아)	내릴(강)	큰(대)	재앙(재)

왕이 분명 말을 듣지 않을 것이니,

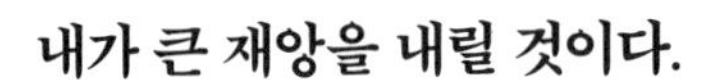

내가 큰 재앙을 내릴 것이다.

王	必	不	聽

我	降	大	災

왕이 너희의 말을 듣지 아니할 터인즉, 내가 큰 심판을 내리리라. (출 7:4)

When Pharaoh does not listen to you, then I will bring great judgments.

但法老必不听你们, 我要伸手重重地刑罚,

杖	擊	河	水
지팡이(장)	칠(격)	강(하)	물(수)

지팡이로 강물을 쳐라.

杖	擊	河	水

水	變	爲	血
물(수)	변할(변)	할(위)	피(혈)

물을 피로 변하게 할 것이다.

水	變	爲	血

지팡이로 강물을 치면 물을 피로 변하게 할 것이라. (출 7:17)

To strike the river with the stick, and it will be turned of blood.

杖击打河中的水, 水就变作血;

爾	若	不	釋
너(이)	만일(약)	아닐(불)	석방(석)

네가 만일 석방하지 않는다면,

爾	若	不	釋

蛙	害	爾	境
개구리(와)	해할(해)	너(이)	지경(경)

개구리로 너의 지경을 해할 것이다.

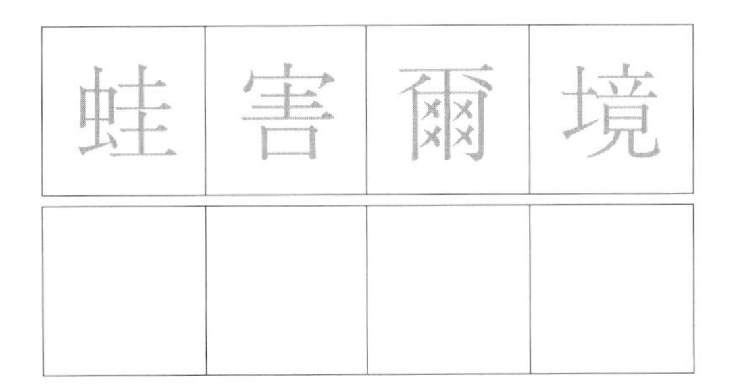

蛙	害	爾	境

네가 만일 보내기를 거절하면 개구리로 너의 지경을 해하리라. (출 8:2)

If you refuse to let them go, behold, I will smite your whole territory with frogs.

*refuse [rifjú:z] vt. 거절하다, 거부하다 *territory [térətɔ̀:ri] n. 영토, 땅, 지역, 지방, 영지

你若不肯容他们去, (我必使青)蛙糟蹋你的四境.

擊	地	之	塵
칠(격)	땅(지)	~의(지)	티끌(진)

땅의 티끌을 쳤다.

使	變	爲	虱
시킬(사)	변할(변)	할(위)	이(슬)

(티끌은) **이로 변하게 되었다.**

擊	地	之	塵

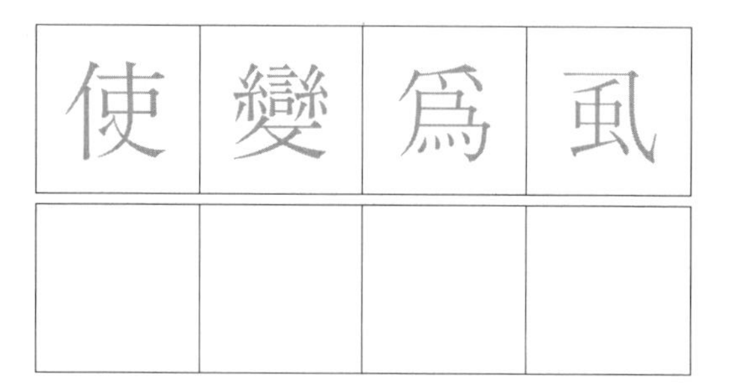

使	變	爲	虱

땅의 티끌을 치매 이로 변하게 되니라. (출 8:17)

Struck the dust of the earth, all the dust of the earth became gnats.

*gnat [næt] n. 이, 피를 빨아먹는 작은 곤충, 각다귀, 모기

击打地上的尘土, 尘土都变成虱子了.

灰	變	爲	塵
재(회)	변할(변)	할(위)	티끌(진)

재가 변해 티끌이 되었다.

遍	於	伊	及
두루(편)	에(어)	저(이)	이를(급)

(티끌은) **애굽 온 땅에 퍼져 나갔다.**

灰	變	爲	塵

그 재가 티끌이 되어 애굽 온 땅에 퍼지니라. (출 9:9)

It will become fine dust over all the land of Egypt.

*dust [dʌst] n. 먼지, 티끌, 일어나는 먼지

这灰要在埃及全地变作尘土,

落	人	畜	身
떨어질(낙)	사람(인)	짐승(축)	몸(신)

사람과 짐승에게 떨어져서

落	人	畜	身

皆	生	瘡	痍
모두(개)	날(생)	부스럼(창)	상처(이)

모두에게 악성 종양이 생겼다.

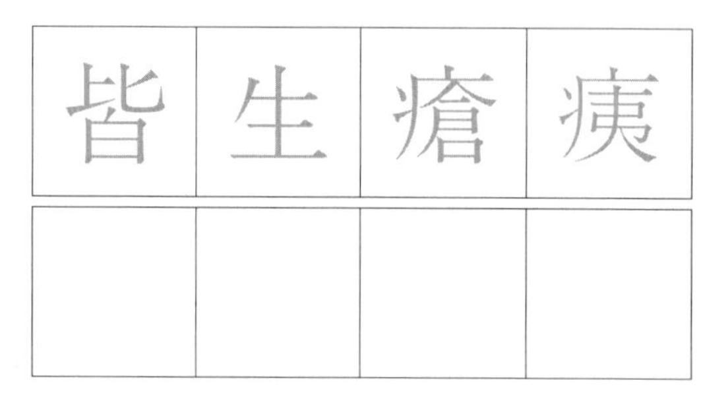

皆	生	瘡	痍

사람과 짐승에게 떨어져 악성 종양이 생기리라. (출 9:9)

Will become boils breaking out with sores on man and beast.

*sore [sɔ:r] a. 악성 종양 (상처가) 아픈, 피부가 까진, 염증을 일으킨

在人身上和牲畜身上成了起泡的疮.

雹	降	伊	及
우박(박)	내릴(강)	저(이)	이를(급)

우박이 애굽 땅에 떨어지며

擊	人	與	畜
칠(격)	사람(인)	함께(여)	짐승(축)

사람과 짐승을 내리쳤다.

雹	降	伊	及

擊	人	與	畜

우박이 애굽 땅에 내리며 사람과 짐승을 치게 하니라. (출 9:22)

The hail may fall on all the land of Egypt, on man and on beast.

使埃及遍地的人身上和牲畜身上, 都有冰雹.

不	釋	我	民
아닐(불)	석방(석)	나(아)	백성(민)

내 백성을 석방하지 않는다면

蝗	至	境	內
메뚜기(황)	이를(지)	지경(경)	안(내)

메뚜기가 (네) 경내에 들어 닥칠 것이다.

不	釋	我	民

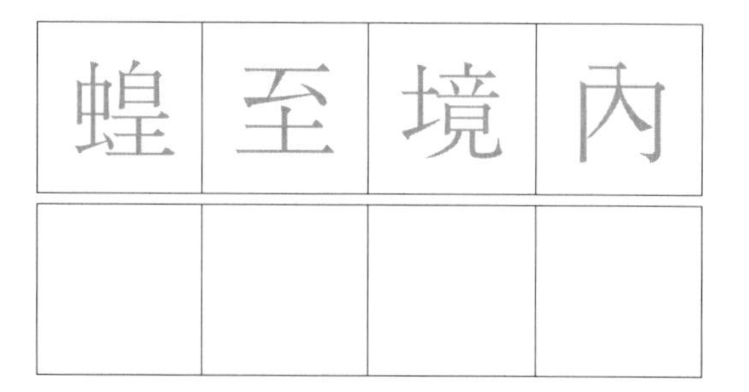

내 백성 보내기를 거절하면 메뚜기가 (네) 경내에 들게 하리니, (출 10:4)

For if you refuse to let my people go, I will bring locusts into (your) territory,

*locust [lóukəst] n. 메뚜기, 누리, 미국 매미

不肯容我的百姓去, 使蝗虫进入你的境内,

遍	伊	及	地
두루(편)	저(이)	이를(급)	땅(지)

애굽 온 땅에 이르러서

遍	伊	及	地

晦	暗	三	日
어둠(회)	어두울(암)	석(삼)	날(일)

캄캄한 흑암이 삼 일 동안 지속 되었다.

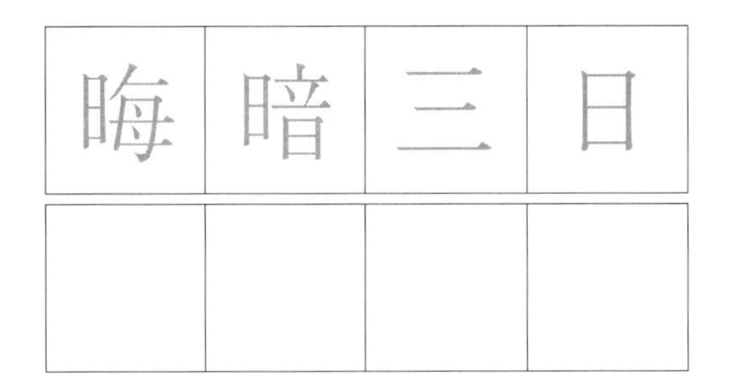

晦	暗	三	日

애굽 온 땅에 캄캄한 흑암이 삼 일 동안 지속되었더라. (출 10:22)

In all the land of Egypt, there was thick darkness for three days.

埃及遍地就乌黑了三天.

凡	伊	及	地
무릇(범)	저(이)	이를(급)	땅(지)

所	有	長	子
바(소)	있을(유)	어른(장)	아들(자)

무릇 애굽 땅에 있는

장자들과

凡	伊	及	地

所	有	長	子

애굽 땅에 있는 장자들과 (출 11:5)

*所(소): 바(방도), 것, 곳, 처소, 지위, 겨우, 쯤, 정도, 있다

All the firstborn son in the land of Egypt,

*firstborn [fəːrstbɔːrn] a. 맏이의, 장남의

凡在埃及地, 所有的长子,

首	生	牲	畜
처음(수)	날(생)	희생(생)	짐승(축)

(모든) 가축의 처음 난 것은

首	生	牲	畜

悉	必	死	亡
다(실)	반드시(필)	죽을(사)	망할(망)

반드시 다 죽을 것이다.

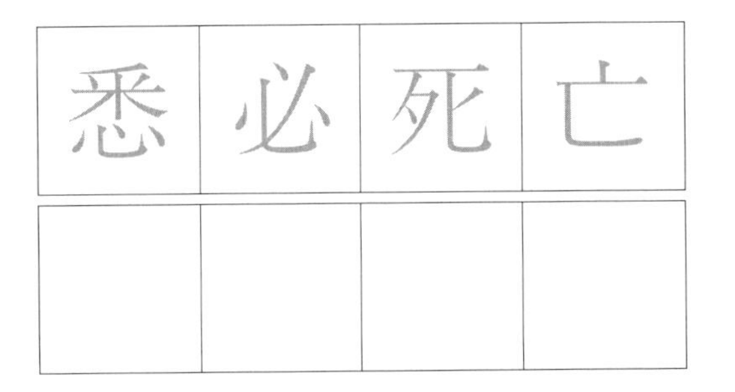

(모든) 가축의 처음 난 것까지 다 죽으리라. (출 11: 5)

*首(수): 머리, 처음, 시초, 우두머리, 임금, 시작하다, 바르다

(All) the firstborn of beasts, shall die.

*beast [bi:st] n. 짐승, 금수

头生的牲畜, 都必死.

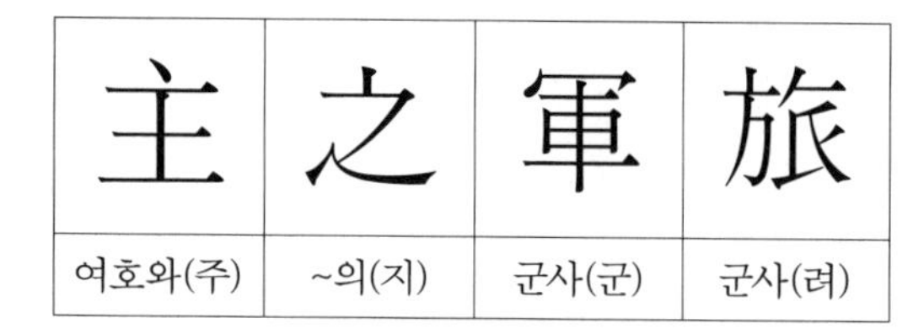

主	之	軍	旅
여호와(주)	~의(지)	군사(군)	군사(려)

여호와의 군대가

皆	出	伊	及
다(개)	나갈(출)	저(이)	이를(급)

모두 애굽 땅에서 나왔다.

主	之	軍	旅

皆	出	伊	及

여호와의 모든 군대가 애굽 땅에서 나왔더라. (출 12:41)

That all the hosts of the Lord went out from the land of Egypt.

*host [houst] n.군대, 많은 사람, 많은 떼

耶和华的军队都从埃及地出来了.

以	色	列	裔
써(이)	빛(색)	벌일(열)	자손(예)

行	於	海	中
걸을(행)	에(어)	바다(해)	가운데(중)

이스라엘의 자손은

바다 가운데를 걸었다.

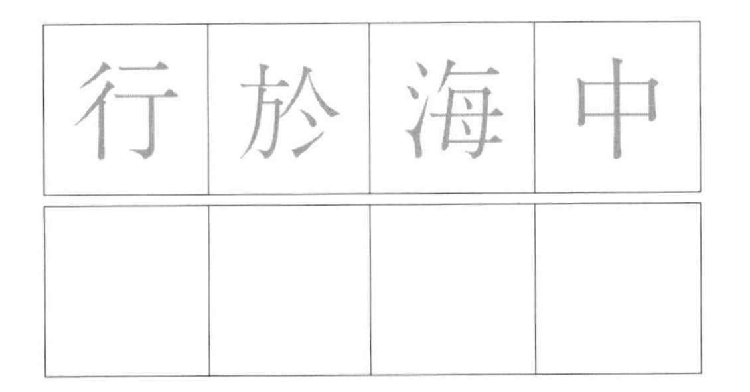

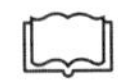

이스라엘 자손은 바다 가운데를 걸었더라. (출 14:29)

*行(행): 다니다, 걷다, 행하다, 유행하다

The sons of Israel walked on dry land through the midst of the sea.

以色列人却在海中走乾地.

瑪	拉	水	苦
차돌(마)	끌(랍)	물(수)	쓸(고)

人	不	能	飮
사람(인)	아닐(불)	능할(능)	마실(음)

마라의 물은 써서 **사람들이 마시지 못했다.**

瑪	拉	水	苦

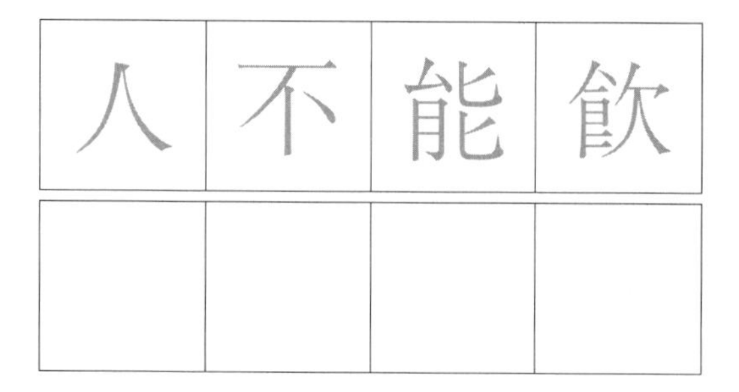

마라 물이 써서 사람이 마시지 못하니라. (출 15:23)

They could not drink of the waters of Marah, for they were bitter.

*bitter [bítər] a. 쓴, 씁쓰레한

到了玛拉, 不能喝那里的水;因为水苦,

摩	西	投	木
문지를(마)	서쪽(서)	던질(투)	나무(목)

水	變	爲	甘
물(수)	변할(변)	할(위)	달(감)

모세가 나무 가지를 던지니,

물이 변해 달게 되었다.

摩	西	投	木

水	變	爲	甘

모세가 나무 가지를 던지매 물이 달게 되었더라. (출 15:25)

Moses threw a tree into the waters, and the waters became sweet.

摩西把树丢在水里, 水就变甜了.

及	暮	鶉	集
이를(급)	저물(모)	메추리(순)	모을(집)

저녁이 되니 메추라기가 떼를 지어 모였다.

及	暮	鶉	集

遮	遍	其	營
가릴(차)	두를(편)	그(기)	병영(영)

병영을 뒤덮었다.

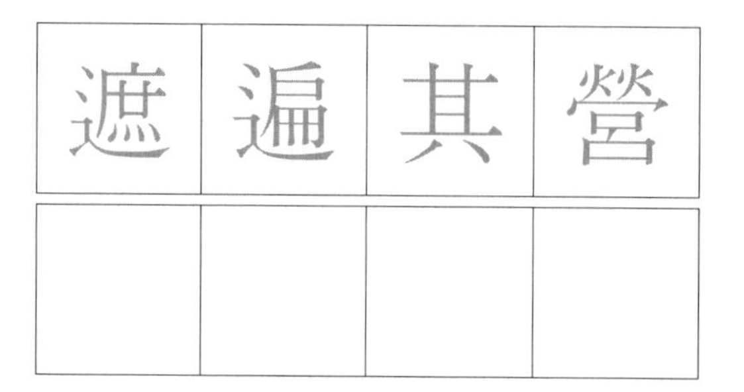

저녁에는 메추라기가 와서 진에 덮었더라. (출 16:13)

At evening that the quails came up and covered the camp.

*quail [kweil] n. 메추라기

到了晚上, 有鹌鹑飞来, 遮满了营;

及	旦	露	降
이를(급)	아침(단)	이슬(로)	내릴(강)

아침에는 이슬이 내렸다.

及	旦	露	降

稱	爲	瑪	拿
일컬을(칭)	할(위)	차돌(마)	잡을(나)

그 이름을 만나라 칭했다.

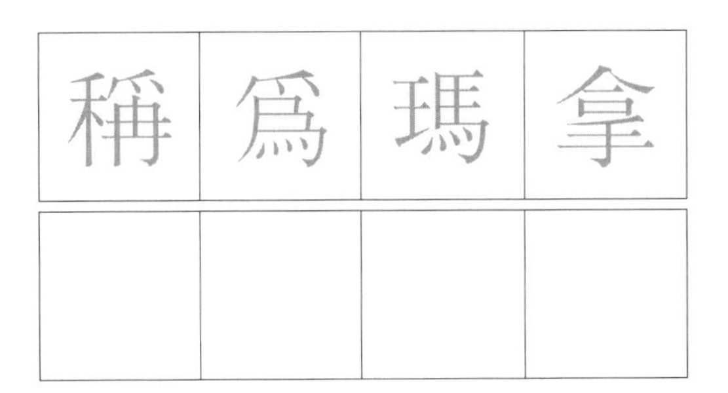

아침에는 이슬이 내렸더라. (출 16:13) 그 이름을 만나라 하였더라. (출 16:31)

In the morning, there was a layer of dew, it called the name of Manna.

*dew [dju:] n.이슬, (눈물·땀 등의) 방울　*manna [mǽnə] n. 『성서』 만나

早晨地上有露水, 叫吗哪;

汎	野	啓	行
빠를(신)	들(야)	인도할(계)	다닐(행)

신 광야에서 (노정대로) 인도되었다.

民	無	水	飮
백성(민)	없을(무)	물(수)	마실(음)

백성들에게 마실 물이 없었다.

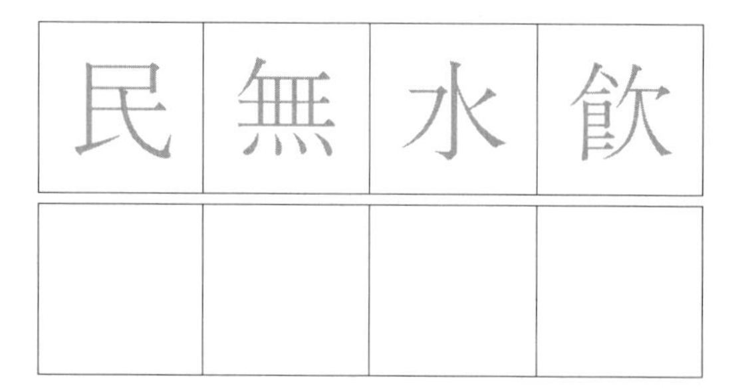

신 광야에서 (노정대로) 행하는데 백성이 물이 없었더라. (출 17:1)

*啓(계): 열다, 인도하다, 가르치다

Left the wilderness of Sin, and there was no water for the people to drink.

*wilderness [wíldərnis] n. 황야, 황무지, 사막, 미개지, 사람이 살지 않는 땅

汎的旷野往前行, 百姓没有水喝,

民	衆	渴	甚
백성(민)	무리(중)	목마를(갈)	심할(심)

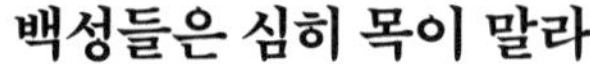

欲	於	飮	水
하고자할(욕)	에(어)	마실(음)	물(수)

물을 마시길 원했다.

民	衆	渴	甚

欲	於	飮	水

백성들이 심히 목이 말라 마실 물을 원하더라. (출 17:3)

The people thirsted there for water.

*thirst [θə:rst] vi. 목말라하다

百姓在那里甚渴, 要喝水,

摩	西	擊	磐
문지를(마)	서쪽(서)	칠(격)	반석(반)

使	民	得	水
하여금(사)	백성(민)	얻을(득)	물(수)

모세가 반석을 쳐서 **백성들이 물을 얻게 하였다.**

摩	西	擊	磐

使	民	得	水

모세가 반석을 쳐서 백성들이 마실 물을 얻게 하였더라. (출 17:6)

Moses shall strike the rock, and that the people may drink.

摩西要击打磐石, 使百姓可以喝.

才	德	兼	者
재능(재)	덕(덕)	겸할(겸)	사람(자)

재능과 덕을 겸비한 자로

敬	畏	上	帝
공경(경)	두려울(외)	하늘(상)	임금(제)

곧 하나님을 두려워 공경하는,

才	德	兼	者

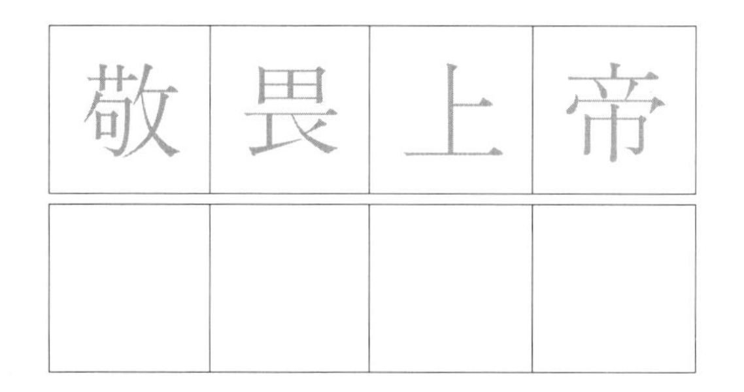

敬	畏	上	帝

재덕을 겸비한 자로 곧 하나님을 두려워하며 (출 18:21)

Look for able men (from all the people), men who fear God,

*able [éibəl] a. 능력 있는, 재능 있는, 유능한

拣选有才能的人, 就是敬畏神.

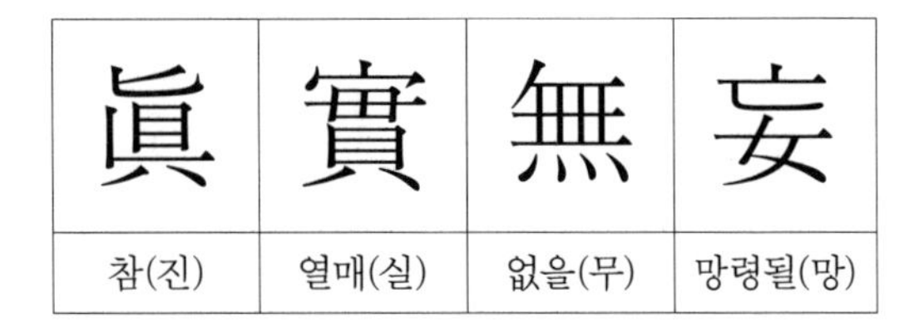

眞	實	無	妄
참(진)	열매(실)	없을(무)	망령될(망)

不	貪	財	利
아닐(불)	탐낼(탐)	재물(재)	이로울(리)

진실하고 망령됨이 없으며

불의하게 재물과 이익을 탐하지 않는 자를

眞	實	無	妄

不	貪	財	利

진실 무망하며 불의한 이득을 탐하지 않은 자를 (출 18:21)

Men of truth, those who hate dishonest gain,

*dishonest [disánist] a. 불의한, 부정직한, 불성실한, 부정한

诚实无妄, 恨不义之财的人,

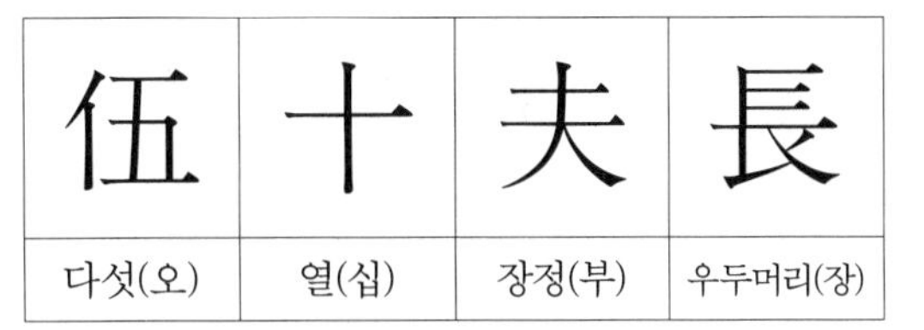

伍	十	夫	長
다섯(오)	열(십)	장정(부)	우두머리(장)

立	十	夫	長
설(입)	열(십)	장정(부)	우두머리(장)

오십 부장과 **십 부장으로 세워라.**

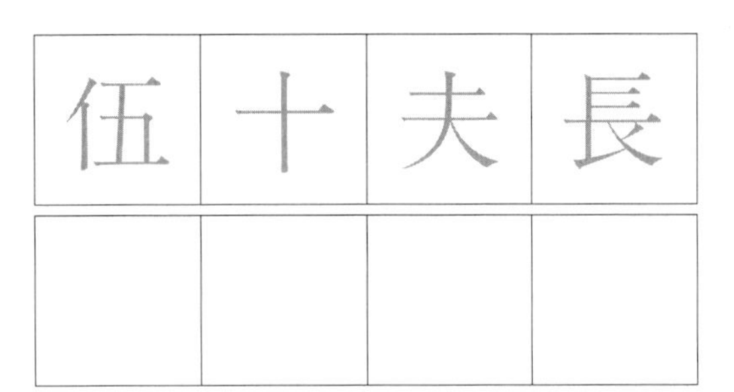

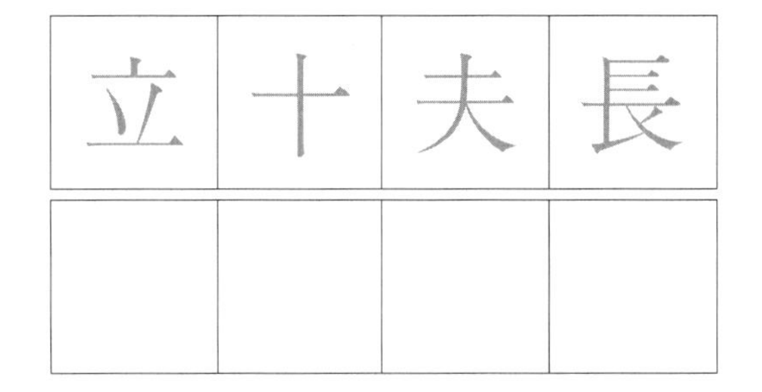

오십 부장과 십 부장을 삼아라. (출 18:21)

You shall place these over them as leaders of fifties and of tens.

伍十夫长, 十夫长, 管理百姓,

以	色	列	人
써(이)	빛(색)	벌일(열)	사람(인)

出	伊	及	後
날(출)	저(이)	미칠(급)	뒤(후)

이스라엘 자손이

애굽 (땅)을 떠난 후,

以	色	列	人

出	伊	及	後

이스라엘 자손이 애굽 (땅)을 떠난 후, (출 19:1)

The people of Israel had gone out of the land of Egypt,

以色列人出埃及地以后,

第	三	月	朔
차례(제)	석(삼)	달(월)	초하루(삭)

至	西	乃	野
이를(지)	서쪽(서)	이에(내)	들(야)

삼 개월이 지난 첫날에

시내 광야에 이르렀다.

第	三	月	朔

至	西	乃	野

삼 개월이 되던 날 시내 광야에 이르니라. (출 19:1)

And on the first day of the third month after they came to the wilderness of Sinai.

满了三个月的那一天, 就来到西乃的旷野.

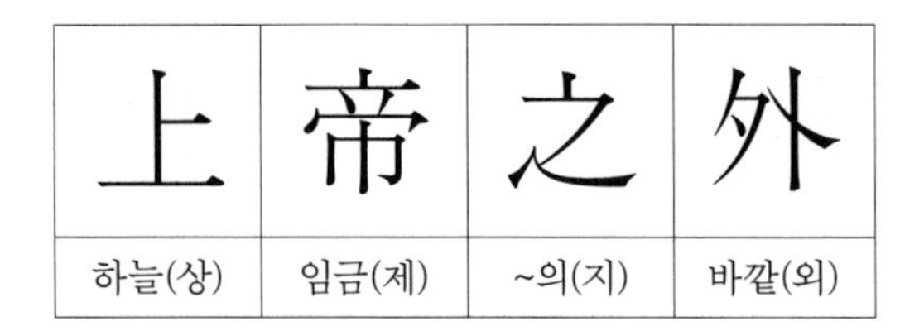

上	帝	之	外
하늘(상)	임금(제)	~의(지)	바깥(외)

毋	有	別	神
말(무)	있을(유)	다른(별)	귀신(신)

하나님 외에는 **다른 신들을 두지 말라.**

上	帝	之	外

毋	有	別	神

너는 나 외에는 다른 신들을 네게 두지 말라. (출 20:3)

*別(별): 나누다, 다르다, 틀리다, 떠나다, 헤어지다, 틀리다, 구별, 차별

You shall have no other gods before me.

除了我以外, 你不可有别的神.

毋	作	偶	像
말(무)	지을(작)	허수아비(우)	형상(상)

우상을 만들지 말고

毋	作	偶	像

上	天	下	地
위(상)	하늘(천)	아래(하)	땅(지)

위로 하늘에 것이나 아래로 땅에 있는 것도,

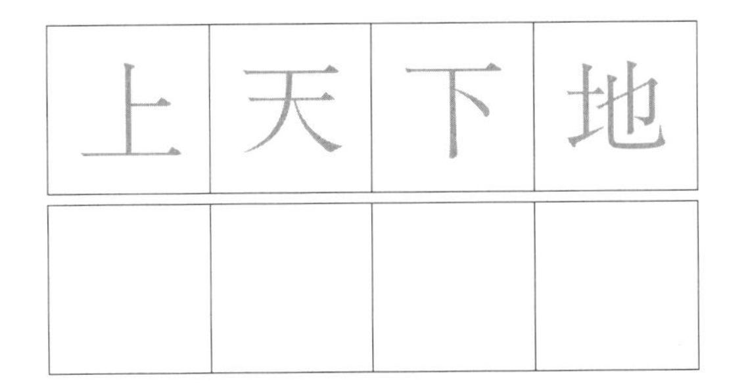

上	天	下	地

우상을 만들지 말고 위로 하늘에 것이나 아래로 땅에 있는 것도, (창 20:4)

You shall not make for yourself an idol in the form of anything in heaven above or on the earth beneath,

*idol [áidl] n. 우상, 신상, 사신상, 민중의 우상 *beneath [biní:θ] ad. (바로) 아래(밑)에, 아래쪽에, 지하에

不可为自己雕刻偶像, 也不可做什么形像彷佛上天, 下地,

地	下	水	中
땅(지)	아래(하)	물(수)	가운데(중)

毋	作	其	像
말(무)	만들(작)	그(기)	형상(상)

땅 아래 물속에 있는 것도,

어떤 형상도 만들지 말라.

地	下	水	中

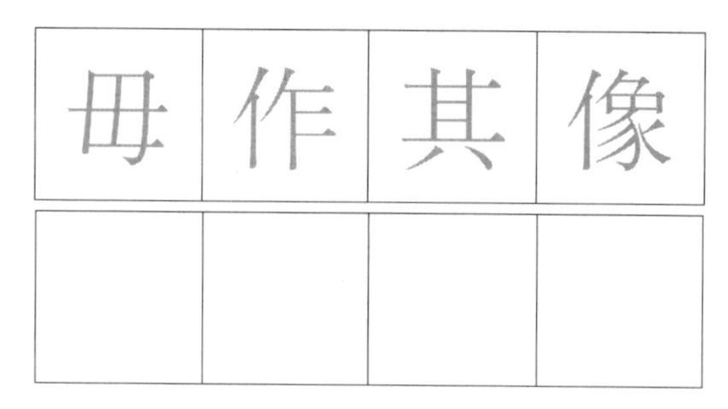

毋	作	其	像

땅 아래 물속에 있는 것도 어떤 형상도 만들지 말며, (출 20:4)

*作(작): 짓다, 만들다, 제작하다

You shall not make for yourself an idol or in the waters below,

和地底下, 水中的百物, 不可作什么形像.

不	可	跪	拜
아닐(불)	옳을(가)	꿇을(궤)	절(배)

(그것들에게) 절하지 말며,

不	可	崇	事
아닐(불)	옳을(가)	높일(숭)	일(사)

(그것들을) 섬기지 말라.

(그것들에게) 절하지 말며 (그것들을) 섬기지 말라. (출 20:5)

You shall not bow down to them or worship them.

不可跪拜那些像, 也不可事奉它,

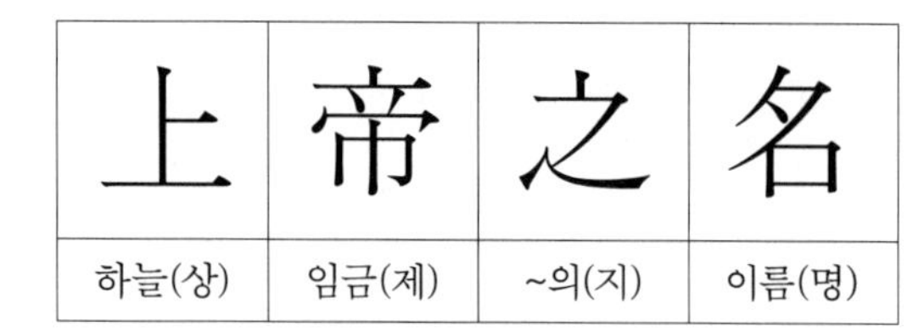

上	帝	之	名
하늘(상)	임금(제)	~의(지)	이름(명)

毋	妄	稱	主
말(무)	망령될(망)	일컬을(칭)	여호와(주)

여호와의 이름을 **망령되이 일컬지 말라.**

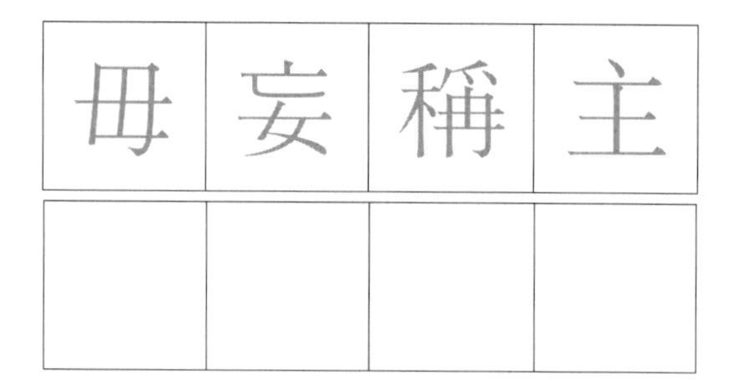

上	帝	之	名

毋	妄	稱	主

여호와의 이름을 망령되이 일컫지 말라. (출 20:7)

You shall not take the name of the Lord your God in vain.

*vain [vein] a. 헛된, 보람 없는, 무익한, in vain 함부로, 망령되이

不可妄称耶和华—你神的名;

憶	安	息	日
기억(억)	편안(안)	쉴(식)	날(일)

안식일을 기억하고

憶	安	息	日

守	爲	聖	日
지킬(수)	할(위)	거룩할(성)	날(일)

그날을 거룩하게 지키라.

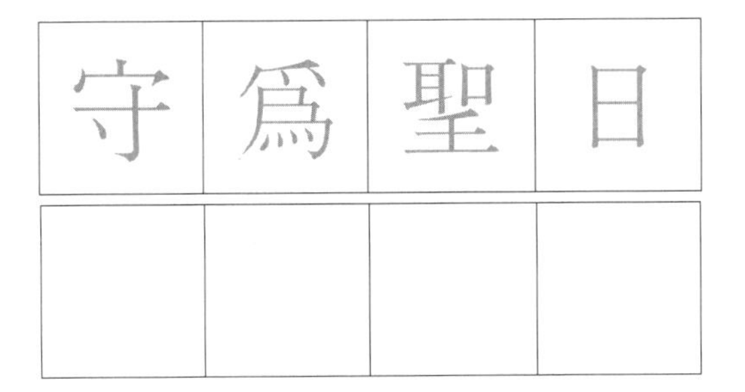

안식일을 기억하여 그날을 거룩하게 지키라. (출 20:8)

Remember the sabbath day, to keep it holy.

*Sabbath [sǽbəθ] n. 안식일(~day), 안식, 평화, 휴식 기간

当记念安息日, 守为圣日.

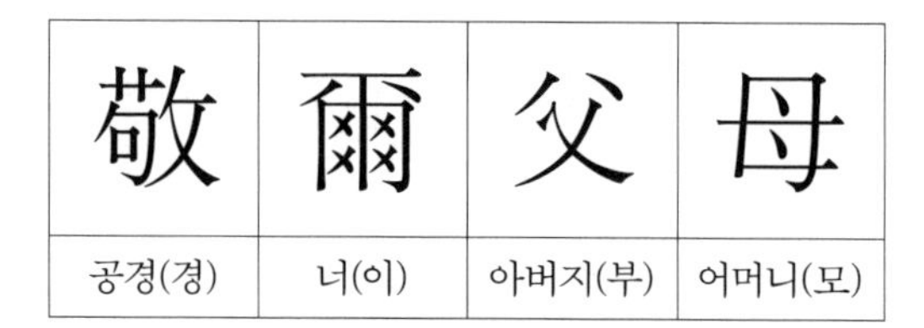

敬	爾	父	母
공경(경)	너(이)	아버지(부)	어머니(모)

네 부모를 공경하라.

爾	可	久	生
너(이)	가능(가)	오랠(구)	살(생)

네가 오래 동안 살 것이다.

敬 爾 父 母

네 부모를 공경하라 네 생명이 길리라. (출 20:12)

Honor your father and your mother, your days may be prolonged in the land.

*prolonged [prəlɔ́:ŋd]a. 오래 끄는, 장기의

当孝敬父母, 你的地上得以长久.

不	可	殺	人
아닐(불)	옳을(가)	죽일(살)	사람(인)

살인하지 말라.

不	可	姦	淫
아닐(불)	옳을(가)	간음할(간)	음란할(음)

간음하지 말라.

不 可 姦 淫

살인하지 말라. (출 20:13) 간음하지 말라. (출 20:14)

You shall not murder. You shall not commit adultery.

*murder [mə́:rdər] n. 살인, 고살, 모살 *commit [kəmít] vt. (죄·과실을) 범하다, 저지르다, ~ a crime 죄를 범하다

*adultery [ədʌ́ltəri] n. 간음, 간통, 불의

不可杀人. 不可奸淫.

不	可	偸	竊
아닐(불)	옳을(가)	훔칠(투)	훔칠(절)

도적질하지 말라.

不	可	偽	證
아닐(불)	옳을(가)	거짓(위)	증거(증)

거짓 증거하지 말라.

不	可	偸	竊

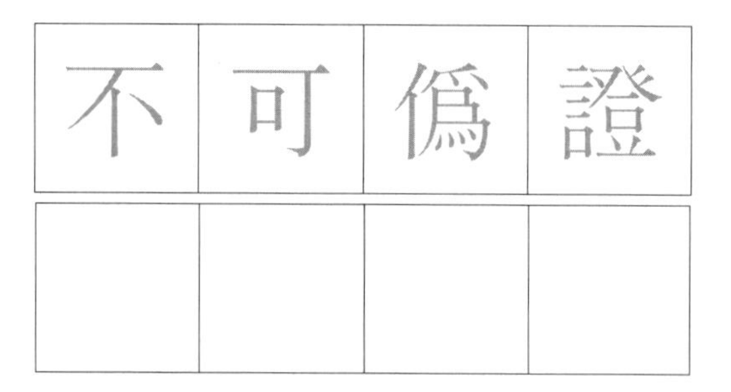

不	可	偽	證

도적질하지 말라. (출 20:15) 거짓 증거하지 말라. (출 20:16)

You shall not steal. You shall not bear false witness.

*bear [bɛər] vt. 자세를 취하다, 처신(행동)하다 *false [fɔ:ls] a. 그릇된, 틀린, 부정확한, 거짓(허위)의, 가장된

*witness [wítnis] n. 증거, 증언, 증인, 참고인, 목격자

不可偷盗. 不可作假见证陷害人,

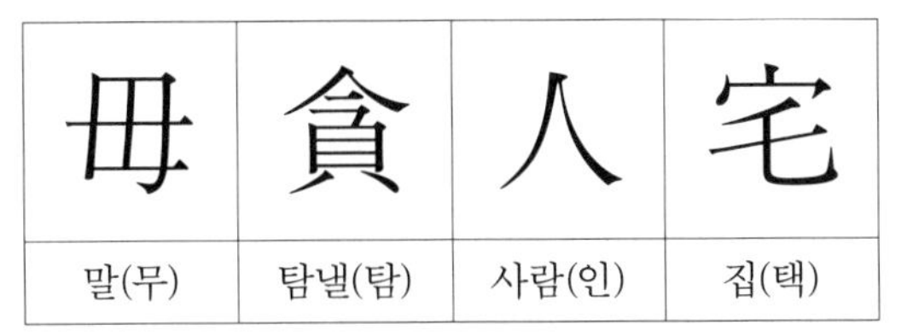

毋	貪	人	宅
말(무)	탐낼(탐)	사람(인)	집(택)

다른 사람의 집을 탐내지 말고

毋	貪	人	宅

毋	貪	人	妻
말(무)	탐낼(탐)	사람(인)	아내(처)

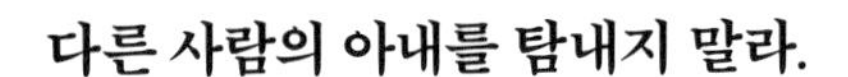

다른 사람의 아내를 탐내지 말라.

毋	貪	人	妻

네 이웃의 집을 탐내지 말고, 네 이웃의 아내를 탐내지 말라. (출 20:17)

You shall not covet your neighbor's house, you shall not covet your neighbor's wife.

*covet [kʌ́vit] vt. (남의 것을) 몹시 탐내다, 바라다

不可贪恋人的房屋；也不可贪恋人的妻子.

設	民	前	律
세울(설)	백성(민)	앞(전)	법(률)

백성 앞에 법규를 세워

當	傳	於	民
마땅(당)	전할(전)	에(어)	백성(민)

마땅히 백성들에게 전하라.

백성 앞에 세울 법규는 백성들에게 공포하라. (출 21:1)

Now these are the ordinances which you are to set before them.

*ordinance [ɔ́:rdənəns] n. 법령, 포고, (시읍면의) 조례. 성찬식

你在百姓面前所要立的典章是这样:

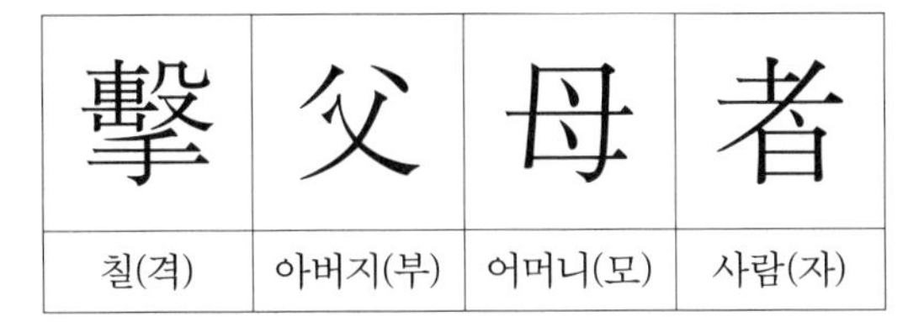

擊	父	母	者
칠(격)	아버지(부)	어머니(모)	사람(자)

자기 아버지나 어머니를 치는 자는

擊	父	母	者

必	殺	無	赦
반드시(필)	죽일(살)	없을(무)	용서할(사)

용서하지 말고 반드시 죽여라.

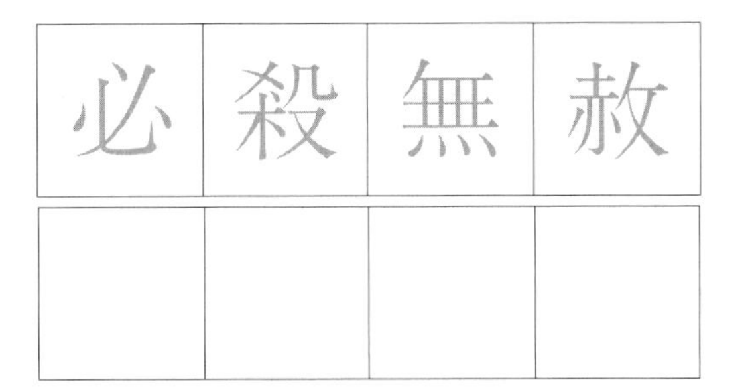

必	殺	無	赦

자기 아버지나 어머니를 치는 자는 반드시 죽일지니라. (출 21:15)

He who strikes his father or his mother shall surely be put to death.

打父母的, 必要把他治死.

詛	父	母	者
저주할(저)	아버지(부)	어머니(모)	사람(자)

必	殺	無	赦
반드시(필)	죽일(살)	없을(무)	용서할(사)

(자기) **아버지나 어머니를 저주하는 자는** **용서하지 말고 반드시 죽여라.**

詛	父	母	者

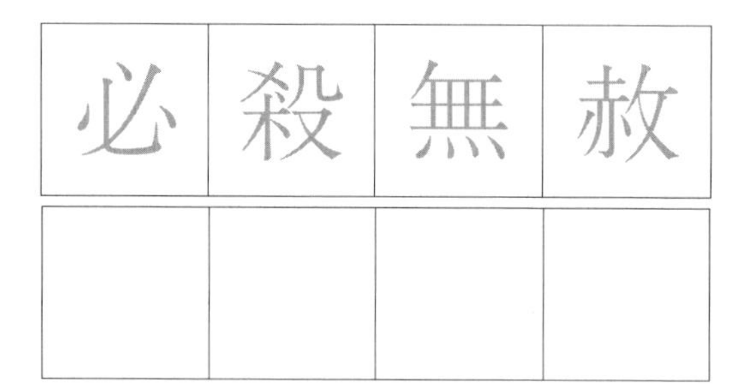

(자기의) 아버지나 어머니를 저주하는 자는 반드시 죽일지니라. (출 21:17)

He who curses his father or his mother shall surely be put to death.

咒罵父母的, 必要把他治死.

畜	淫	合	者
짐승(축)	음란할(음)	합할(합)	사람(자)

必	殺	無	赦
반드시(필)	죽일(살)	없을(무)	용서할(사)

짐승과 성행위 하는 자,

용서하지 말고 반드시 죽여라.

畜	淫	合	者

必	殺	無	赦

짐승과 행음하는 자는 반드시 죽일지니라. (출 22:19)

Anyone who has sexual relations with an animal must be put to death.

凡与兽淫合的, 总要把他治死.

이방 나그네를 압제하지 말라.

그들을 학대하지 말라.

이방 나그네를 압제하지 말며 그들을 학대하지 말라. (출 22:21)

Do not mistreat or oppress a foreigner.

*mistreat [mistríat] vt. 구박하다, 학대하다　　*oppress [əprés] vt. 학대하다, 압박하다, 억압하다

不可亏负寄居的, 也不可欺压他,

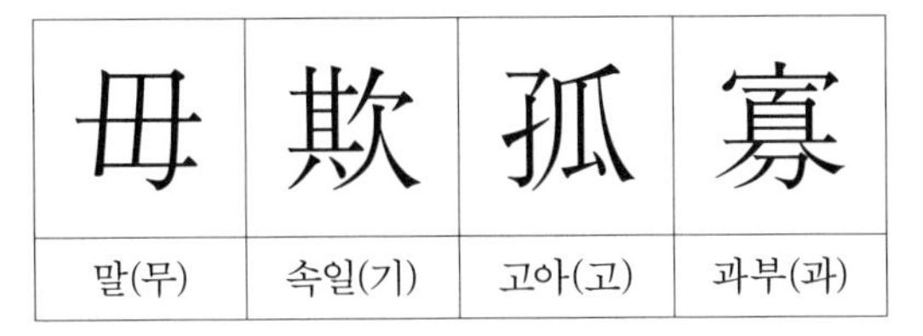

毋	欺	孤	寡
말(무)	속일(기)	고아(고)	과부(과)

과부나 고아를 속이지 말라.

毋	欺	孤	寡

毋	詛	民	長
말(무)	저주할(저)	백성(민)	어른(장)

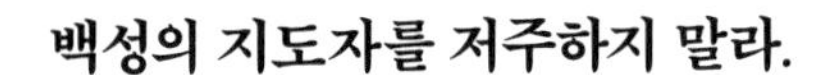

백성의 지도자를 저주하지 말라.

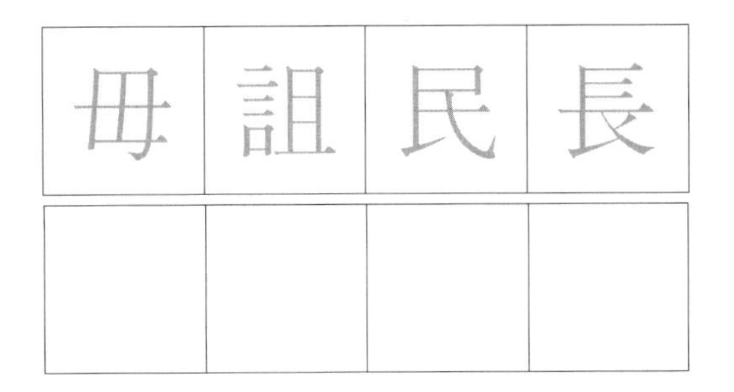

毋	詛	民	長

과부나 고아를 속이지 말며, (출 22:22) 백성의 지도자를 저주하지 말라. (출 22:28)

You shall not afflict any widow or orphan. You shall not curse a ruler of your people.

*afflict [əflíkt] vt. 괴롭히다 *curse [kə:rs] vt. 저주하다, 악담(모독)하다

不可苦待寡妇和孤儿; 也不可毁谤你百姓的官长.

毋	佈	浮	言
말(무)	펼(포)	뜰(부)	말씀(언)

(너는) **거짓된 풍설을 퍼뜨리지 말라.**

毋	與	惡	人
말(무)	함께(여)	악할(악)	사람(인)

악한 사람과 함께하지 말라.

毋	佈	浮	言

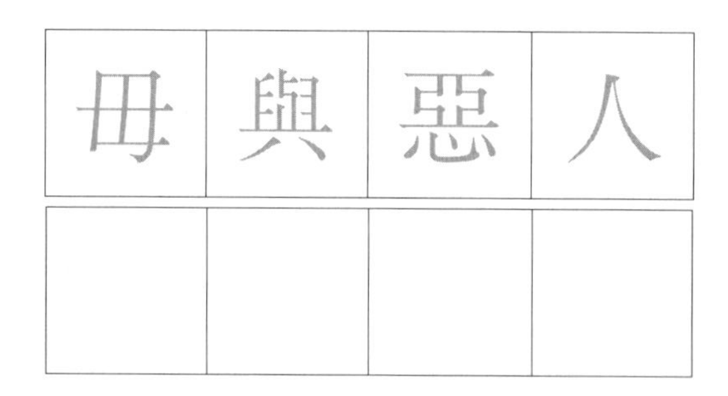

毋	與	惡	人

(너는) 거짓된 풍설을 퍼뜨리지 말며 악인과 연합하지 말라. (출 23:1)

You shall not bear a false report, do not join with a wicked man.

*false [fɔ:ls] a. 거짓의, 허위의, 가장된 그릇된, 부정한, 불법적인 *wicked [wíkid] a. 악한, a ~ man 악인

不可随仆布散谣言；不可与恶人(连手妄作见证)

貧	者	有	訟
가난할(빈)	사람(자)	있을(유)	송사할(송)

가난한 자의 송사라고 해서

貧	者	有	訟

毋	偏	護	之
말(무)	치우칠(편)	보호할(호)	~의(지)

한쪽으로 치우치게 두둔하지 말라.

毋	偏	護	之

가난한 자의 송사에 있어서라고 해서 편벽되이 두둔하지 말지니라. (출 23:3)

Nor shall you be partial to a poor man in his dispute.

也不可在争讼的事上偏护穷人.

레위기

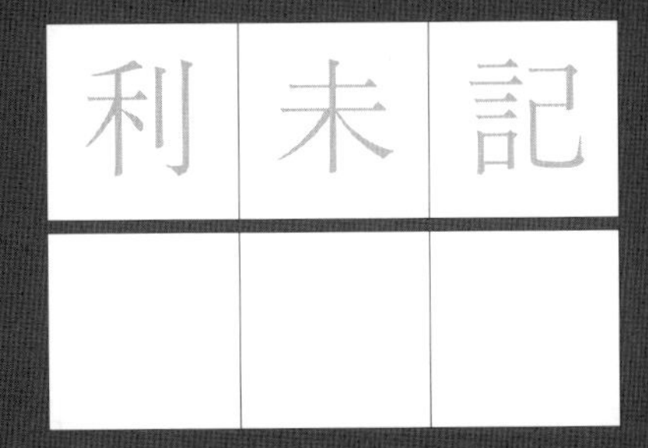

이스라엘 열두 지파 중 레위 지파가 지켜야 할 법도와 정결한 것과 부정한 것을 구별하는 지혜에 대해 기록됨.

('利未'는 'Levi'를 한자로 표기한 것)

Leviticus [livítəkəs]

主	會	幕	中
여호와(주)	모일(회)	장막(막)	가운데(중)

여호와께서 회막에서

主	會	幕	中

召	摩	西	諭
부를(소)	갈(마)	서쪽(서)	타이를(유)

모세를 부르시고 말씀하셨다.

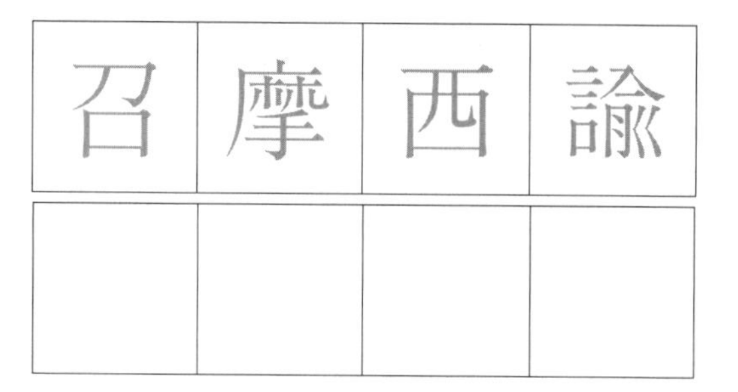

召	摩	西	諭

여호와께서 회막에서 모세를 부르시고 그에게 말씀하여 이르시니라. (레 1:1)

Then the Lord called to Moses and spoke to him from the tent.

耶和华从会幕中呼叫摩西, 对他说:

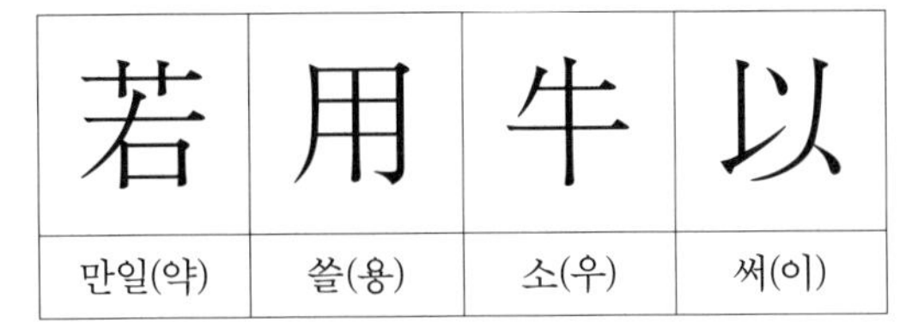

若	用	牛	以
만일(약)	쓸(용)	소(우)	써(이)

獻	火	焚	祭
바칠(헌)	불(화)	불사를(분)	제사(제)

만일 소를 잡아서

불로 태워 바치는 번제라면,

獻	火	焚	祭

만일 그 제물이 소를 잡아 불로 태워 바치는 번제라면, (레 1:3)

*以(이): ~을 가지고

If his offering is a burnt offering from the herd,

他的供物若以牛为燔祭,

無	疾	之	牡
없을(무)	병(질)	~의(지)	수컷(모)

흠 없는 수컷으로

會	幕	門	前
모일(회)	장막(막)	문(문)	앞(전)

회막 문 앞에서

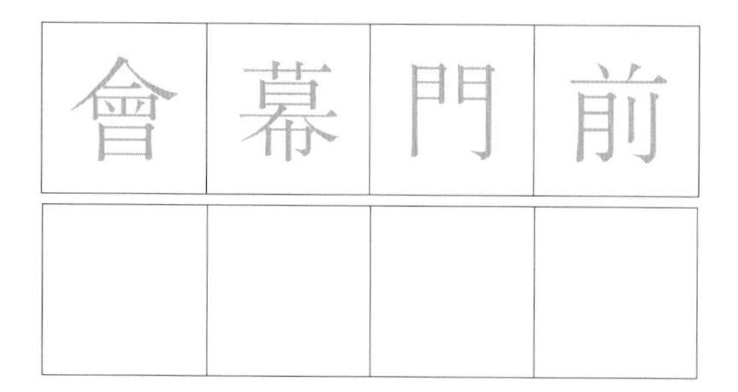

無	疾	之	牡

會	幕	門	前

흠 없는 수컷으로 회막 문에서 (레 1:3)

A male without defect, he shall offer it at the doorway of the tent of meeting,

就要在会幕门口献一只没有残疾的公牛,

獻	於	主	前
바칠(헌)	에(어)	여호와(주)	앞(전)

여호와 앞에 바치되,

以	蒙	悅	納
써(이)	받을(몽)	기쁠(열)	바칠(납)

기쁘게 받으시도록 드려라.

獻	於	主	前

以	蒙	悅	納

여호와 앞에 기쁘게 받으시도록 드릴지니라. (레 1:3)

*蒙(몽): 입다, 받다, 덮다, 어둡다

That he may be accepted before the Lord.

献可以在耶和华面前蒙悦纳.

獻	平	安	祭
바칠(헌)	편안할(평)	편안(안)	제사(제)

화목제물을 드릴 때

樂	意	而	獻
즐거울(낙)	생각(의)	말이을(이)	바칠(헌)

(여호와께서) **즐겁게 생각하시도록 바쳐라.**

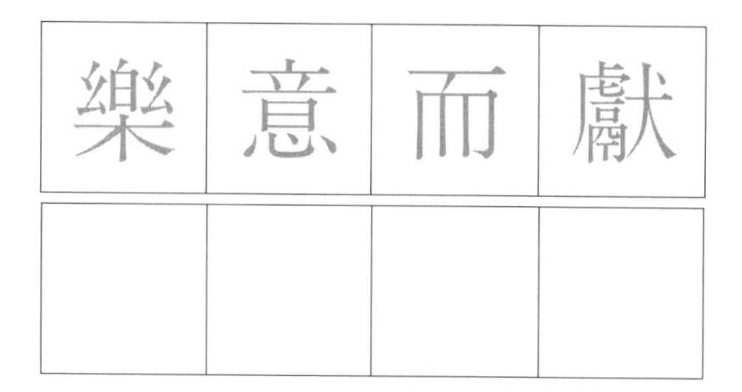

獻	平	安	祭

樂	意	而	獻

화목제물을 드릴 때에 기쁘게 받을 수 있도록 드려라. (레 19:5)

When you offer a sacrifice of peace offerings, you shall offer it so that you may be accepted.

你们献平安祭, 要献得可蒙悦纳.

頭	之	周	圍
머리(두)	~의(지)	두루(주)	둘레(위)

不	可	髮	剃
아닐(불)	옳을(가)	머리털(발)	깎을(체)

머리 주위를 둥글게,

머리카락을 깎지 말라.

頭	之	周	圍

不	可	髮	剃

머리 가를 둥글게 깎지 말라. (레 19:27)

Do not cut the hair at the sides of your head.

头的周围(周围或作两鬓)不可剃,

毋	爲	死	者
말(무)	할(위)	죽을(사)	사람(자)

用	刀	劃	身
쓸(용)	칼(도)	그을(획)	몸(신)

죽은 자를 위해 하지 말 것은

칼로 몸을 긋는 것이다.

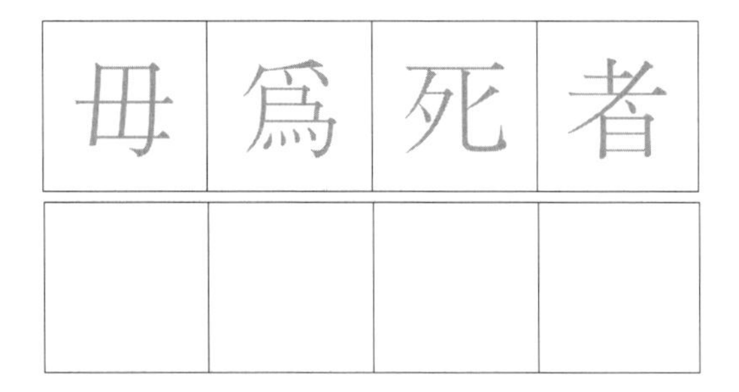

죽은 자를 애도한다는 뜻으로 몸을 긋지 말고 (레 19:28)

Do not cut your bodies for the dead,

不可为死人用刀划身,

不	可	在	身
아닐(불)	옳을(가)	있을(재)	몸(신)

上	刺	花	紋
위(상)	찌를(자)	꽃(화)	무늬(문)

몸에 있어서는 안 될 것은 **문신을 새기는 것이다.**

不	可	在	身

上	刺	花	紋

몸에 문신을 새기지 말라. (레 19:28)

Do not put tattoo marks on yourselves.

也不可在身上刺花纹.

主	之	節	期
여호와(주)	~의(지)	마디(절)	기약할(기)

宣	告	聖	會
공포할(선)	고할(고)	거룩할(성)	모일(회)

여호와의 절기들을

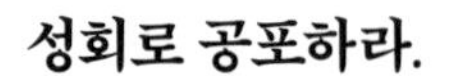

성회로 공포하라.

主	之	節	期

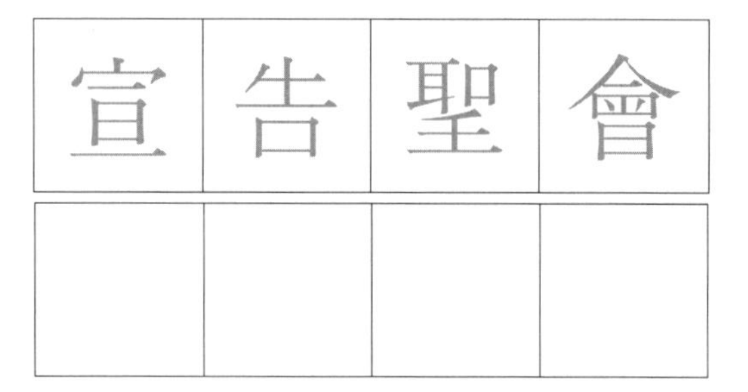

宣	告	聖	會

여호와의 절기들을 성회로 공포하라. (레 23:2)

The Lord's appointed times which (you shall) proclaim as holy convocations.

耶和华的节期, 你们要宣告(为圣会的节期).

有	六	日	間
있을(유)	여섯(육)	날(일)	사이(간)

엿새 동안은

可	以	操	作
옳을(가)	써(이)	잡을(조)	지을(작)

일을 함이 옳다.

有	六	日	間

可	以	操	作

엿새 동안은 일할 것이요 (레 23:3)

For six days, work may be done.

六日要作工,

至	第	七	日
이를(지)	차례(제)	일곱(칠)	날(일)

大	安	息	日
큰(대)	편안(안)	쉴(식)	날(일)

일곱째 날은 **편안히 쉴 안식일이다.**

至	第	七	日

일곱째 날은 쉴 안식일이니라. (레 23:3)

On the seventh day, there is a sabbath of complete rest.

*complete [kəmplí:t] a. 완전한, 완벽한, 흠잡을 데 없는, 완비된

第七日是圣安息日,

穫	地	所	産
거둘(확)	땅(지)	바(소)	낳을(산)

毋	穫	田	隅
말(무)	거둘(확)	밭(전)	모퉁이(우)

(너희) **땅의 곡물을 거둘 때는**　　**밭모퉁이까지 다 거두지 말라.**

穫	地	所	産

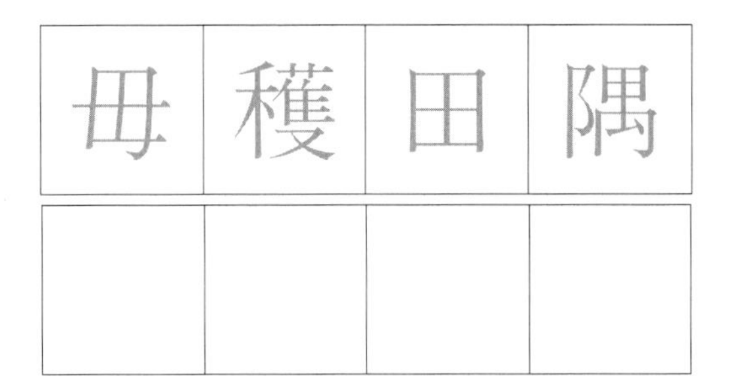

너희 땅의 곡물을 거둘 때에 밭모퉁이까지 다 베지 말고 (레 23:22)

*穫(확): 거두다, 벼 베다, 수확하다

When you reap the harvest of your land, do not reap to the very edges of your field,

*reap [ri:p] vt., vi. (농작물을) 베다. 베어들이다, 거둬들이다　*edge [edʒ] n. 모퉁이, 테두리, 가장자리

在你们的地收割庄稼, 不可割尽田角,

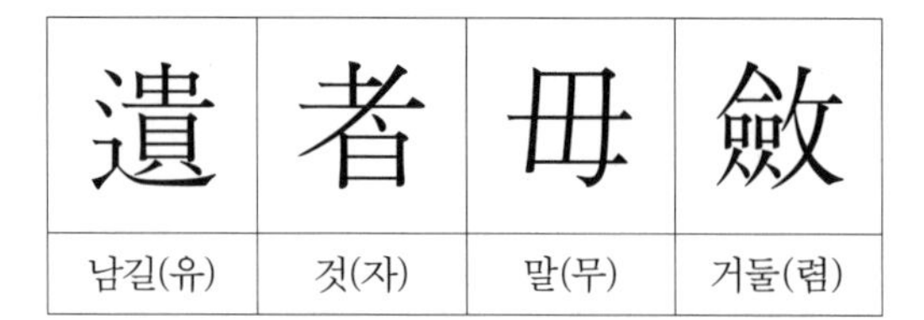

遺	者	毋	斂
남길(유)	것(자)	말(무)	거둘(렴)

이삭은 줍지 말라.

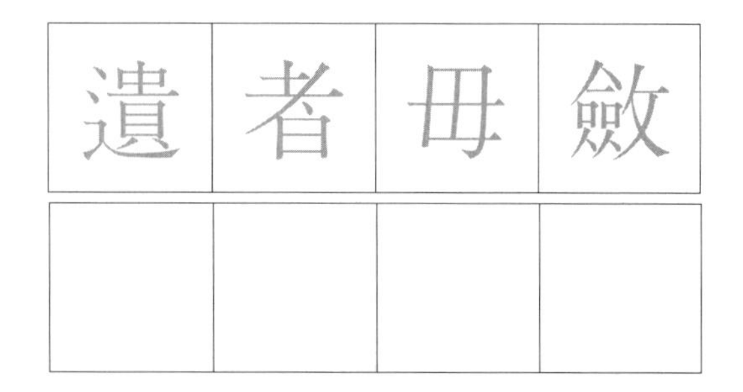

捨	爲	貧	民
베풀(사)	위할(위)	가난할(빈)	백성(민)

가난한 자를 위해 남겨두라.

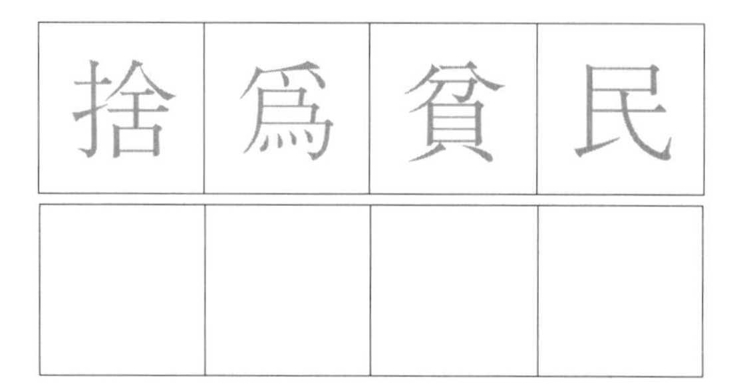

떨어진 것을 줍지 말고 가난한 자와 거류민을 위하여 남겨두라. (레 23:22)

*者(자): 사람, 것, 물건, 곳

Nor gather the gleaning of your harvest, you are to leave them for the needy and the alien.

*gleaning n. (수확 후의) 이삭줍기, 이삭, 수집물 *alien [éiljən] a. 외국의, 외국인의

也不可拾取所遗落的; 要留给穷人和寄居的.

爾	當	計	數
너(이)	마땅(당)	계획(계)	셈(수)

너는 마땅히 계산하여 셈하되,

七	安	息	年
일곱(칠)	편안(안)	쉴(식)	해(년)

일곱 번의 안식년,

爾	當	計	數

七	安	息	年

너는 일곱 안식년을 계수할지니 (레 25:8)

Count off seven sabbaths of years,

你要计算七个安息年,

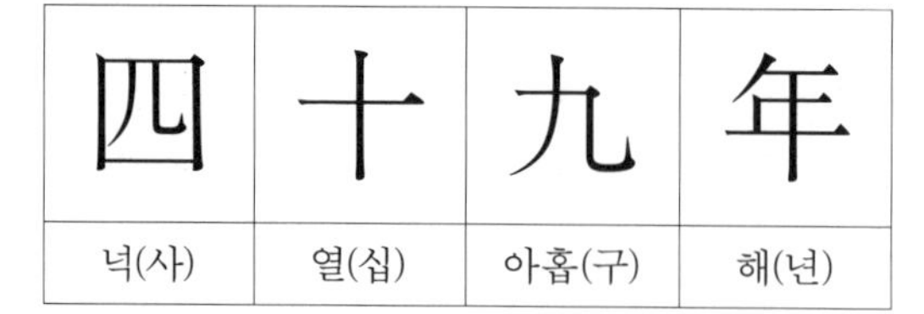

칠년의 일곱 번 안식년은

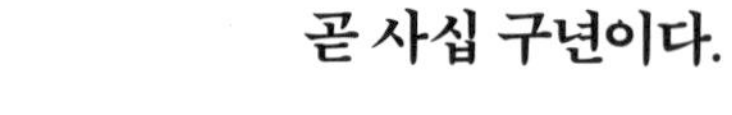

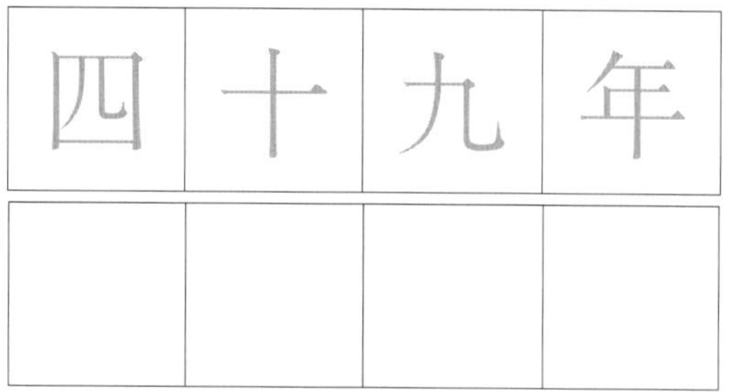

칠 년의 일곱 번 안식년은 곧 사십 구년이라. (레 25:8)

Seven times seven sabbaths of years amount to a period of forty nine years.

*period [píəriəd] n. 기간, 기期.

就是七七年, 七个安息年, 共是四十九年.

賣	買	於	人
팔(매)	살(매)	에(어)	사람(인)

不	可	相	欺
아닐(불)	옳을(가)	서로(상)	속일(기)

다른 사람에게 팔거나 살 때는

서로 속이지 말라.

賣	買	於	人

不	可	相	欺

사람에게 팔든지 사거든 서로 속이지 말라. (레 25:14)

If you make a sale or buy from your friend's hand, you shall not wrong one another.

*wrong [rɔ:ŋ] a. 속이는, 그릇된, 부정의

你若卖什么给邻舍, 或是从邻舍的手中买什么, 彼此不可亏负.

田	産	之	穀
밭(전)	생산할(산)	~의(지)	곡식(곡)

그 땅의 곡식이나

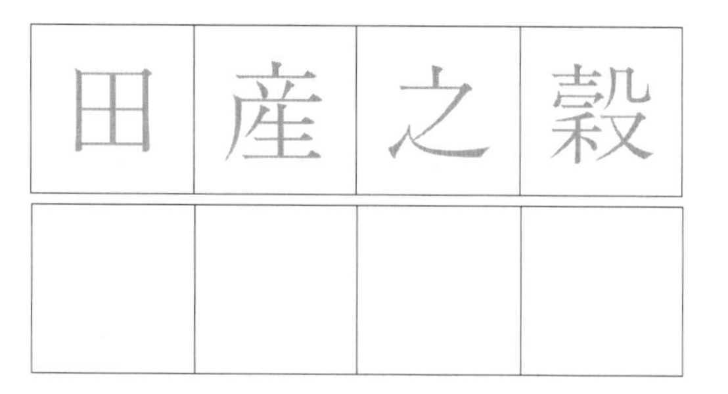

樹	結	之	果
나무(수)	맺을(결)	~의(지)	과일(과)

나무의 열매나

樹	結	之	果

그 땅의 곡식이나 나무의 열매나 (레 27:30)

*産(산): 낳다, 생산하다, 출생, 자산, 산물

The seed of the land or of the fruit of the tree

无论是地上的种子是树上的果子,

輸	其	什	一
보낼(수)	그(기)	열(십)	한(일)

歸	主	爲	聖
돌아갈(귀)	여호와(주)	할(위)	성스러울(성)

그 십 분의 일을 드리는 것은

여호와께 돌아가야 할 성물이다.

輸	其	什	一

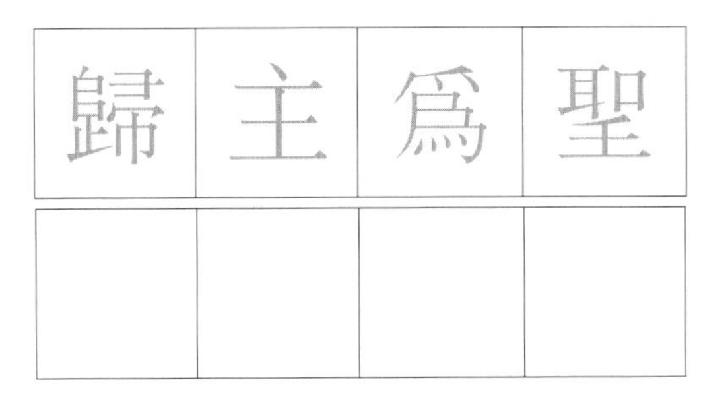

그 십 분의 일은 여호와의 것이니 성물이라. (레 27:30)

*聖(성): 거룩하다, 성스럽다, 성인, 신성하다

Thus all the tithe, it is holy to the Lord.

*tithe [taið] n. 십일조, 10분의 1 교구세, 10분의 1

十分之一是耶和华的, 是归给耶和华为圣的.

민수기

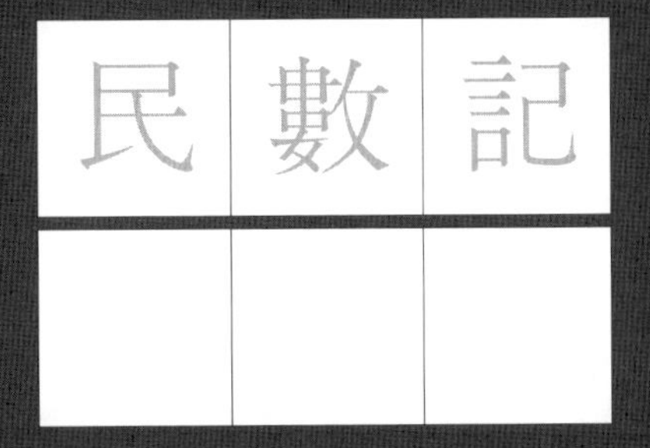

출애굽 이후 모세는 이스라엘 족속의 인구조사를 통해 군사적 목적으로 20세 이상 전투력을 가진 자를 구분하고 계수하여 하나님이 약속한 땅을 점령하기 위한 준비 과정이 기록됨.

Numbers [nʌ́mbərz]

以	色	列	人
써(이)	빛(색)	벌일(열)	사람(인)

出	伊	及	後
나갈(출)	저(이)	이를(급)	뒤(후)

이스라엘 자손이

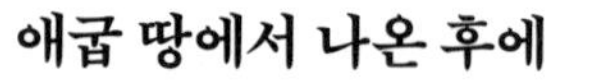

애굽 땅에서 나온 후에

以	色	列	人

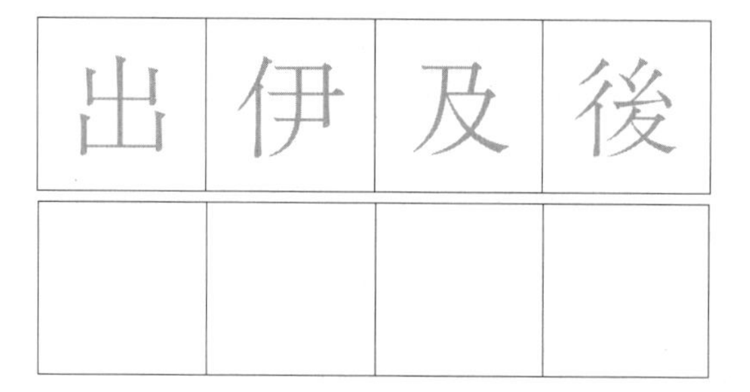

出	伊	及	後

이스라엘 자손이 애굽 땅에서 나온 후에 (민 1:1)

They had come out of the land of Egypt.

以色列人出埃及地后,

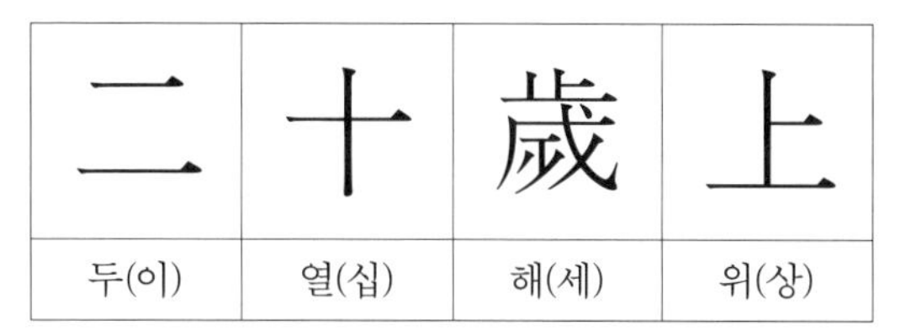

二	十	歲	上
두(이)	열(십)	해(세)	위(상)

이십 세 이상으로

二	十	歲	上

能	臨	陣	者
능할(능)	임할(임)	진영(진)	사람(자)

병영에 능히 나갈 자들을 (계수하였다).

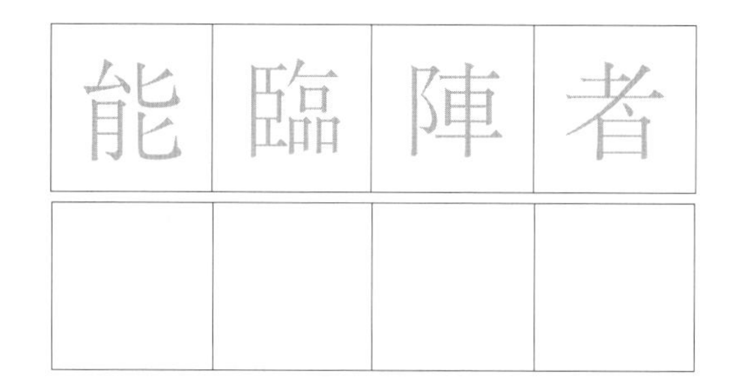

能	臨	陣	者

이십 세 이상으로 싸움에 나갈 만한 자들을 (계수함이라). (민 1:3)

Twenty years old who are able to serve in the army.

*serve [sə:rv] vt. 진력하다, 국가를 위해 힘쓰다

从二十岁以外, 能出去打仗的.

會	幕	四	圍
모일(회)	장막(막)	사방(사)	둘레(위)

성막을 사방으로 둘러

相	向	列	營
서로(상)	향할(향)	벌일(열)	진영(영)

서로 진영을 향해 거리를 두어 진을 쳐라.

會	幕	四	圍

相	向	列	營

성막 주위를 둘러 서로 진영을 향하여 거리를 두어 진을 쳐라. (민 2:2)

They shall camp around the tent of meeting at a distance.

*distance [dístəns] n. 거리, 간격. at a ~ 얼마간 떨어져서

对着会幕的四围安营.

主	諭	摩	西
여호와(주)	타이를(유)	문지를(마)	서쪽(서)

여호와께서 모세에게 말씀하시며

召	集	長	老
부를(소)	모을(집)	어른(장)	늙을(로)

장로를 불러 모으라 하셨습니다.

主	諭	摩	西

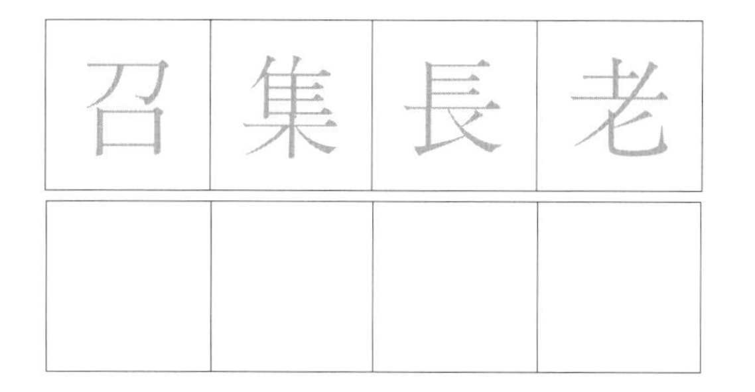

召	集	長	老

여호와께서 모세에게 가라사대 장로를 모으라. (민 11:16)

The Lord said to Moses, gather for me elders of the people.

*elder [éldər] a. (장로교회 등의) 장로, 원로

耶和华对摩西说, 你从以色列的长老中招聚(七十个人),

신명기

창세기에서 민수기에 이르는 모든 율법을 반복하고 있으며, 특히 광야에서 하나님의 법도를 지키도록 거듭 강조한다. 모세가 마지막으로 남긴 부탁과 축복의 내용이 기록됨.

Deuteronomy [djúːtərànəmi]

爾	當	盡	心
너(이)	마땅(당)	다할(진)	마음(심)

너는 마음을 다하고

爾	當	盡	心

盡	意	盡	力
다할(진)	뜻(의)	다할(진)	힘(력)

(그리고) **뜻을 다하고 힘을 다하라.**

盡	意	盡	力

너는 마음을 다하고 뜻을 다하고 힘을 다하여라. (신 6:5)
All your heart all your soul and with all your might.
你要尽心, 尽性, 尽力(愛耶和华).

씨를 뿌려 거둔 것,

무릇 밭에서 난 소출을

播 種 所 産

씨를 뿌려 밭에서 거둔 소출을 (신 14:22)

All the produce from what you sow, which comes out of the field,

你要把你撒种所产的, 就是你田所出的,

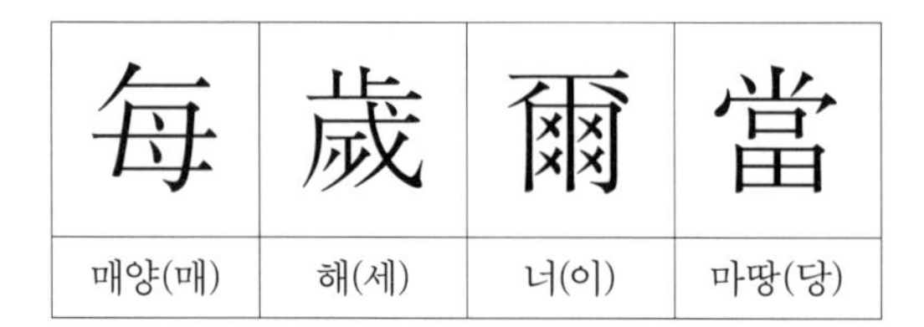

每	歲	爾	當
매양(매)	해(세)	너(이)	마땅(당)

너희는 마땅히 해마다

輸	其	什	一
보낼(수)	그(기)	열(십)	한(일)

그중 십 분의 일을 드리라.

每	歲	爾	當

輸	其	什	一

너희는 해마다 그중 십 분의 일을 드릴 것이라. (신 14:22)

You shall surely tithe, every year.

就是(你田地)每年(所出)的, 十分取一分;

每	三	年	終
매양(매)	석(삼)	해(년)	끝날(종)

매 삼 년이 끝날 때

每	三	年	終

當	出	是	年
마땅(당)	날(출)	이(시)	해(년)

그 해에 난 소산,

當	出	是	年

매 삼 년 끝에 그 해에 난 소산, (신 14:28)

At the end of every third year you shall bring out,

每逢三年的末一年, 你要将本年的, 都取出来.

土	産	什	一
땅(토)	생산할(산)	열(십)	한(일)

그 땅 소산의 십 분의 일을

貯	邑	倉	中
쌓을(저)	고을(읍)	창고(창)	가운데(중)

성읍 창고에 저축하라.

土	産	什	一

貯	邑	倉	中

그 소산의 십 분의 일을 다 내어 네 성읍에 저축하라. (신 14:28)

All the tithe of your produce in that year, and shall deposit it in your town.

土产十分之一, 积存在你的城中.

地	有	貧	者
땅(지)	있을(유)	가난할(빈)	사람(자)

땅에는 가난한 자가 있으니,

開	展	爾	手
열(개)	베풀(전)	너(이)	손(수)

네 손을 펴서 베풀어라.

地	有	貧	者

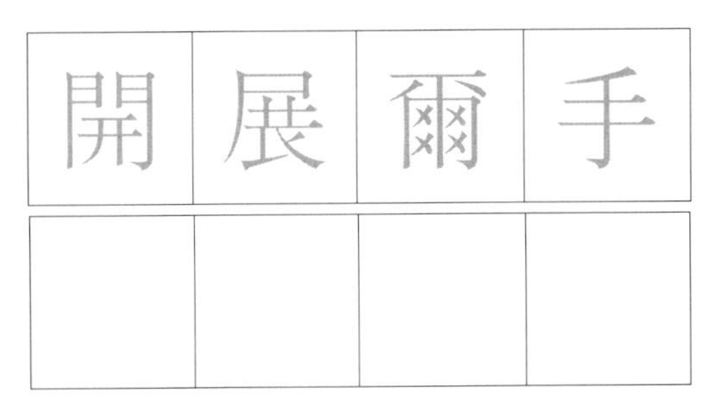

開	展	爾	手

땅에는 가난한 자가 있으니 네 손을 펼지라. (신 15:11)

*展(전): 펴다, 베풀다, 늘이다, 기록하다, 살피다, 정성, 발달하다

For the poor will be in the land, you shall freely open your hand.

地上的穷人永不断绝；穷乏的弟兄松开手(总要向你地上困苦).

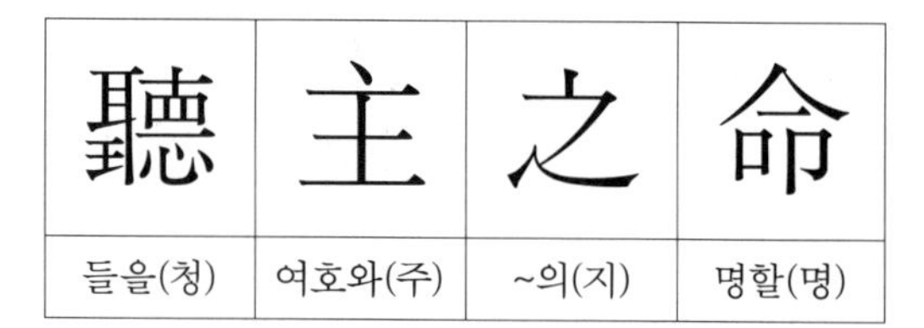

여호와의 말씀을 청종하라.

則	必	受	福
곧(즉)	반드시(필)	받을(수)	복(복)

복을 반드시 받을 것이다.

則	必	受	福

여호와의 말씀을 청종하면 복이 네게 임하리라. (신 28:2)

*則(즉, 측, 칙): 곧(즉), 본받을(측), 법칙(칙).

If you obey the Lord your God, all these blessings will come upon you.

你若听从耶和华一你神的话, 这以下的福必追随你,

在	邑	得	福
있을(재)	성읍(읍)	얻을(득)	복(복)

성읍에서도 복을 받고

在	邑	得	福

在	田	得	福
있을(재)	밭(전)	얻을(득)	복(복)

밭에서도 복을 받을 것이다.

在	田	得	福

성읍에서도 복을 받고, 들에서도 복을 받을 것이라. (신 28:3)

You will be blessed in the city and blessed in the country.

你在城里必蒙福, 在田间也必蒙福.

筐	與	搏	餠
광주리(광)	함께(여)	반죽(박)	떡(병)

광주리와 떡 반죽하는

其	器	得	福
그(기)	그릇(기)	얻을(득)	복(복)

그릇까지도 복을 받을 것이다.

筐	與	搏	餠

其	器	得	福

광주리와 떡 반죽 그릇까지 복을 받을 것이니라. (신 28:5)

Blessed shall be your basket and your kneading bowl.

*knead [ni:d] vt. 반죽하다, 개다, 주무르다

你的筐子和你的抟面盆都必蒙福.

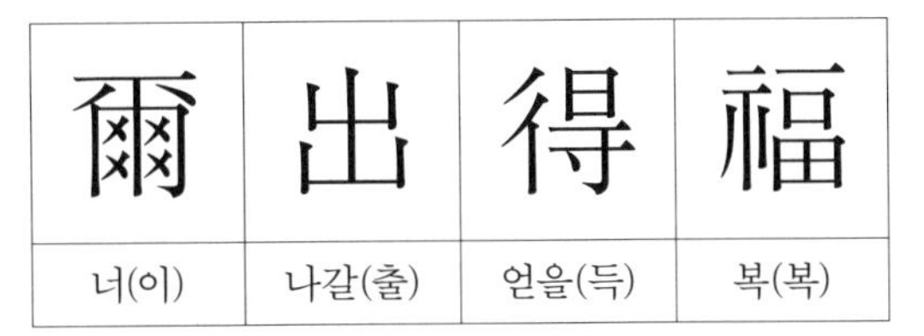

爾	出	得	福
너(이)	나갈(출)	얻을(득)	복(복)

네가 나가도 복을 받을 것이다.

爾	入	得	福
너(이)	들(입)	얻을(득)	복(복)

들어와도 복을 받을 것이다.

爾	出	得	福

爾	入	得	福

네가 나가도 복을 받고, 들어와도 복을 받을 것이라. (신 28:6)

*出(출): 나다, 나가다, 간행하다

You will be blessed when you go out and blessed when you come in.

你出也蒙福, 入也蒙福.

摩	西	卒	時
문지를(마)	서쪽(서)	마칠(졸)	때(시)

百	二	十	歲
일백(백)	두(이)	열(십)	해(세)

모세가 죽을 때는 **나이 백이십 세였다.**

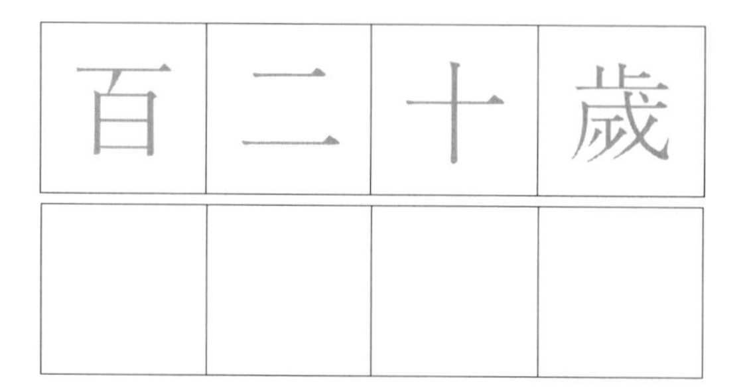

摩	西	卒	時

百	二	十	歲

모세가 죽을 때 나이 백이십 세였더라. (신 34:7)

Moses was a hundred and twenty years old when he died.

摩西死的时候年一百二十岁;

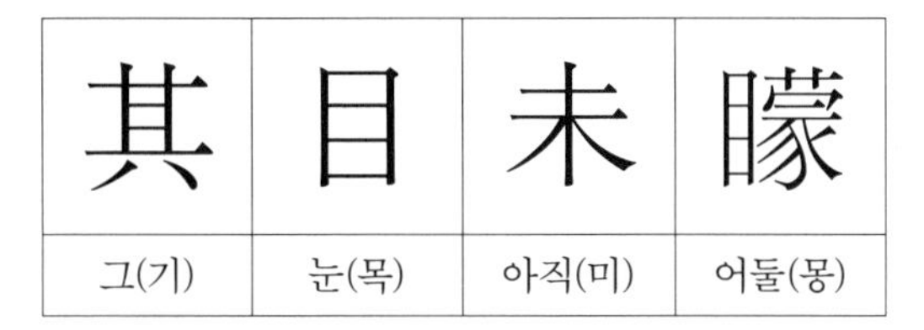

其	目	未	矇
그(기)	눈(목)	아직(미)	어둘(몽)

氣	力	未	衰
기운(기)	힘(력)	아직(미)	쇠할(쇠)

그의 눈이 어둡지 아니하였고,

기력이 쇠하지 아니하였다.

其	目	未	矇

氣	力	未	衰

그의 눈이 흐리지 아니하였고 기력이 쇠하지 아니하였더라. (신 34:7)

His eye was not dim, nor his vigour abated.

*dim [dim] a. 어둑한, 어스레한, 희미한, 침침한 *vigour [vígər] n. 기력, 활기, 정력, 체력, 활력

眼目没有昏花, 精神没有衰败.

여호수아

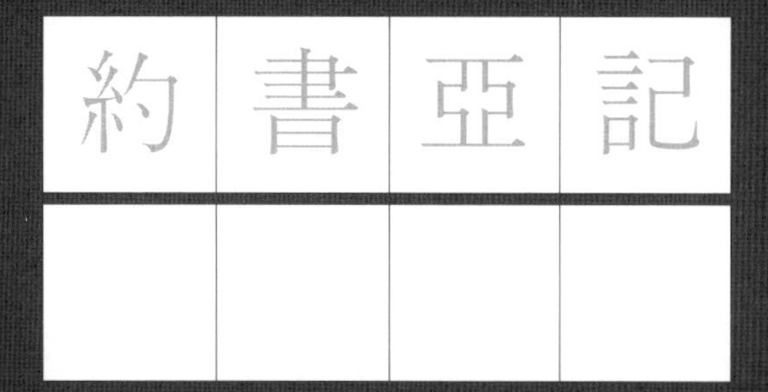

모세의 후계자로서 이스라엘 백성을 거느리고 가나안땅으로 인도한 지도자인 여호수아의 역대기가 기록됨.

('約書亞'는 'Joshua'를 한자로 표기한 것)

Joshua [dʒáʃuə]

摩	西	死	後
문지를(마)	서쪽(서)	죽을(사)	뒤(후)

모세가 죽은 후에

主	諭	嫩	子
여호와(주)	타이를(유)	어릴(눈)	아들(자)

여호와께서 눈의 아들에게 말씀하셨다.

摩	西	死	後

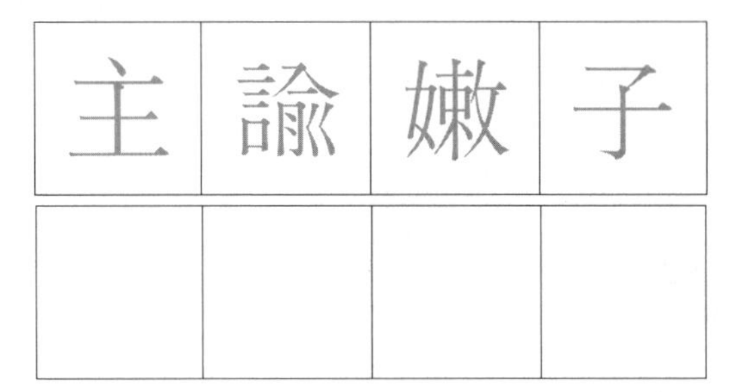

主	諭	嫩	子

모세가 죽은 후에 여호와께서 눈의 아들에게 말씀하셨더라. (수 1:1)

After the death of Moses, the Lord said to Joshua son of Nun.

摩西死了以后, 耶和华晓谕, 嫩的儿子(约书亚), 说:

耶	和	華	曰
어조사(야)	화할(화)	빛날(화)	말씀(왈)

여호와께서 말씀하셨다.

今	爾	命	起
이제(금)	너(이)	명할(명)	일어날(기)

지금 너는 일어나라.

耶 和 華 曰

今 爾 命 起

여호와께서 가라사대 (수 1:1) 지금 너는 일어나라. (수 1:2)

The Lord said, you shall go up.

耶和华说: 现在你要起来,

導	斯	衆	民
인도할(도)	이(사)	무리(중)	백성(민)

이 백성들을 인도하라.

導	斯	衆	民

過	此	約	但
지날(과)	이(차)	맺을(약)	다만(단)

(그리고) **이 요단을 건너라.**

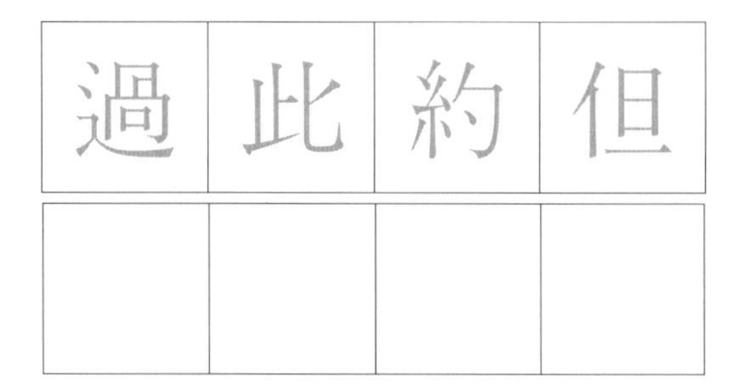

백성들을 인도하여 요단을 건너라. (수 1:2)

Get ready now all these people, and to cross the Jordan River.

*ready [rédi] a. 준비가 된, get ~ 준비를 갖추다

和众百姓过这约旦河,

爾	足	履	地
너(이)	발(족)	밟을(이)	땅(지)

我	悉	賜	爾
나(아)	다(실)	줄(사)	너(이)

너희 발로 밟는 땅은

모두 내가 너희에게 주겠다.

爾	足	履	地

我	悉	賜	爾

너희 발바닥으로 밟는 땅은 모두 내가 너희에게 주겠노라. (수 1:3)

I will give you every place where you set your foot.

凡你们脚掌所踏之地, 我都赐给你们了.

遣	二	偵	者
보낼(견)	두(이)	정탐할(정)	사람(자)

두 사람을 정탐꾼으로 보냈다.

遣	二	偵	者

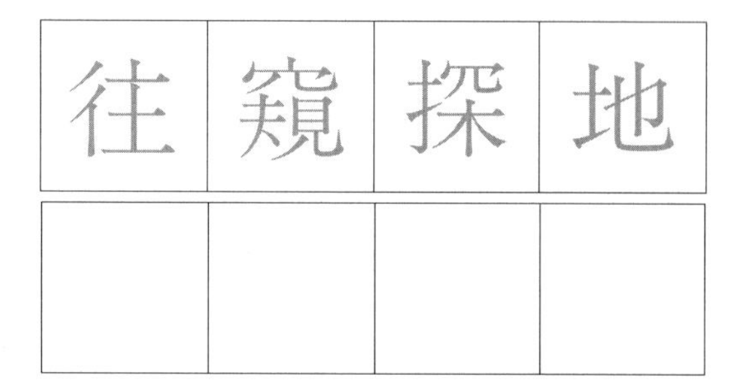

往	窺	探	地
갈(왕)	엿볼(규)	찾을(탐)	땅(지)

(그곳에 가서) 그 땅을 엿보아라.

往	窺	探	地

두 사람을 정탐꾼으로 보내며 이르되 가서 그 땅을 엿보라. (수 2:1)

Sent two men as spies secretly, go view the land.

暗暗打发两个人作探子, (吩咐說):「你们去窺探那地」.

及	耶	利	哥
이를(급)	어조사(야)	이로울(리)	노래(가)

入	妓	家	宿
들(입)	기생(기)	집(가)	잘(숙)

여리고에 이르러

기생의 집에 유숙했다.

及	耶	利	哥

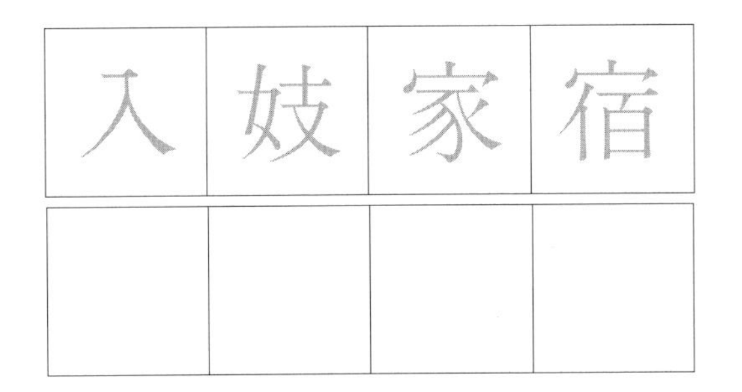

入	妓	家	宿

여리고에 이르러 기생의 집에 유숙하더라. (수 2:1)

Into the Jericho they went to spend the night in the house of a prostitute.

*prostitute [prástətjù:t] n. 기생, 매춘부

耶利哥来到一个妓女的家裏,

主	之	約	匱
여호와(주)	~의(지)	약속(약)	함(궤)

주의 언약궤가

約	但	河	中
약속(약)	다만(단)	강(하)	가운데(중)

요단강으로 들어갔다.

主	之	約	匱

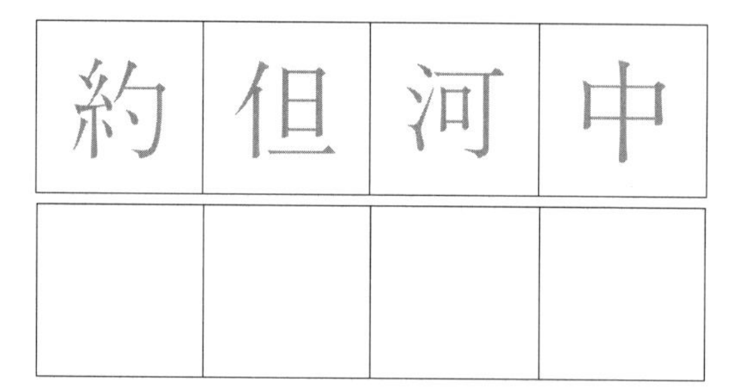

주의 언약궤가 요단으로 들어갔더라. (수 3:11)

The ark of the covenant of the Lord, into the Jordan.

*ark [a:rk] n. 상자, 궤, (성서) 계약의 상자(노아의) 방주 *covenant [kʌ́vənənt] n. 언약, 계약, 서약

主的约柜, 到约旦河里,

水	必	絶	流
물(수)	반드시(필)	끊을(절)	흐를(류)

壁	立	若	堆
벽(벽)	설(립)	같을(약)	쌓을(퇴)

흘러내리던 물이 끊어지고

멈춰서 벽처럼 쌓였다.

水	必	絶	流

壁	立	若	堆

흘러내리던 물이 끊어지고 쌓이며 서니라. (수 3:13)

*heap [hi:p] n. 쌓아올린 것, 퇴적, 더미, 덩어리

The waters flowing down stream will be cut off and stand up in a heap.

(从上往下)流的水, 必然断绝, 立起成垒.

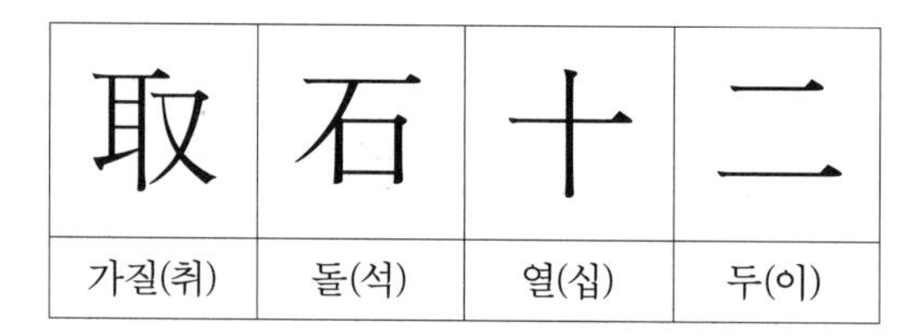

取	石	十	二
가질(취)	돌(석)	열(십)	두(이)

돌 열둘을 취하였는데,

支	派	之	數
지탱할(지)	갈래(파)	~의(지)	셈(수)

자손 지파의 수였다.

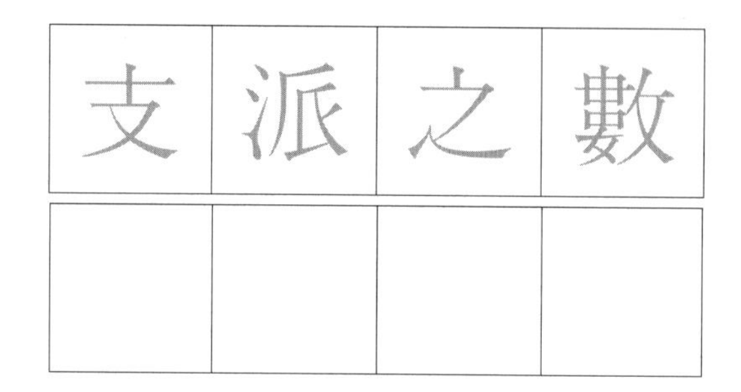

돌 열둘을 취하였는데, 이스라엘 자손들의 지파 수였더라. (수 4:8)

They took twelve stones, number of the tribes.

*tribe [traib] n. 집파, 부족, 종족, 야만족

支派的数目, 取了十二块石头,

當	時	主	命
마땅(당)	때(시)	여호와(주)	명령(명)

당시 여호와께서 명하시며

當	時	主	命

約	書	亞	曰
맺을(약)	글(서)	버금(아)	말씀(왈)

여호수아에게 말씀하셨다.

約	書	亞	曰

그때에 여호와께서 명하여 여호수아에게 가라사대 (수 5:2)

At that time the Lord said to Joshua,

耶和华吩咐约书亚说:

爾	製	利	刀
너(이)	지을(제)	날카로울(이)	칼(도)

復	行	割	禮
다시(부)	행할(행)	벨(할)	예도(례)

너는 예리한 칼을 만들어서

다시 할례를 행하라.

爾	製	利	刀

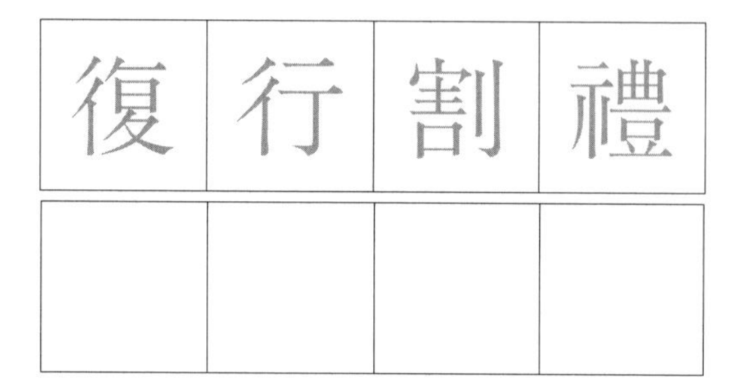

너는 예리한 칼을 만들어 다시 할례를 행하라. (수 5:2)

*利(이): 이롭다, 날카롭다, 유익하다

Make some knives out of flint and circumcise the Israelites.

*flint [flint] n. 부싯돌, 라이터 돌

你制造火石刀, 第二次给(以色列人)行割礼.

亞	利	哥	城
버금(아)	이로울(리)	노래(가)	성(성)

여리고 성을

亞	利	哥	城

無	人	出	入
없을(무)	사람(인)	날(출)	들(입)

출입하는 사람들이 없었다.

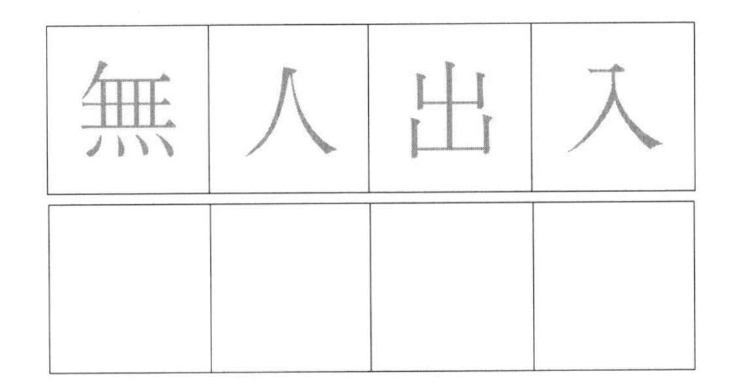

無	人	出	入

여리고 성을 출입하는 사람들이 없더라. (수 6:1)

The gates of Jericho were kept shut, none went out, and none came in.

耶利哥的城门, 无人出入.

巡	遶	其	城
돌(순)	두를(요)	그(기)	성(성)

그 성을 둘러 주위를 돌아라.

巡	遶	其	城

如	此	六	日
같을(여)	이(차)	여섯(육)	날(일)

이처럼 엿새 동안을 그렇게 하라.

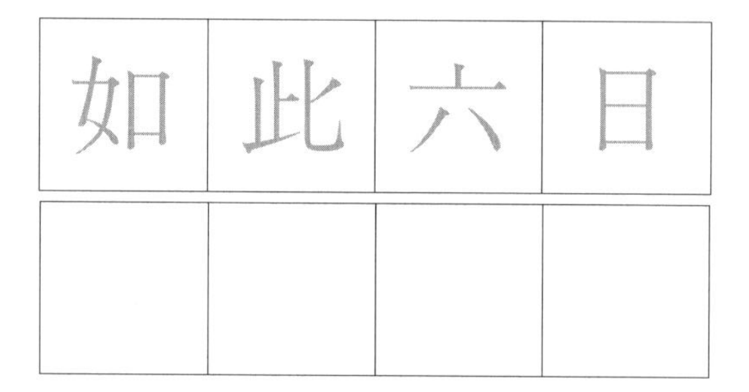

如	此	六	日

그 성을 둘러 주위를 돌되, 엿새 동안을 그렇게 하라. (수 6:3)

March around the city, do this for six days.

要围绕这城, 六日都要这样行.

巡	遶	七	次
돌(순)	두를(요)	일곱(칠)	다음(차)

祭	司	吹	角
제사(제)	맡을(사)	불(취)	뿔피리(각)

일곱 번째 돌고,

제사장들이 나팔을 불었다.

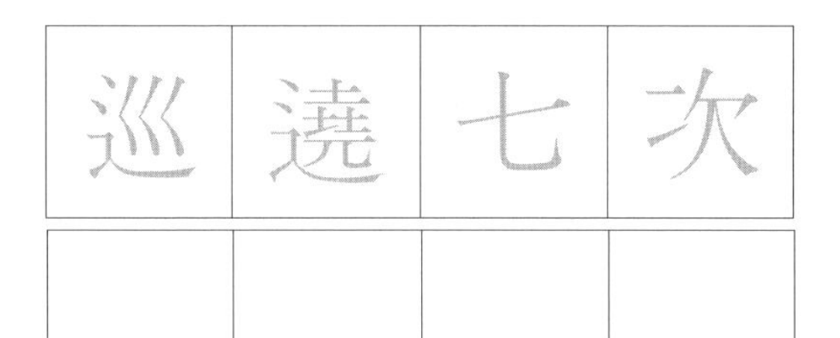

巡	遶	七	次

祭	司	吹	角

일곱 번째 돌고 제사장들이 나팔을 불었더라. (수 6:16)

At the seventh time, when the priests blew the trumpets.

*priest [pri:st] n. 제사장, 성직자, 목사, 사제

围绕到了第七次, 祭司吹角的时候,

今	當	號	呼
이제(금)	마땅(당)	큰소리(호)	부를(호)

이제 큰 소리로 외치라.

今	當	號	呼

主	城	賜	爾
여호와(주)	성(성)	줄(사)	너(이)

여호와께서 성을 너희에게 주셨다.

主	城	賜	爾

이제 큰 소리로 외치라 여호와께서 너희에게 이 성을 주셨느니라. (수 6:16)

Shout! For the Lord has given you the city.

呼喊吧, 因为耶和华已经把城交给你们了!

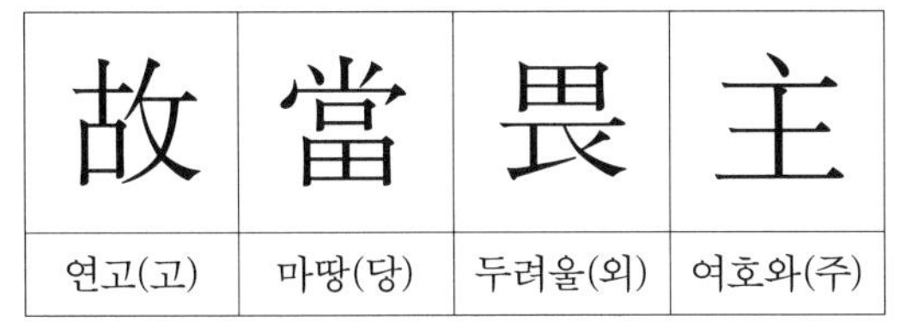

故	當	畏	主
연고(고)	마땅(당)	두려울(외)	여호와(주)

奉	事	上	帝
받들(봉)	일(사)	하늘(상)	임금(제)

여호와를 두려워하며 **하나님을 섬기라.**

故	當	畏	主

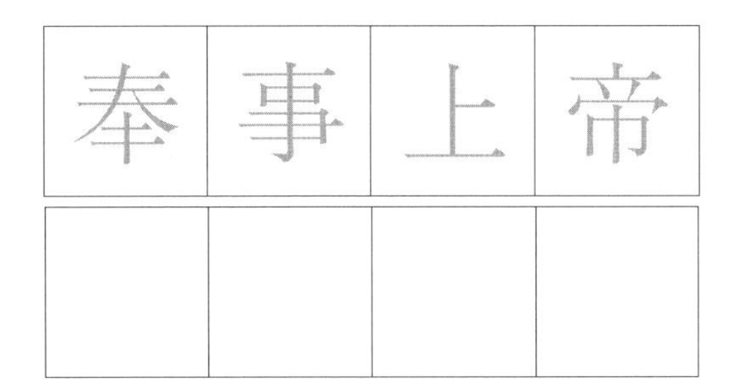

奉	事	上	帝

여호와를 두려워하며 하나님을 섬기라. (수 24:14)

Now, therefore, fear the Lord and serve him.

现在你们要敬畏耶和华, 诚心实意地事奉他,

斯	事	之	後
이(사)	일(사)	~의(지)	뒤(후)

이 일을 끝으로

約	書	亞	卒
맺을(약)	글(서)	버금(아)	죽을(졸)

여호수아가 죽었다.

斯	事	之	後

約	書	亞	卒

이 일 후에 여호수아가 죽으니라. (수 24:29)

*卒(졸): 마치다, 죽다, 끝내다, 병졸.

After these things, Joshua died.

这些事以后, 约书亚, 就死了.

사사기

사사들이 재판, 정치, 군사 지도자로서 하나님의 부름심을 통해 이스라엘 민족을 지도한 내용과 여호수아 이후부터 사울 왕이 세워질 때까지 이스라엘 민족의 역사가 기록됨.

Judges [dʒʌdʒiz]

以	色	列	裔
써(이)	빛(색)	벌일(열)	자손(예)

行	惡	主	前
행할(행)	악할(악)	여호와(주)	앞(전)

이스라엘의 자손은 **여호와의 앞에서 악을 행했다.**

以	色	列	裔

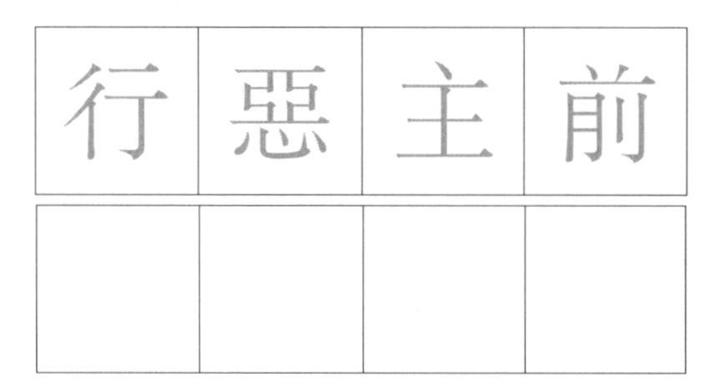

行	惡	主	前

이스라엘 자손이 여호와의 목전에 악을 행하였더라. (삿 2:11)

Then the sons of Israel did evil in the sight of the Lord.

*sight [sait] n. 목전, 시각, 시력

以色列人行耶和华眼中看为恶的事,

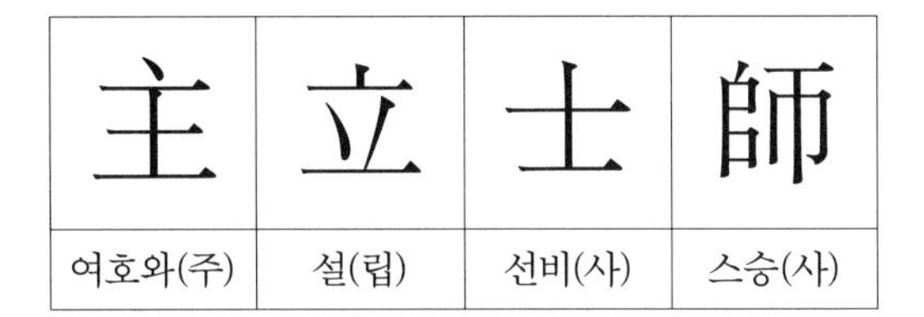

主	立	士	師
여호와(주)	설(립)	선비(사)	스승(사)

여호와께서 사사를 세우셨다.

主	立	士	師

民	不	聽	從
백성(민)	아닐(불)	들을(청)	따를(종)

그런데 백성들은 듣고 따르지 않았다.

民	不	聽	從

여호와께서 사사를 세우셨으나, (삿 2:16) 백성들은 듣고 따르지 아니하였더라. (삿2:17)

Then the Lord raised up judges, but the israelites paid no attention.

耶和华兴起士师, 他们却不听从,

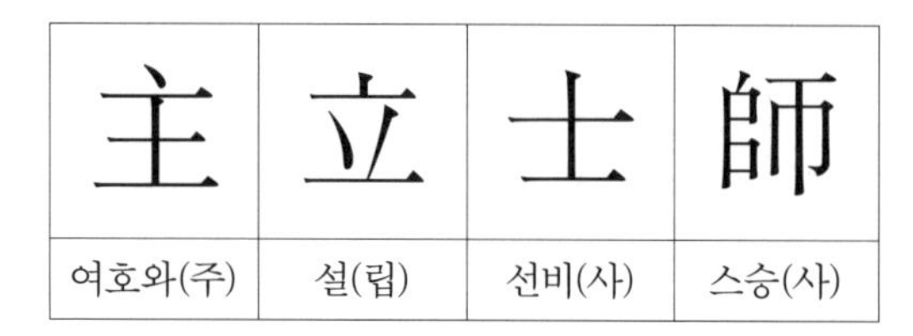

主	立	士	師
여호와(주)	설(립)	선비(사)	스승(사)

여호와께서 사사들을 세우시고

主	立	士	師

士	師	同	在
선비(사)	스승(사)	함께(동)	있을(재)

사사들과 함께하셨다.

士	師	同	在

여호와께서 사사들을 세우시니 사사와 함께하셨고 (삿 2:18)

Whenever the Lord raised up, a judge for them,

耶和华为他们兴起士师, 就与那士师同在,

主	救	百	姓
여호와(주)	구원할(구)	모든(백)	성씨(성)

여호와께서 백성들을 구원하셨다.

主	則	憐	恤
여호와(주)	곧(즉)	불쌍히여길(련)	불쌍할(휼)

즉, 여호와께서 불쌍히 여기셨다.

主	救	百	姓

主	則	憐	恤

여호와께서 백성들을 구원하셨으니, 여호와께서 불쌍히 여기셨더라. (삿 2:18)

Lord saved the people, moved to pity.

耶和华拯救百姓, 只主的慈爱怜恤.

以	色	列	人
써(이)	빛(색)	벌일(열)	사람(인)

이스라엘 자손들이

呼	籲	上	帝
부를(호)	부를(유)	하늘(상)	임금(제)

하나님께 부르짖었다.

以	色	列	人

呼	籲	上	帝

이스라엘 자손이 여호와께 부르짖으매 (삿 3:9)

When the sons of Israel cried to the Lord,

以色列人呼求耶和华,

主	爲	民	族
여호와(주)	위할(위)	백성(민)	겨레(족)

立	一	救	者
설(입)	한(일)	구원(구)	사람(자)

여호와께서 (이스라엘) 민족을 위해 **한 구원자를 세우셨다.**

主	爲	民	族

立	一	救	者

여호와께서 이스라엘 자손을 위하여 한 구원자를 세웠으니 (삿 3:9)

The Lord raised up a deliverer for the sons of Israel to deliver them,

耶和华就为他们兴起一位拯救者,

卽	迦	勒	弟
곧(즉)	막을(가)	굴레(륵)	아우(제)

其	俄	陀	聶
그(기)	아까(아)	비탈(타)	소곤댈(섭)

즉, 갈렙의 아우

그는 옷니엘이었다.

卽	迦	勒	弟

其	俄	陀	聶

곧 갈렙의 아우 그는 옷니엘이라. (삿 3:9)

Othniel, Caleb's younger brother.

就是迦勒兄弟, 俄陀聶

主	之	靈	臨
여호와(주)	~의(지)	신령(영)	임할(임)

여호와의 영이 그에게 임하셨다.

主	之	靈	臨

爲	民	士	師
위할(위)	백성(민)	선비(사)	스승(사)

(그리하여) 민족의 사사가 되었다.

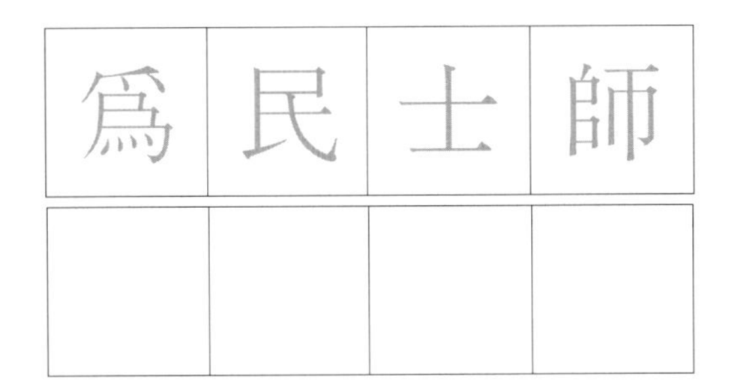

여호와의 영이 그에게 임하셨으므로 민족의 사사가 되었도다. (삿 3:10)

The Spirit of the Lord came upon him, and he judged Israel.

耶和华的灵降在他身上, 他就作了以色列的士师,

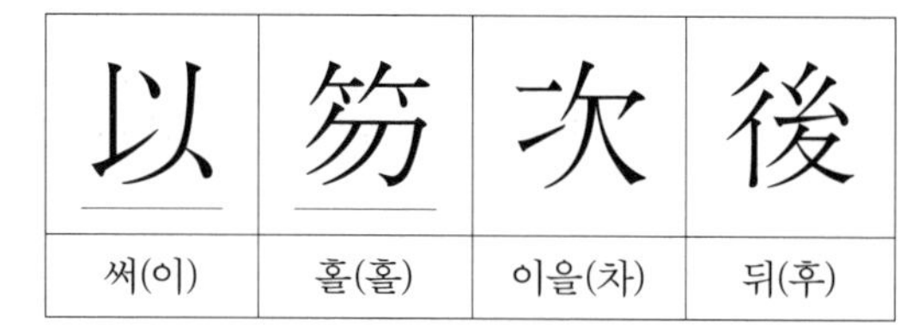

以	笏	次	後
써(이)	홀(홀)	이을(차)	뒤(후)

에훗의 뒤를 이어

亞	拿	之	子
버금(아)	붙잡을(나)	~의(지)	아들(자)

아낫의 아들,

以	笏	次	後

亞	拿	之	子

에훗 후에는 아낫의 아들, (삿 3:31)

After him came Shamgar the son of Anath,

以笏之后, 有亚拿的儿子,

珊	迦	亦	救
산호(산)	막을(가)	또(역)	구원(구)

以	色	列	人
써(이)	빛(색)	벌일(열)	사람(인)

삼갈이 역시 구원하였으니 **바로 이스라엘 민족이었다.**

珊	迦	亦	救

以	色	列	人

삼갈이 역시 이스라엘을 구원하였더라. (삿 3:31)

Shamgar, also saved Israel.

珊迦, 他也救了以色列人.

拉	比	多	妻
끌(랍)	견줄(비)	많을(다)	아내(처)

랍비돗의 아내,

女	先	知	者
여자(여)	먼저(선)	알(지)	사람(자)

여선지자,

拉	比	多	妻

女	先	知	者

랍비돗의 아내 여선지자, (삿 4:4)

The wife of Lappidoth, was judging Israel,

有一位女先知, 是拉比多的妻,

其	底	波	拉
그(기)	밑(저)	물결(파)	끌(랍)

爲	民	士	師
위할(위)	백성(민)	선비(사)	스승(사)

그 드보라가

백성을 위해 사사가 되었다.

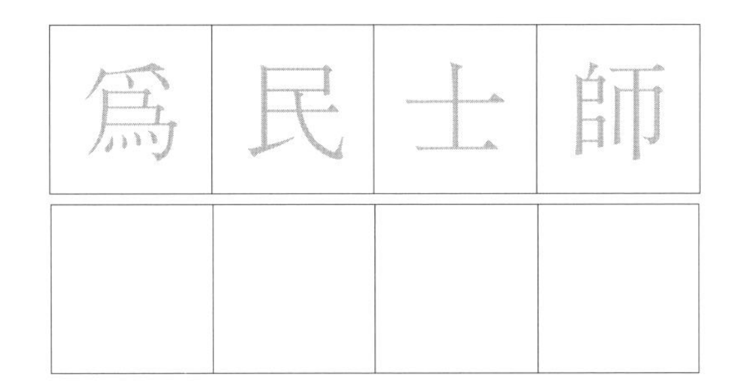

그 드보라가 이스라엘의 사사가 되었더라. (삿 4:4)

Now Deborah, was judging Israel at that time.

是底波拉, 当时作以色列的士师.

顯	於	基	甸
나타날(현)	에(어)	터(기)	들판(정)

여호와의 사자가 **기드온에게 나타나셨다.**

主	之	使	者

顯	於	基	甸

여호와의 사자가 기드온에게 나타나셨도다. (삿 6:12)
The angel of the Lord appeared to Gideon,
耶和华的使者向基甸显现,

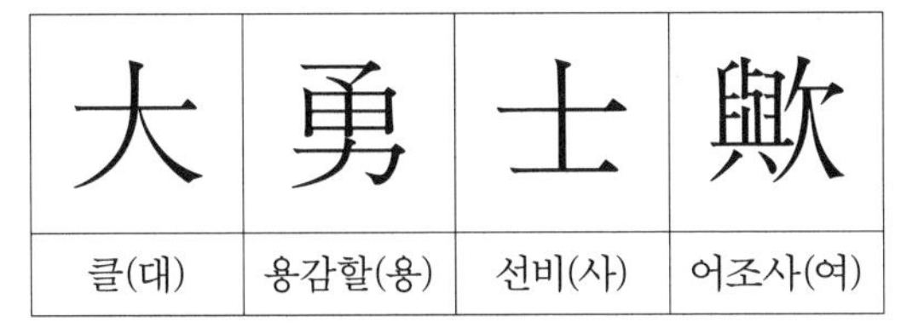

大	勇	士	歟
클(대)	용감할(용)	선비(사)	어조사(여)

上	帝	偕	爾
하늘(상)	임금(제)	함께(해)	너(이)

큰 용사여,

여호와께서 너와 함께 계실 것이다.

大	勇	士	歟

上	帝	偕	爾

큰 용사여 여호와께서 너와 함께 계시도다. (삿 6:12)

The Lord is with you, O valiant warrior.

*valiant [vǽljənt] a. 용감한, 씩씩한, 영웅적인

「大能的勇士啊, 耶和华与你同在!」

亞	比	米	勒
버금(아)	견줄(비)	쌀(미)	굴레(륵)

아비멜렉,

亞	比	米	勒

士	師	以	後
선비(사)	스승(사)	써(이)	뒤(후)

사사의 뒤를 이어서,

士	師	以	後

아비멜렉 사사 뒤를 이어서 (삿 10:1)

After the time of Abimelech,

亚比米勒士师以后,

以	薩	迦	人
써(이)	보살(살)	막을(가)	사람(인)

잇사갈 사람,

以	薩	迦	人

陀	拉	興	起
비탈질(타)	끌(랍)	일(흥)	일어날(기)

돌라가 일어났다.

陀	拉	興	起

잇사갈 사람 돌라가 일어나니라. (삿 10:1)

A man of Issachar, Tola arose.

有以薩迦人, 陀拉兴起

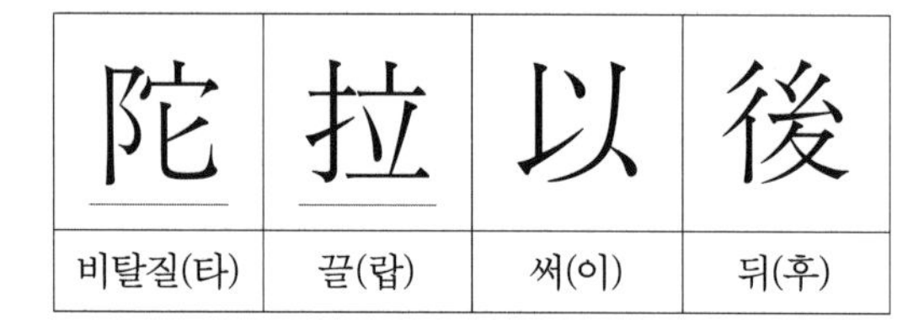

陀	拉	以	後
비탈질(타)	끌(랍)	써(이)	뒤(후)

돌라 이후에

睚	珥	興	起
눈초리(애)	귀고리(이)	일(흥)	일어날(기)

야일이 일어났다.

陀	拉	以	後

睚	珥	興	起

돌라 그 후에 야일이 일어나니라. (삿 10:3)

After the time of Tola, Jair arose.

陀拉以后, 睚珥兴起,

耶	弗	他	後
어조사(야)	아닐(불)	다를(타)	뒤(후)

伯	利	恒	人
맏(백)	이로울(리)	항상(항)	사람(인)

입다 후에는

베들레헴 사람인,

耶	弗	他	後

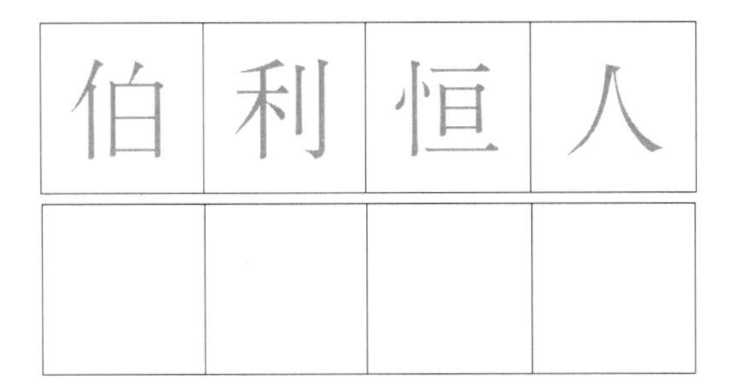

伯	利	恒	人

입다 후에 베들레헴 사람인 (삿 12:8)

Jephthah died and the man of Bethlehem,

耶弗他以后, 有伯利恒人

其	以	比	讚
그(기)	써(이)	견줄(비)	기릴(찬)

그 입산이

爲	民	士	師
위할(위)	백성(민)	선비(사)	스승(사)

백성을 위해 사사가 되었다.

其	以	比	讚

爲	民	士	師

그 입산이 민족(이스라엘)의 사사가 되었더라. (삿 12:8)

Now Ibzan, judged Israel.

以比赞作以色列的士师.

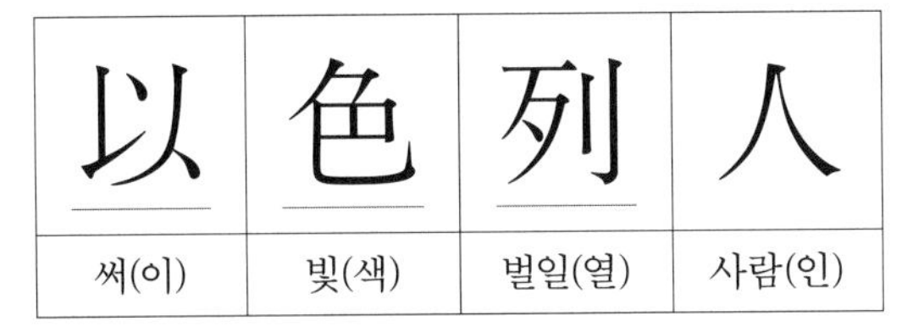

以	色	列	人
써(이)	빛(색)	벌일(열)	사람(인)

行	惡	主	前
행할(행)	악할(악)	여호와(주)	앞(전)

이스라엘 자손들이 **여호와 앞에서 악을 행했다.**

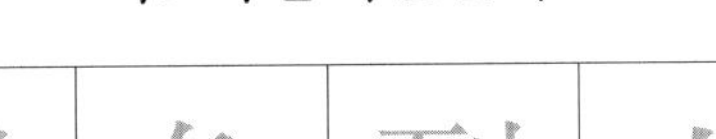

以	色	列	人

行	惡	主	前

이스라엘 자손이 다시 여호와의 목전에 악을 행하였으므로 (삿 13:1)

Now the sons of Israel again did evil in the sight of the Lord,

以色列人又行耶和华眼中看为恶的事,

上	帝	付	之
하늘(상)	임금(제)	줄(부)	갈(지)

여호와께서 (넘겨) 주셨다.

上	帝	付	之

非	利	士	人
아닐(비)	이로울(리)	선비(사)	사람(인)

블레셋 사람에게

非	利	士	人

여호와께서 블레셋 사람에게 넘겨 주시니라. (삿 13:1)

*之(지): ~하였다

So that the Lord gave them into the hands of the Philistines.

耶和华将他们交在非利士人.

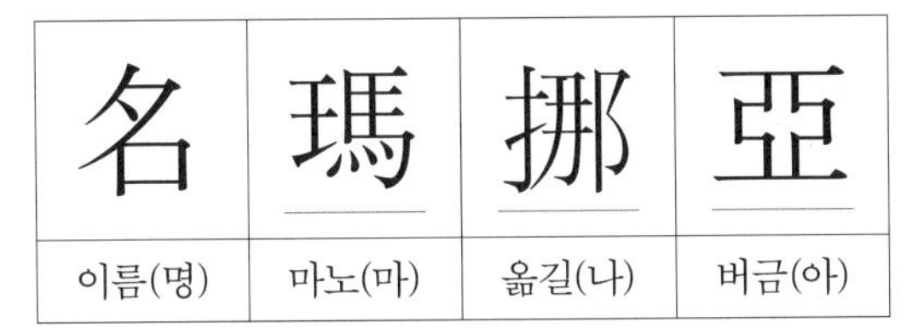

名	瑪	挪	亞
이름(명)	마노(마)	옮길(나)	버금(아)

마노아라 이름을 가진 자,

其	妻	不	孕
그(기)	아내(처)	아닐(불)	아이밸(잉)

그의 아내가 임신하지 못했다.

名	瑪	挪	亞

其	妻	不	孕

마노아라 이름하는 자가 있어 그의 아내가 임신하지 못하더니 (삿 13:2)

Whose name was Manoah, and his wife was barren.

*barren [bǽrən] a. 아기를 못 낳는, 임신을 못 하는

名叫玛挪亚, 他的妻不怀孕,

主	之	使	者
여호와(주)	~의(지)	사신(사)	사람(자)

顯	於	婦	曰
나타날(현)	에(어)	부인(부)	말씀(왈)

여호와의 사자가

그 여인에게 나타나서 말했다.

主	之	使	者

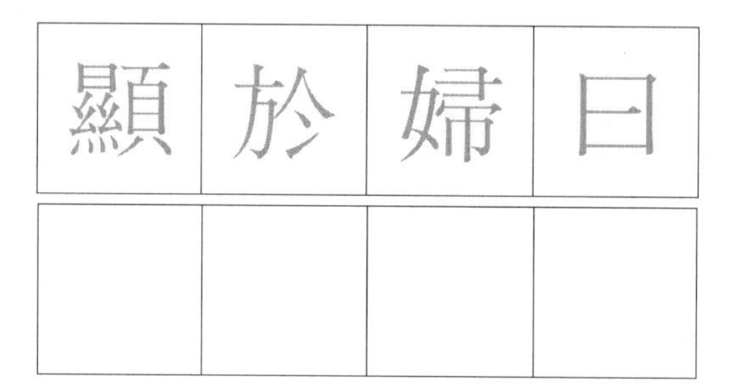

顯	於	婦	曰

여호와의 사자가 그 여인에게 나타나서 그에게 가라사대 (삿 13:3)
The angel of the Lord appeared to the woman and said to her,
耶和华的使者向那妇人显现, 对她说:

爾	素	不	孕
너(이)	본디(소)	아닐(불)	아이밸(잉)

今	孕	生	子
이제(금)	아이밸(잉)	날(생)	아들(자)

네가 본래 임신하지 못했으나

이제 임신하여 아들을 낳을 것이다.

爾	素	不	孕

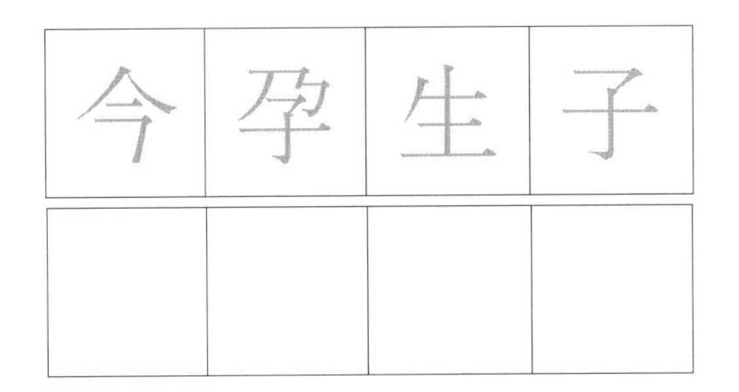

今	孕	生	子

네가 본래 임신하지 못하였으나 이제 임신하여 아들을 낳으리라. (삿 13:3)

Behold now, you are barren, but you shall conceive and give birth to a son.

向来你不怀孕, 如今你必怀孕生一个儿子.

其	婦	生	子
그(기)	부인(부)	날(생)	아들(자)

命	名	參	孫
명할(명)	이름(명)	석(삼)	자손(손)

그 여인이 아들을 낳았는데,

그의 이름을 삼손이라 하였다.

其	婦	生	子

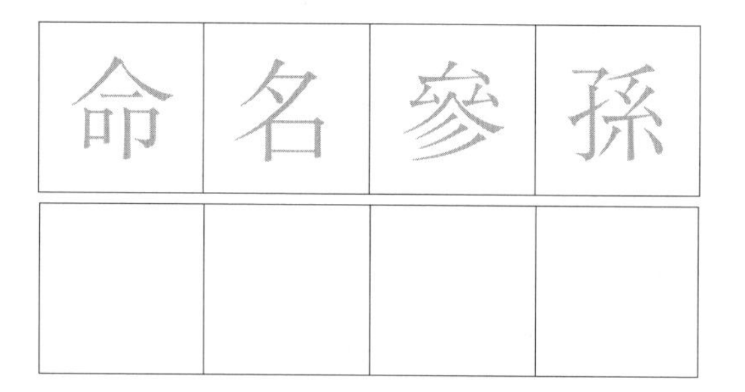

命	名	參	孫

그 여인이 아들을 낳으매 그의 이름을 삼손이라 하니라. (삿 13:24)

Then the woman gave birth to a son and named him Samson.

后来妇人生了一个儿子, 给他起名叫参孙.

룻기

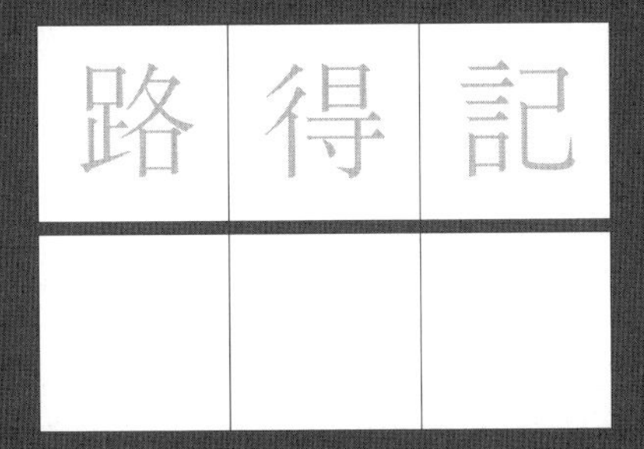

이방인 모압 여인 룻이 남편이 죽은 뒤에도 시어머니를 극진하게 봉양한 이야기로, 성경의 《효경》이라 할 수 있다.

('路得'는 'Ruth'를 한자로 표기한 것)

Ruth [ru:θ]

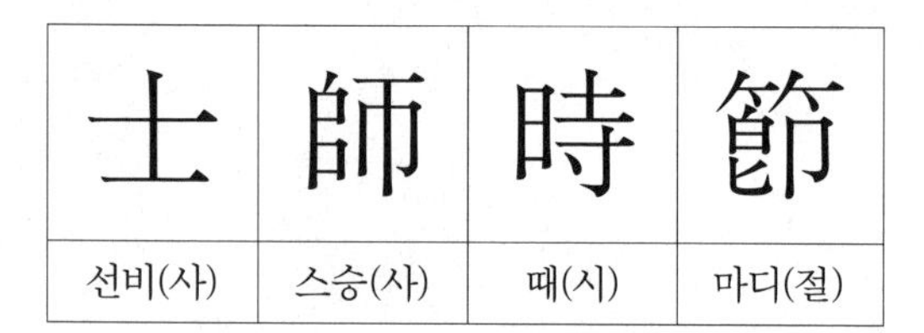

士	師	時	節
선비(사)	스승(사)	때(시)	마디(절)

사사들의 시절에

士	師	時	節

國	値	歲	饑
나라(국)	당할(치)	해(세)	주릴(기)

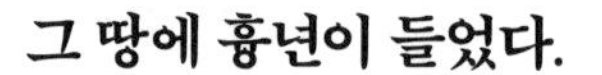

그 땅에 흉년이 들었다.

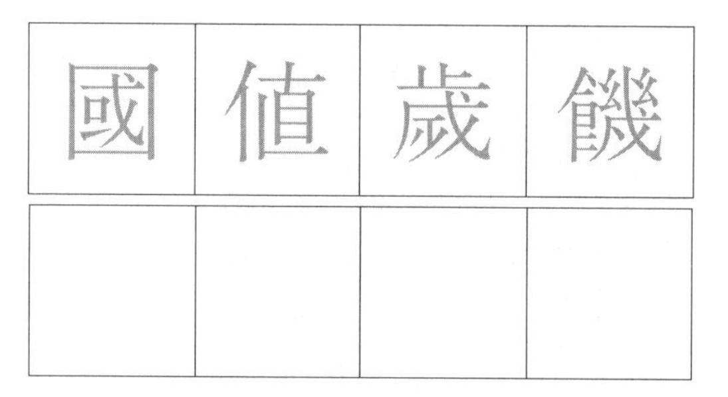

國	値	歲	饑

사사들이 치리하던 때에 그 땅에 흉년이 드니라. (룻 1:1)

*値(치): 값어치, 당하다, 만나다, 지니다

In the days when the judges ruled, there was a famine in the land.

*judge [dʒʌdʒ] n. 사사(士師), 사사기(記), 재판관, 심판자　*famine [fǽmin] n. 기근, 식량 부족, 배고픔

当士师秉政的时候, 国中遭遇饥荒.

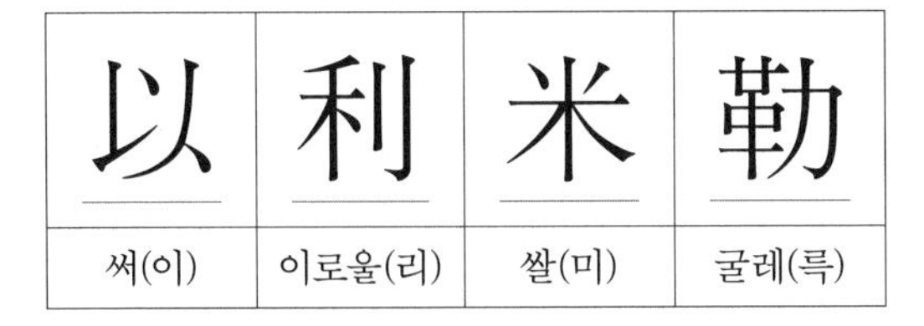

以	利	米	勒
써(이)	이로울(리)	쌀(미)	굴레(륵)

妻	拿	俄	米
아내(처)	잡을(나)	아까(아)	쌀(미)

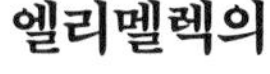

엘리멜렉의 **아내는 나오미였다.**

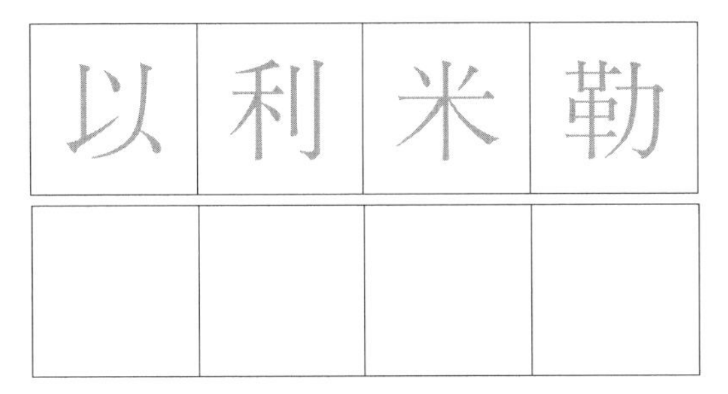

以	利	米	勒

妻	拿	俄	米

엘리멜렉의 아내는 나오미였고 (룻 1:2)

Elimelech, and the name of his wife, Naomi,

这人名叫以利米勒, 他的妻名叫拿俄米;

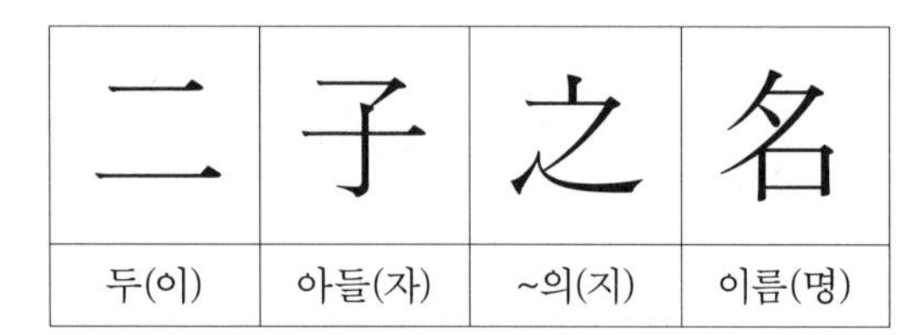

二	子	之	名
두(이)	아들(자)	~의(지)	이름(명)

瑪	倫	基	連
차돌(마)	인륜(륜)	터(기)	잇닿을(련)

두 아들의 이름은 **말론과 기룐이었다.**

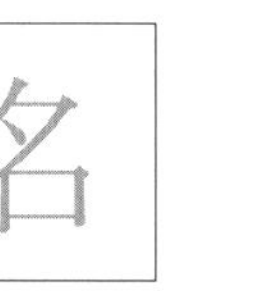

二	子	之	名

瑪	倫	基	連

두 아들의 이름은 말론과 기룐이더라. (룻 1:2)

The names of his two sons were Mahlon and Chilion.

他两个儿子, 一个名叫玛伦, 一个名叫基连

二	子	娶	妻
두(이)	아들(자)	장가들(취)	아내(처)

두 아들은 장가를 가서 아내를 맞이했다.

一	名	路	得
한(일)	이름(명)	길(로)	얻을(득)

하나의 이름이 룻이었다.

二	子	娶	妻

一	名	路	得

두 아들은 아내를 맞이하였는데 하나의 이름은 룻이더라. (룻 1:4)

They took them wives of the women, the name of the other Ruth.

这两个儿子娶了, 一个名叫路得,

瑪	倫	基	蓮
차돌(마)	인륜(륜)	터(기)	연꽃(련)

말론과 기룐,

瑪	倫	基	蓮

二	人	亦	死
두(이)	사람(인)	또(역)	죽을(사)

두 사람이 다 죽었다.

二	人	亦	死

말론과 기룐 두 사람이 다 죽었더라. (룻 1:5)

Then both Mahlon and Chilion also died.

玛伦和基连二人也死了,

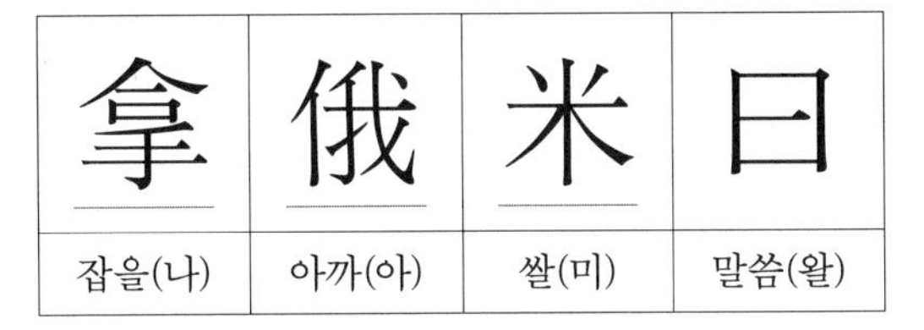

拿	俄	米	曰
잡을(나)	아까(아)	쌀(미)	말씀(왈)

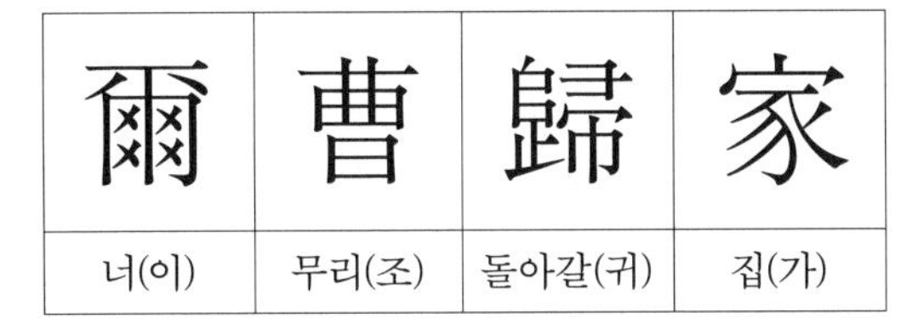

爾	曹	歸	家
너(이)	무리(조)	돌아갈(귀)	집(가)

나오미가 말했다.

너희(며느리)는 집으로 돌아가라.

拿	俄	米	曰

爾	曹	歸	家

나오미가 이르되 너희(며느리)는 집으로 돌아가라. (룻 1:8)

And Naomi said, go, return each of your house.

拿俄米说: 你们各人回娘家去吧.

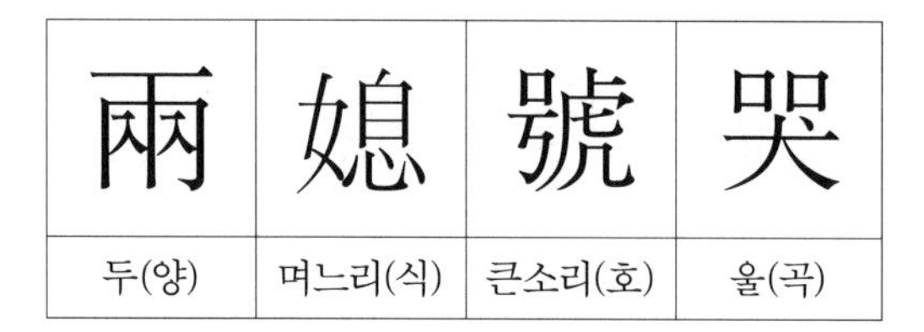

兩	媳	號	哭
두(양)	며느리(식)	큰소리(호)	울(곡)

路	得	不	離
길(로)	얻을(득)	아닐(불)	떠날(이)

그들이 소리를 높여 울었다.

룻은 떠나지 않았다.

兩	媳	號	哭

路	得	不	離

그들이 소리를 높여 울었고 룻은 그를 좇아왔더라. (룻 1:14)

They lifted up their voices and wept again, Ruth clung to her.

*cling [kliŋ] vi. (pp. clung [klʌŋ]) 붙쫓다, 착 들러(달라)붙다, 매달리다

两个儿妇又放声而哭, 只是路得舍不得拿俄米.

路	得	對	曰
길(로)	얻을(득)	대할(대)	말씀(왈)

룻이 대답했다.

路	得	對	曰

莫	迫	我	離
말(막)	다그칠(박)	나(아)	떼놓을(리)

나에게 떠나가라 다그치지 마십시오.

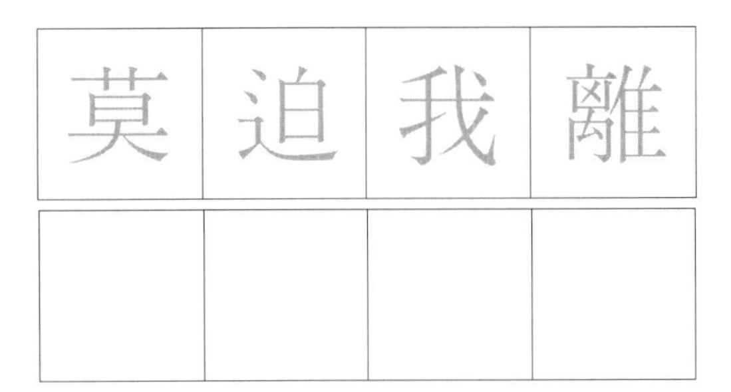

莫	迫	我	離

룻이 이르되 내게 떠나가라 강권하지 마옵소서. (룻 1:16)

But Ruth said, do not urge me to leave you,

*urge [ɔ:rdʒ] vt. 강권하다, 재촉하다, 다그치다, 몰아대다

路得说：不要催我回去不跟随你.

爾	往	何	所
너(이)	갈(왕)	어찌(하)	곳(소)

어머니께서 가시는 어느 곳이든

當	我	亦	往
마땅(당)	나(아)	또(역)	갈(왕)

당연히 나도 가겠습니다.

爾	往	何	所

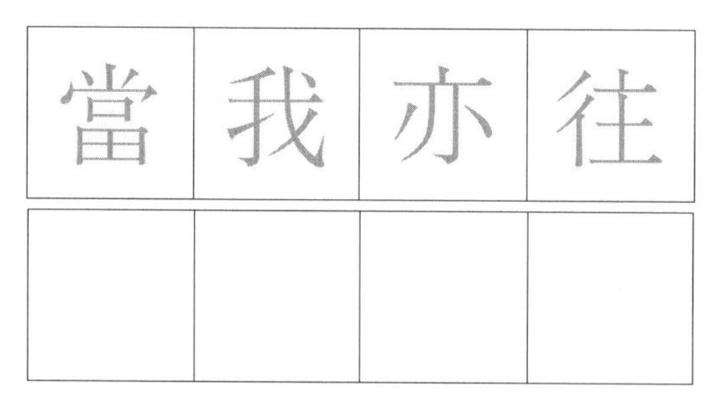

當	我	亦	往

어머니께서 가시는 어느 곳이든 당연히 나도 가겠나이다. (룻 1:16)

Following you for where you go, I will go.

你往哪里去, 我也往那里去;

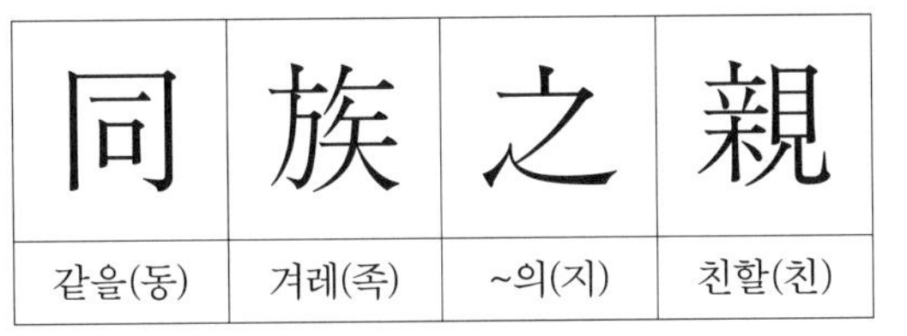

同	族	之	親
같을(동)	겨레(족)	~의(지)	친할(친)

동족으로 절친한 자,

同	族	之	親

名	波	阿	斯
이름(명)	물결(파)	언덕(아)	이(사)

그의 이름은 보아스였다.

名	波	阿	斯

친족으로 유력한 자가 있으니 그의 이름은 보아스더라. (룻 2:1)

A man of great wealth, of the family whose name was Boaz.

亲族中, 有一个人名叫波阿斯,

路	得	姑	曰
길(로)	얻을(득)	시어머니(고)	말씀(왈)

룻의 시어머니가 말했다.

我	爲	爾	求
나(아)	할(위)	너(이)	구할(구)

내가 너를 위해 구하였다.

路	得	姑	曰

我	爲	爾	求

룻의 시어머니 나오미가 이르되, 너를 위하여 내가 구하여 (룻 3:1)
Her mother-in-law said, should I try (to find a home) for you,
路得的婆婆说：我当为你找个

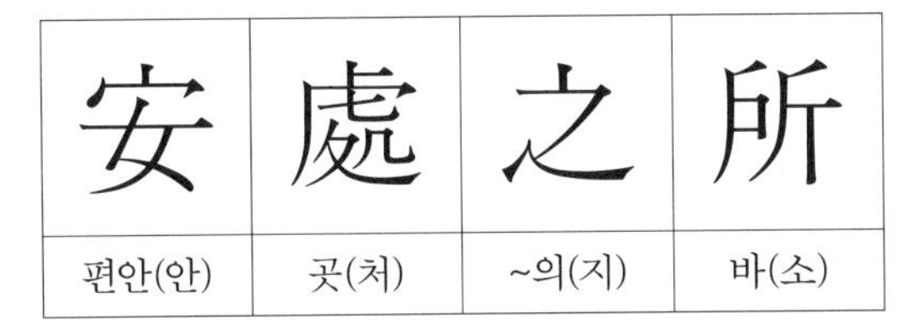

安	處	之	所
편안(안)	곳(처)	~의(지)	바(소)

안식할 곳에서

安	處	之	所

使	爲	享	福
하여금(사)	할(위)	형통할(형)	복(복)

형통하고 복되게 할 것이다.

使	爲	享	福

안식할 곳에서 형통하고 복되게 하리라. (룻 3:1)

Try to find a home for you, where you will be well.

安身之处, 使你享福吗

波	阿	斯	娶
물결(파)	언덕(아)	이(사)	장가들(취)

보아스가 장가들어

路	得	爲	妻
길(로)	얻을(득)	할(위)	아내(처)

룻을 아내로 삼았다.

波	阿	斯	娶

路	得	爲	妻

보아스가 룻을 맞이하여 아내로 삼고, (룻 4:13)

So Boaz took Ruth, and she became his wife.

波阿斯娶了路得为妻,

與	之	同	室
함께(여)	갈(지)	같을(동)	집(실)

함께 합방하였다.

懷	孕	生	子
품을(회)	아이밸(잉)	날(생)	아들(자)

그리하여 임신하므로 아들을 낳았다.

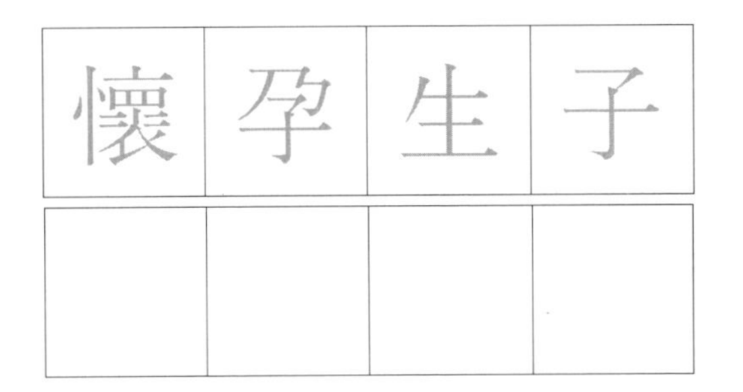

與	之	同	室

懷	孕	生	子

함께 들어갔더니 임신하여 아들을 낳았더라. (룻 4:13)

*之(지): ~와

He went in to her. She became pregnant and had a son.

与她同房, 怀孕生了一个儿子.

사무엘상

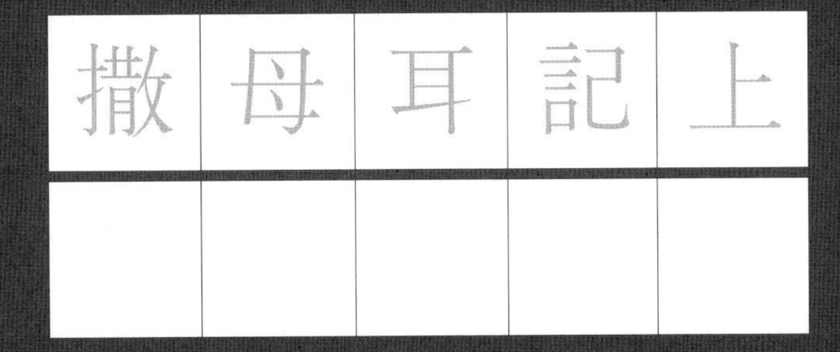

다윗을 왕위에 오르게 한 재판관이자 예언자 사무엘의 생애가 기록됨. ('撒母耳'는 'Samuel'을 한자로 표기한 것)

1 Samuel [sæmjuəl]

哈	拿	憂	苦
웃을(합)	잡을(나)	근심(우)	괴로울(고)

한나는 근심하고 괴로워서

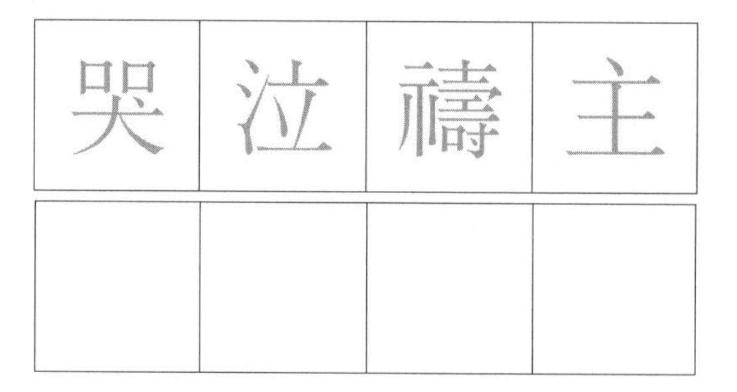

哭	泣	禱	主
울(곡)	울(읍)	기도할(도)	여호와(주)

눈물로 통곡하며 여호와께 기도했다.

哈	拿	憂	苦

哭	泣	禱	主

한나가 괴로워서 통곡하며 여호와께 기도하였더라. (삼상 1:10)

She, greatly distressed, prayed to the Lord and wept bitterly.

*weep [wi:p] vi. (p., pp. wept [wept]) 비탄(슬퍼)하다, (눈물을) 흘리다 *bitterly [bítərli] ad. 몹시, 통렬히

哈拿心里愁苦, 就痛痛哭泣, 祈祷耶和华,

萬	有	之	主
매우많은(만)	있을(유)	~의(지)	여호와(주)

念	婢	不	忘
생각(염)	여종(비)	아닐(불)	잊을(망)

만유의 여호와여,

여종을 생각하시고 잊지 마십시오.

萬	有	之	主

念	婢	不	忘

만유의 여호와여, 여종을 생각하시어 잊지 마소서. (삼상 1:11)

O Lord of hosts, remember me, and not forget your maidservant.

*host [houst] n. 주인 *maidservant [méɪdsɜ:rvənt] n. 여종, 하녀

万军之耶和华啊, 眷念不忘婢女,

賜	婢	生	男
줄(사)	여종(비)	날(생)	남자(남)

여종에게 아들을 주십시오.

必	使	歸	主
반드시(필)	사신(사)	돌아갈(귀)	여호와(주)

(그러면) **여호와께 드리겠습니다.**

賜	婢	生	男

아들을 주시면, (내가 그를) 여호와께 드리겠나이다. (삼상 1:11)

Will give maidservant a son, (then I) will give him to the Lord.

赐我一个儿子, (我必)使他终身归与耶和华,

薙	髮	之	刀
깎을(치)	터럭(발)	~의(지)	칼(도)

머리털을 깎는 칼을

薙	髮	之	刀

不	加	其	首
아닐(불)	더할(가)	그(기)	머리(수)

그의 머리에 대지 아니하겠습니다.

삭도를 그의 머리에 대지 아니하겠나이다. (삼상 1:11)

A razor shall never come on his head.

*razor [réizər] n. 삭도, 면도칼, 면도기

不用剃头刀剃他的头.

哈	拿	懷	孕
웃을(합)	잡을(나)	품을(회)	아이밸(잉)

한나가 임신하고

哈	拿	懷	孕

屆	期	生	子
이를(계)	기약(기)	날(생)	아들(자)

때가 이르러 아들을 낳았다.

屆	期	生	子

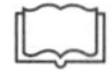

한나가 임신하고 때가 이르매 아들을 낳았더라. (삼상 1:20)

Hannah had conceived, that she gave birth to a son.

*conceive [kənsí:v] vt. 임신하다, 마음에 품다, 느끼다

哈拿就怀孕, 日期满足, 生了一个儿子,

名	撒	母	耳
이름(명)	뿌릴(살)	어머니(모)	귀(이)

我	求	於	主
나(아)	구할(구)	에(어)	여호와(주)

사무엘이라 이름 하였다.

이는 여호와께 내가 구하였다 (함이다).

名	撒	母	耳

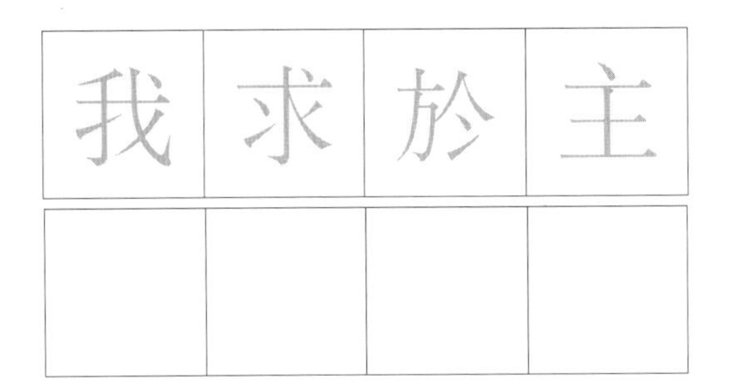

我	求	於	主

사무엘이라 이름 하였으니 이는 여호와께 구하였다 (함이더라). (삼상 1:20)

She named him Samuel, saying, I asked to the Lord.

给他起名叫撒母耳, 说:「这是我从耶和华那里求来的.」

以	利	二	子
써(이)	이로울(리)	두(이)	아들(자)

彼	不	識	主
그(피)	아닐(불)	알(식)	여호와(주)

엘리의 두 아들,

그들은 여호와를 알지 못했다.

以	利	二	子

彼	不	識	主

엘리의 아들들은 여호와를 알지 못하더라. (삼상 2:12)

The sons of Eli, they did not know the Lord.

以利的两个儿子, 不认识耶和华.

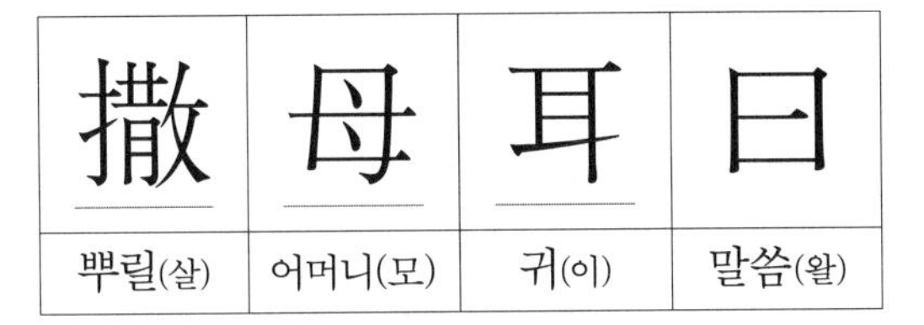

撒	母	耳	曰
뿌릴(살)	어머니(모)	귀(이)	말씀(왈)

請	言	僕	聽
청할(청)	말씀(언)	종(복)	들을(청)

사무엘이 말했다.

말씀하시면 종이 듣겠습니다.

撒	母	耳	曰

請	言	僕	聽

사무엘아 (칭하시는지라,) 말씀하소서 주의 종이 듣겠나이다. (삼상 3:10)

Samuel! (and Speak,) for your servant is listening.

撒母耳回答说:「请说, 仆人敬听!」

專	心	向	主
오로지(전)	마음(심)	향할(향)	여호와(주)

전심으로 여호와께 향하며

專	心	向	主

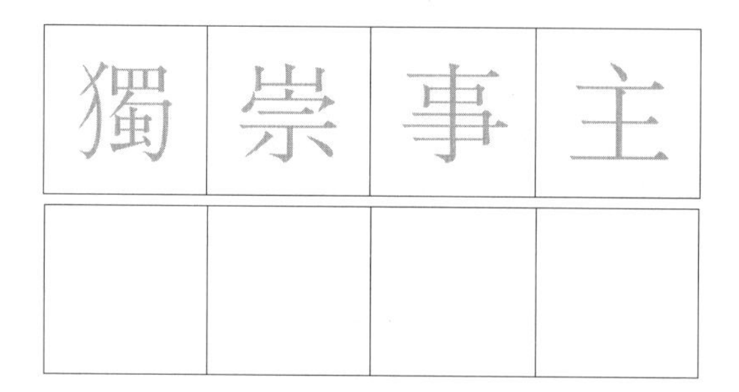

獨	崇	事	主
홀로(독)	높일(숭)	일(사)	하나님(주)

오직 주만 높이겠습니다.

獨	崇	事	主

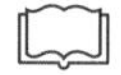

전심으로 여호와께 향하며 오직 주만 높이리라. (삼상 7:3)

*主(주): 주인, 여호와, 하나님, 임금

Returning to the Lord with all your hearts, and serve him only.

专心归向耶和华, 单单地事奉他.

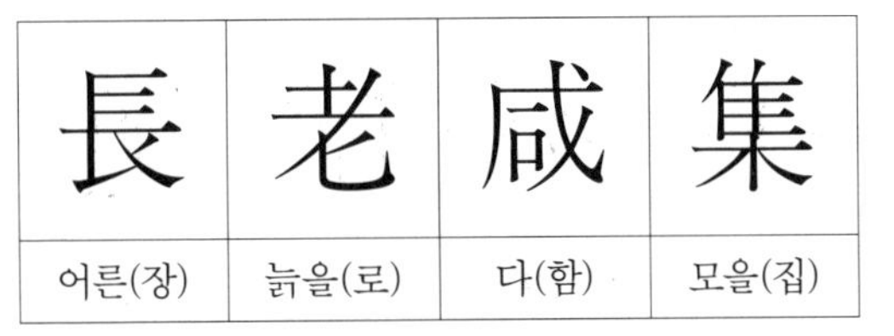

見	撒	母	耳
볼(견)	뿌릴(살)	어머니(모)	귀(이)

모든 장로가 모여

사무엘을 보았다.

見	撒	母	耳

(이스라엘) 모든 장로가 모여 사무엘을 보니라. (삼상 8:4)

Then all the elders of Israel gathered together and came to Samuel.

长老都聚集, 见撒母耳.

爾	年	已	邁
너(이)	나이(년)	이미(이)	늙을(매)

(사무엘) **당신은 이미 늙었고,**

爾	年	已	邁

子	不	爾	道
아들(자)	아닐(불)	너(이)	길(도)

아들은 당신의 길을 따르지 않았습니다.

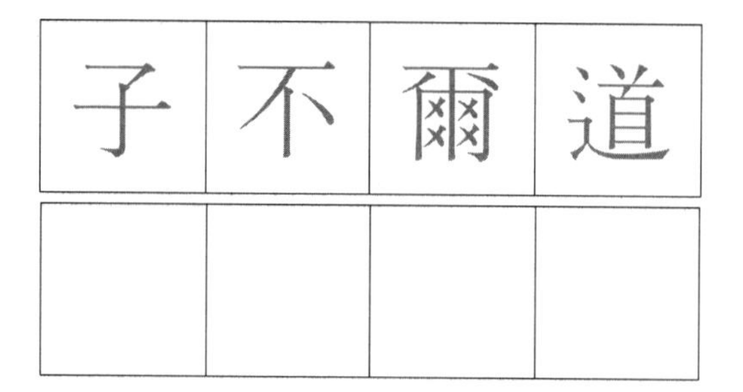

당신은 늙고 당신의 아들은 당신의 행위를 따르지 아니하였도다. (삼상 8:5)

*年(년): 해, 나이, 연령, 새해

You have grown old, and your sons do not walk in your ways.

你年纪老迈了, 你儿子不行你的道.

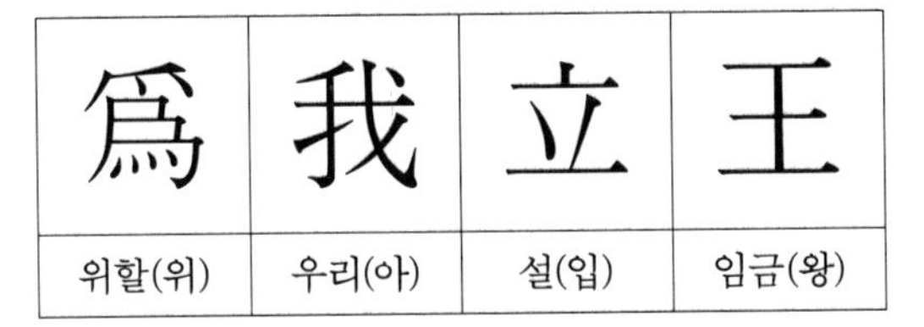

爲	我	立	王
위할(위)	우리(아)	설(입)	임금(왕)

우리를 위해 왕을 세우시고

以	治	理	我
써(이)	다스릴(치)	다스릴(리)	우리(아)

(그로써) 우리를 다스리게 하십시오.

爲	我	立	王

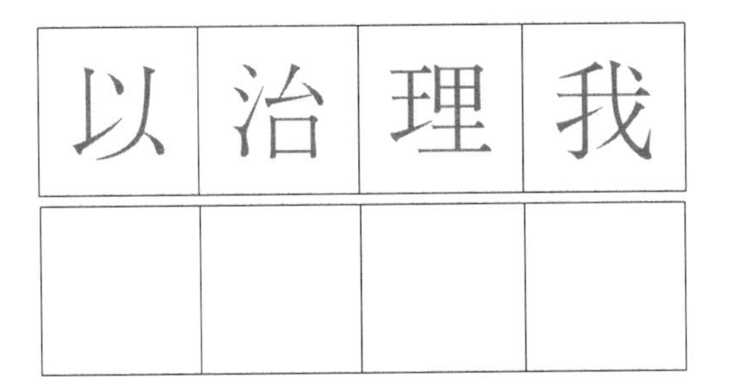

以	治	理	我

우리를 위하여 왕을 세워 우리를 다스리게 하소서. (삼상 8:5)

*我(아): 나, 우리, 외고집

Now appoint a king for us to judge us.

*appoint [əpɔ́int] vt. 임명하다. 지명하다, 명하다, 지시하다

现在求你为我们立一个王治理我们,

此	而	不	悅
그(차)	말이을(이)	아닐(불)	기쁠(열)

(사무엘이) **그것을 기뻐하지 아니하였다.**

此	而	不	悅

遂	禱	告	主
이룰(수)	기도할(도)	고할(고)	여호와(주)

(이룰) **여호와께 기도로 고했다.**

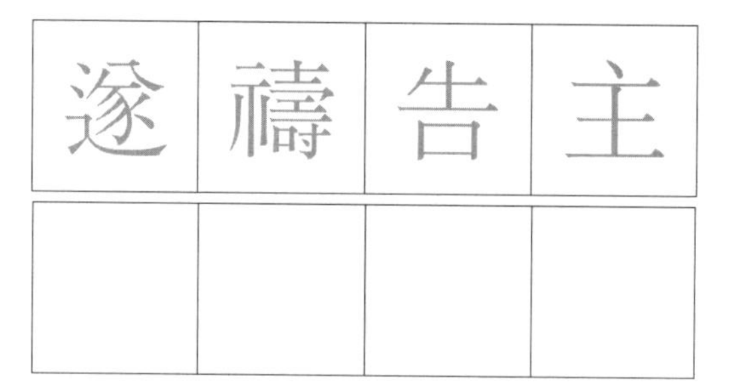

遂	禱	告	主

그것을 기뻐하지 아니하여 여호와께 기도하였도다. (삼상 8:6)

The thing was displeasing in the sight and prayed to the Lord.

不喜悦他们, 他就祷告耶和华.

聽	從	民	言
들을(청)	따를(종)	백성(민)	말씀(언)

(여호와께서) 백성들의 말을 듣고

聽	從	民	言

爲	民	立	王
할(위)	백성(민)	설(입)	임금(왕)

왕을 세우라 하셨다.

爲	民	立	王

그들의 말을 들어 왕을 세우라 하시니라. (삼상 8:22)

Listen to them and give them a king.

听从他们的话, 为他们立王.

撒	母	耳	見
뿌릴(살)	어머니(모)	귀(이)	볼(견)

사무엘이 보니

撒	母	耳	見

掃	羅	來	時
쓸(소)	그물(라)	올(내)	때(시)

사울이 그때 왔다.

掃	羅	來	時

사무엘이 보니 사울이 오니라. (삼상 9:17)

When Samuel saw Saul,

撒母耳看见扫罗的时候,

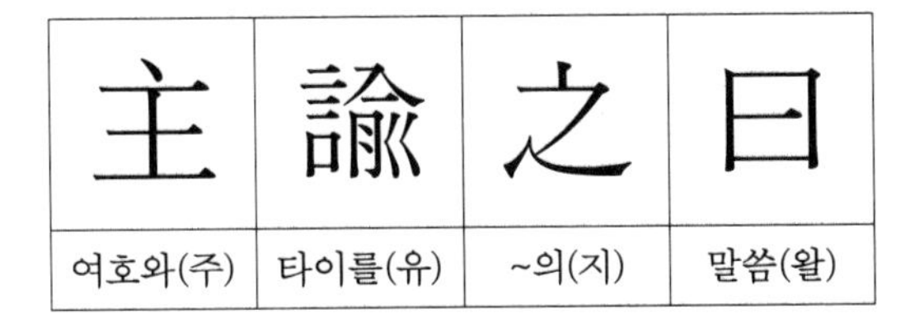

主	諭	之	曰
여호와(주)	타이를(유)	~의(지)	말씀(왈)

여호와께서 말씀하셨다.

彼	治	理	民
그(피)	다스릴(치)	다스릴(리)	백성(민)

그가 내 백성을 다스릴 것이다.

主	諭	之	曰

彼	治	理	民

여호와께서 말씀하시며 그가 내 백성을 다스리리라. (삼상 9:17)

The Lord said to him, this one shall rule over my people.

耶和华对他说: 他必治理我的民.

民	至	吉	甲
백성(민)	이를(지)	길할(길)	갑옷(갑)

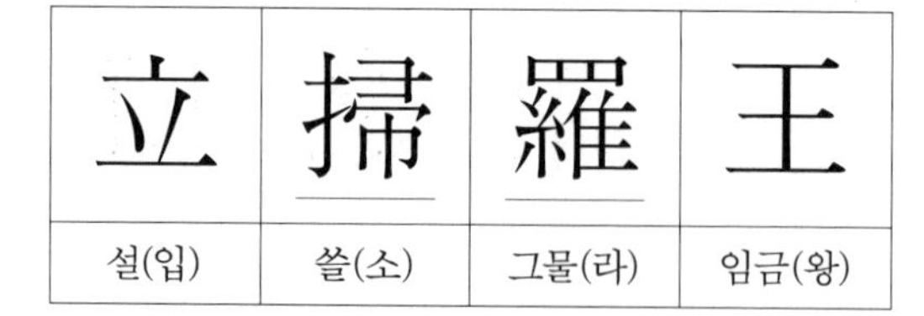

立	掃	羅	王
설(입)	쓸(소)	그물(라)	임금(왕)

백성들은 길갈로 가서

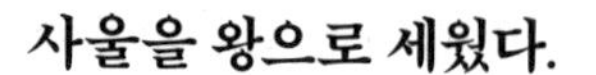

사울을 왕으로 세웠다.

民	至	吉	甲

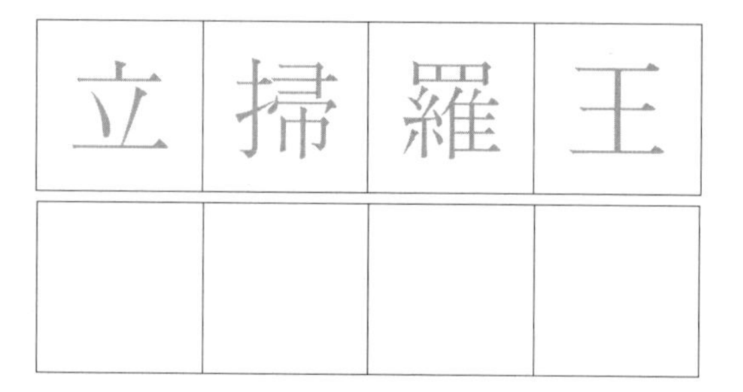

立	掃	羅	王

백성이 길갈로 가서 사울을 왕으로 세웠더라. (삼상 11:15)

All the people went to Gilgal, and there they made Saul king.

众百姓就到了吉甲那里, 立扫罗为王,

獻	平	安	祭
드릴(헌)	편안할(평)	편안(안)	제사(제)

화목제를 드리고

獻	平	安	祭

欣	喜	不	勝
기쁠(흔)	기쁠(희)	아닐(불)	이길(승)

크게 기뻐했다.

欣	喜	不	勝

화목제를 드리고 크게 기뻐하니라. (삼상 11:15)

There they also offered sacrifices of peace offerings, and all rejoiced greatly.

献平安祭, 大大欢喜.

以	色	列	王
써(이)	빛(색)	벌일(열)	임금(왕)

聽	從	主	命
들을(청)	따를(종)	여호와(주)	명할(명)

이스라엘 왕이여,

여호와의 말씀을 듣고 따라야 합니다.

以	色	列	王

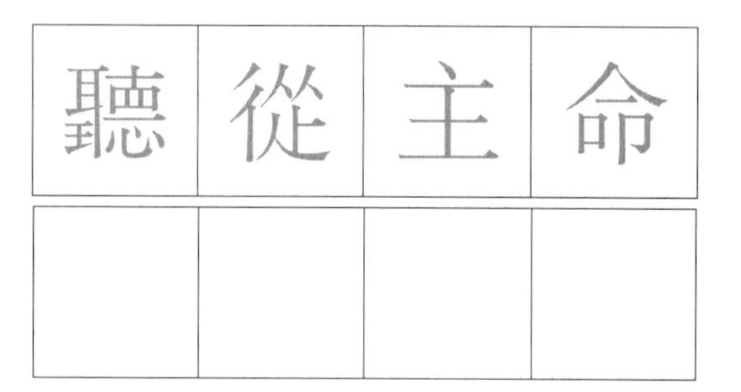

聽	從	主	命

이스라엘 왕은 여호와의 말씀을 들으소서. (삼상 15:1)

King of Israel, listen now to the message from the Lord.

以色列王当听从耶和华的话.

攻	亞	瑪	力
칠(공)	버금(아)	차돌(마)	힘(력)

아말렉을 쳐라.

翦	滅	所	有
진멸(전)	멸할(멸)	바(소)	있을(유)

(그리고) 모든 소유를 진멸하라.

攻	亞	瑪	力

翦	滅	所	有

아말렉을 쳐서 모든 소유를 진멸하라. (삼상 15:3)

Strike Amalek and utterly destroy all.

*utterly [ʌ́tərli] ad. 아주, 전혀, 완전히

击打亚玛力人, 灭尽他们所有的,

與	諸	美	物
함께(여)	모두(제)	좋을(미)	물건(물)

不	欲	翦	滅
아닐(불)	하고자할(욕)	진멸(전)	멸할(멸)

모든 좋은 물건은

진멸하려 하지 않았다.

與	諸	美	物

모든 좋은 물건은 진멸하지 않았더라. (삼상 15:9)

Everything that was good, and would not utterly destroy them.

*utterly [ʌ́tərli] ad. 완전히

并一切美物, 不肯灭绝.

聽	命	勝	祭
들을(청)	명할(명)	나을(승)	제사(제)

명령을 들음은 제사보다 낫고,

聽	命	勝	祭

順	從	勝	脂
순할(순)	따를(종)	이길(승)	기름(지)

순종하는 것이 기름보다 낫다.

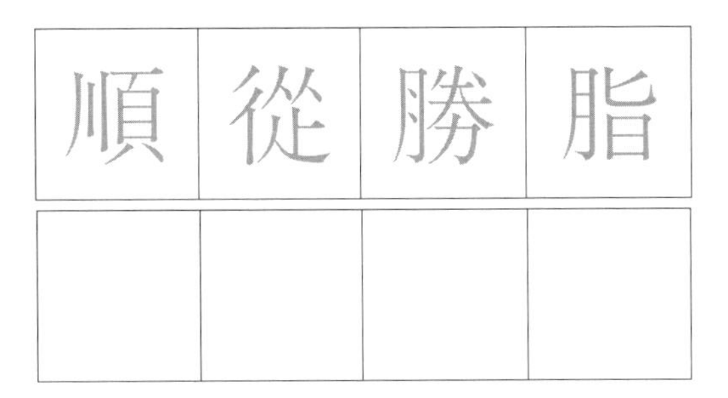

順	從	勝	脂

말씀을 들음은 제사보다 낫고 순종하는 것이 기름보다 낫도다. (삼상 15:22)

Behold, to obeying the voice of the Lord is better than sacrifice, and to hearken than the fat of rams.

*hearken [há:rkən] vi. 귀를 기울이다, 경청하다

听命胜于献祭; 顺从胜于公羊的脂油.

爾	棄	主	命
너(이)	버릴(기)	여호와(주)	명할(명)

主	亦	棄	爾
여호와(주)	또(역)	버릴(기)	너(이)

너는 여호와의 말씀을 버렸으므로,

역시 여호와께서도 너를 버리셨다.

爾	棄	主	命

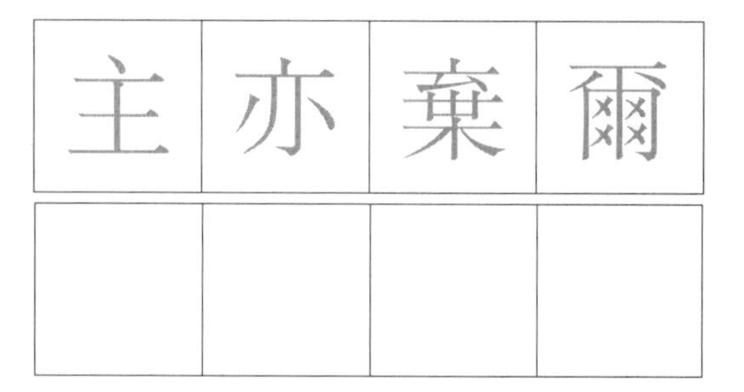

主	亦	棄	爾

여호와의 말씀을 버렸으므로 여호와께서도 너를 버리셨느니라. (삼상 15:23)

You have rejected the word of the Lord, he has rejected you.

*reject [ridʒékt] vt. 버리다, 거절하다, 사절하다, 각하하다

你既厌弃耶和华的命令, 耶和华也厌弃你(作王).

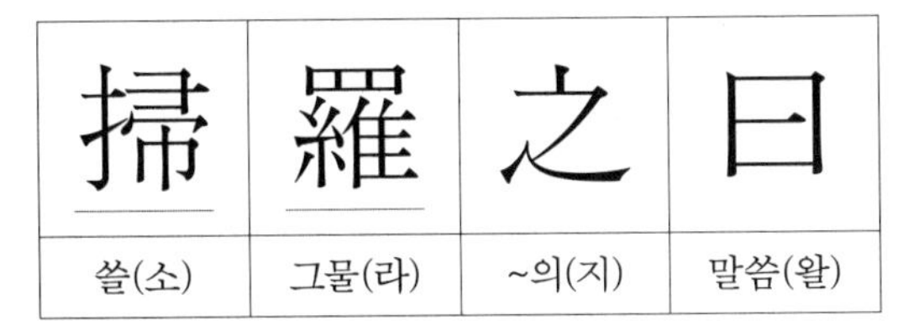

掃	羅	之	曰
쓸(소)	그물(라)	~의(지)	말씀(왈)

사울이 말하기를,

我	誠	有	罪
나(아)	진실(성)	있을(유)	허물(죄)

내가 진실로 범죄했습니다.

掃	羅	之	曰

我	誠	有	罪

사울이 이르되 내가 진실로 범죄하였나이다. (삼상 15:24)

*誠(성): 정성, 진실, 삼가다, 참으로

Then Saul said I have sinned.

扫罗说：我有罪了，

我	畏	斯	民
나(아)	두려울(외)	이(사)	백성(민)

而	聽	其	言
말이을(이)	들을(청)	그(기)	말씀(언)

내가 이 백성을 두려워하여 **그들의 말을 청종했습니다.**

我	畏	斯	民	而	聽	其	言

내가 이 백성을 두려워하여 그 말을 청종하였음이라. (삼상 15:24)

I feared the people and listened to their voice.

我因惧怕百姓, 听从他们的话,

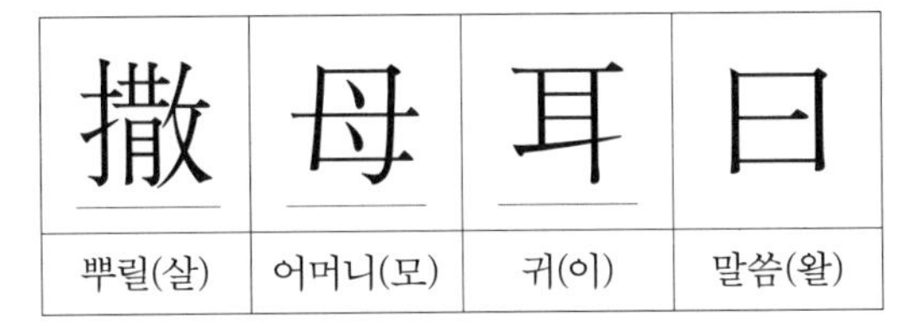

撒	母	耳	曰
뿌릴(살)	어머니(모)	귀(이)	말씀(왈)

사무엘이 말하기를

撒	母	耳	曰

遣	人	召	之
보낼(견)	사람(인)	부를(소)	갈(지)

사람을 보내어 그를 데려오라.

遣	人	召	之

사무엘이 이르되 사람을 보내어 그를 데려오라. (삼상 16:11)

And Samuel said, send and bring him.

撒母耳说, 打发人去叫他来;

我	不	席	坐
나(아)	아닐(불)	자리(석)	앉을(좌)

待	其	來	此
기다릴(대)	그(기)	올(래)	이(차)

우리가 자리에 앉지 않을 것이다.

그가 여기 오기까지 기다릴 것이다.

我	不	席	坐

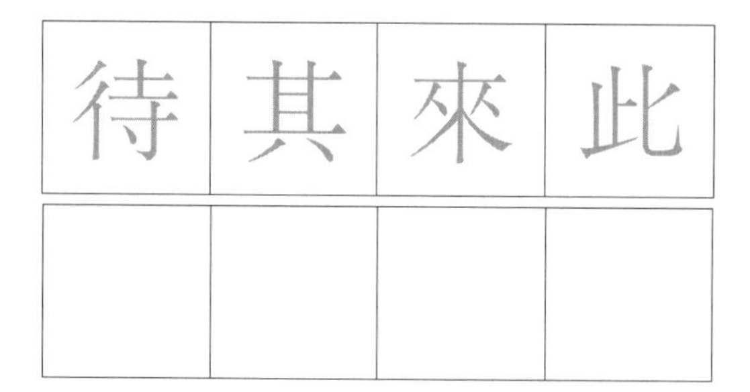

待	其	來	此

우리가 자리에 앉지 아니하리니 그가 여기 오기까지 기다릴 것이라. (삼상 16:11)

We will not sit down until he comes here.

他若不来, 我们必不坐席.

其	面	赤	色
그(기)	낯(면)	붉을(적)	빛(색)

그의 얼굴빛은 붉었다.

雙	目	淸	秀
두(쌍)	눈(목)	맑을(청)	빼어날(수)

두 눈은 맑고 빼어났다.

其	面	赤	色

雙	目	淸	秀

그의 얼굴의 빛이 붉고 눈이 맑으며 빼어났더라. (삼상 16:12)

He was ruddy, with beautiful eyes.

他面色光红, 双目清秀,

此	人	大	衛
이(차)	사람(인)	큰(대)	지킬(위)

그의 용모는 준수했다.

이 사람은 다윗이었다.

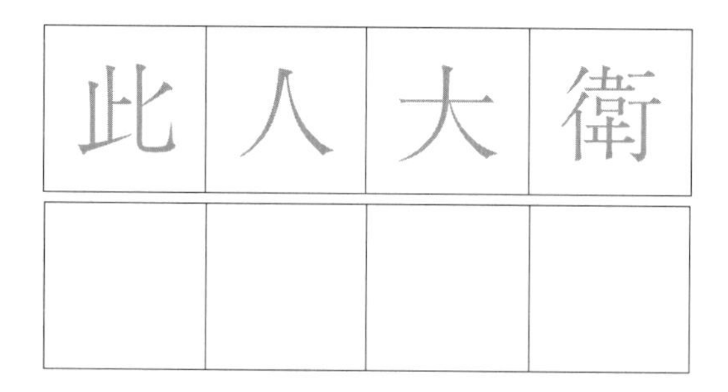

그의 용모는 준수했으니 그 사람이 다윗이었더라. (삼상 16:12)

A handsome appearance for this is David.

容貌俊美, 这是大卫.

主	離	掃	羅
여호와(주)	떠날(리)	쓸(소)	그물(라)

여호와의 영이 사울에게서 떠나고

主	離	掃	羅

惡	魔	擾	之
악할(악)	마귀(마)	흐려질(요)	갈(지)

악령이 (그를) 번뇌하게 하였다.

여호와의 영이 사울에게서 떠나고 악령이 그를 번뇌하게 하였더라. (삼상 16:14)

*擾(요): 시끄럽다, 흐려지다, 어지럽다, 깃들이다, 움직이다(우)   *之(지): ~하였다

Now the Spirit of the Lord departed from Saul, and an evil spirit terrorized him.

*terrorize [térəràiz] vt. 번뇌케 하다, 위협해서 …시키다

耶和华的灵离开扫罗, 有恶魔从(耶和华那里来)扰乱他.

大	衛	執	琴
큰(대)	지킬(위)	잡을(집)	거문고(금)

다윗이 수금을 들고 와서

大	衛	執	琴

以	手	鼓	之
써(이)	손(수)	칠(고)	갈(지)

그의 손으로 (거문고를) **탔다.**

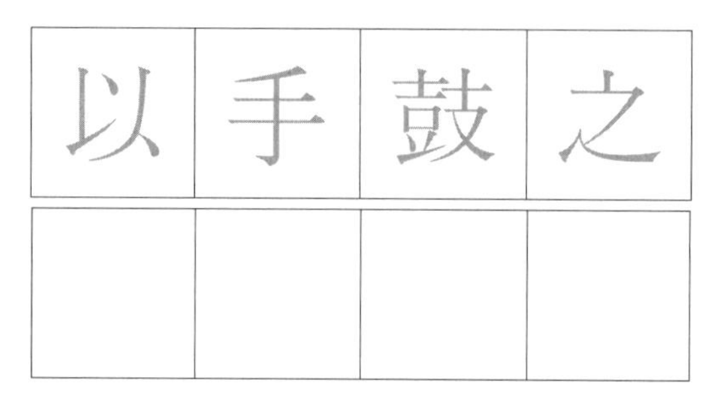

다윗이 수금을 들고 와서 그의 손으로 타니 (삼상 16:23)

*之(지): ~하였다

David would take the harp and play it with his hand,

大卫就拿琴, 用手而弹,

所	羅	覺	安
바(소)	그물(라)	깨달을(각)	편안(안)

惡	魔	離	之
악할(악)	마귀(마)	떠날(이)	갈(지)

사울이 편안함을 깨달으니,

악령이 그에게서 떠나갔다.

所	羅	覺	安

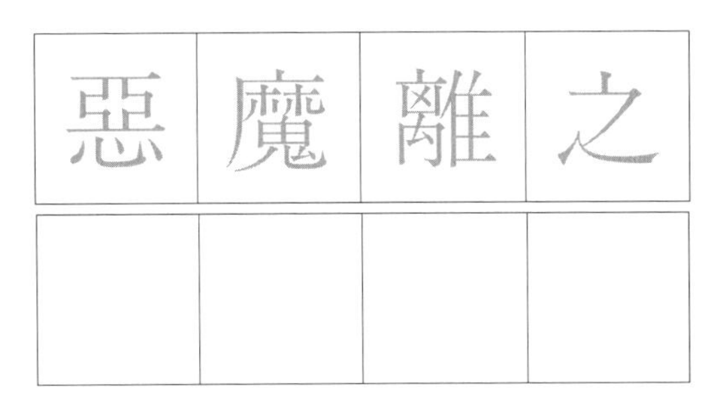

惡	魔	離	之

사울이 상쾌하여 낫고 악령이 그에게서 떠나가니라. (삼상 16:23)

*之(지): ~하였다

Saul would be refreshed and be well, and the evil spirit would depart from him.

扫罗便舒畅爽快, 恶魔离了他.

非	利	士	人
아닐(비)	이로울(리)	선비(사)	사람(인)

欲	來	戰	爭
하고자할(욕)	올(래)	싸움(전)	다툴(쟁)

블레셋 사람들이 **와서 싸우고자 했다.**

非	利	士	人

欲	來	戰	爭

블레셋 사람들이 와서 싸우고자 하였더라. (삼상 17:1)

The Philistines gathered their armies for battle.

非利士人(招聚他们的军旅), 要来争战;

非	利	士	營
아닐(비)	이로울(리)	선비(사)	진영(영)

出	挑	戰	者
나갈(출)	돋울(도)	싸움(전)	사람(자)

블레셋 진영에서

싸움을 돋우는 자가 있었다.

非	利	士	營

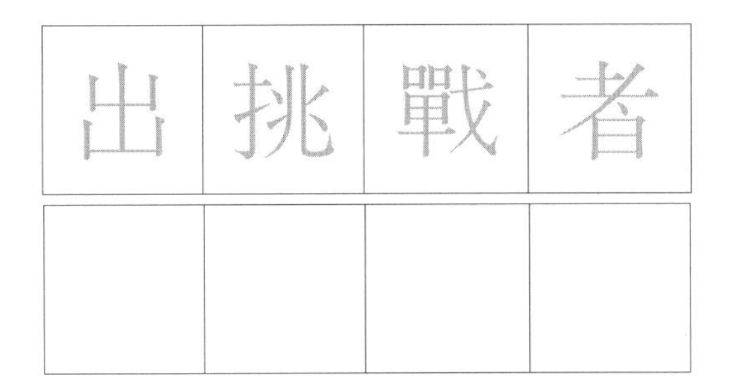

블레셋 진영에서 싸움을 돋우는 자가 있었더라. (삼상 17:4)

Then a champion came out from the armies of the Philistines,

*champion [tʃǽmpiən] n. 옹호자, 챔피언, 투사

从非利士营中出来一个讨战的人,

名	歌	利	亞
이름(명)	노래(가)	이로울(리)	버금(아)

迦	特	人	也
막을(가)	특별할(특)	사람(인)	이다(야)

이름이 골리앗이며

가드 사람이었다.

名	歌	利	亞

迦	特	人	也

이름이 골리앗이요 가드 사람이라. (삼상 17:4)

Named Goliath, from Gath,

名叫歌利亚, 是迦特人,

身	有	六	肘
몸(신)	있을(유)	여섯(육)	팔꿈치(주)

키는 여섯 규빗,

一	布	指	長
한(일)	펼(포)	손가락(지)	길(장)

한 뼘의 길이었다.

身	有	六	肘

一	布	指	長

그의 키는 여섯 규빗 한 뼘이었더라. (삼상 17:4)

Whose height was six cubits and a span.

*cubit [kjú:bit] n. 큐빗, 완척(팔꿈치에서 가운뎃손가락 끝까지 길이, 약 45.72cm) *span [spæn] n. 한 뼘(보통 9인치, 22.86cm)

身高六肘零一虎口;

首	戴	銅	盔
머리(수)	일(대)	구리(동)	투구(회)

머리에는 놋 투구를 썼고,

首	戴	銅	盔

身	衣	鱗	甲
몸(신)	입을(의)	비늘(인)	갑옷(갑)

몸에는 비늘 갑옷을 입었다.

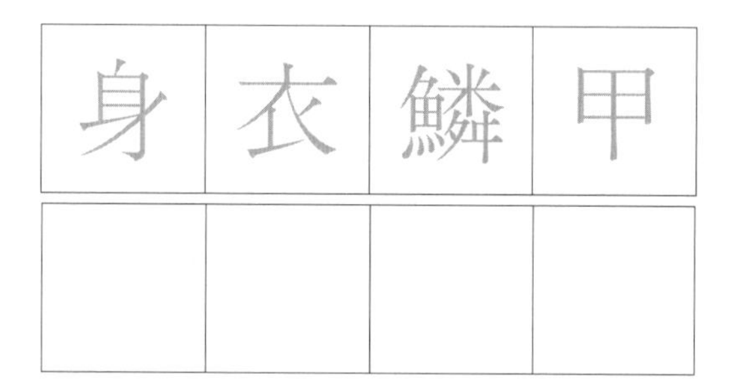

머리에는 놋 투구를 썼고 몸에는 비늘 갑옷을 입었더라. (삼상 17:5)

*衣(의): 옷, (옷을) 입다, 입히다, 옷자락, 웃옷, 싸는 것, 덮다

A bronze helmet on his head, and clothed with scale-armor.

*scale [skeil] n. 비늘, 얇은 조각, 눈금, 저울눈 *armor [á:rmər] n. 갑옷과 투구, 갑주甲冑

头戴铜盔, 身穿铠甲,

腿	有	銅	護
다리(퇴)	있을(유)	구리(동)	감쌀(호)

肩	負	銅	戟
어깨(견)	질(부)	구리(동)	창(극)

그의 다리에는 놋 각반을 쳤고,

어깨 사이에는 놋 단창을 메었다.

腿	有	銅	護

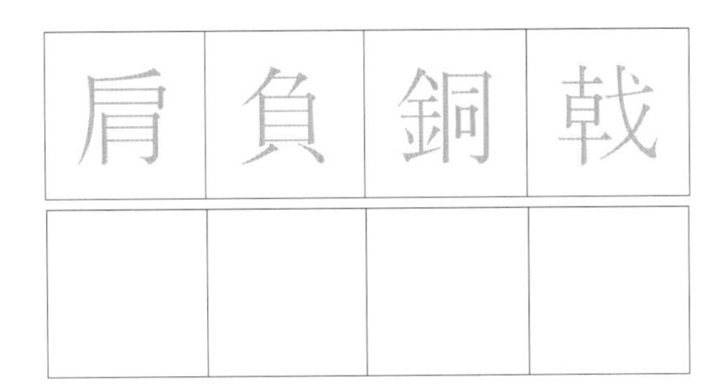

그의 다리에는 놋 각반을 쳤고 어깨 사이에는 놋 단창을 메었더라. (삼상 17:6)

His legs were also protected by bronze armor, and he carried a bronze javelin slung over his shoulder.

*protect [prətékt] vt. 보호하다, 막다, 지키다 *javelin [dʒǽvəlin] n. 단창, 던지는 창 *sling [sliŋ] n. (p., pp. slung [slʌŋ]) 던지다, (옷을) 걸치다

腿上有铜护膝, 两肩之中背负铜戟;

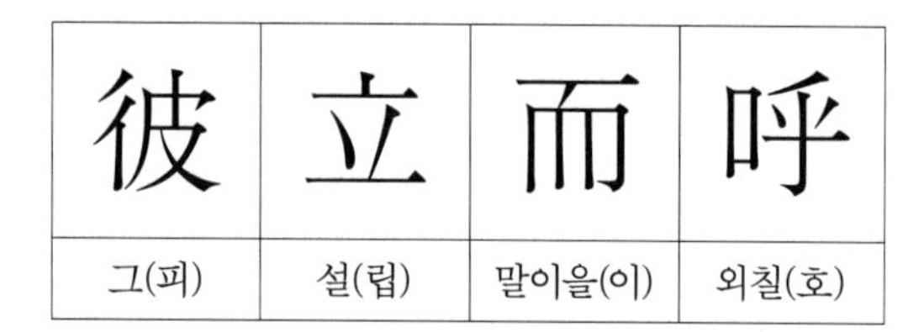

彼	立	而	呼
그(피)	설(립)	말이을(이)	외칠(호)

그가 일어서서 외쳤다.

爾	擇	一	人
너(이)	고를(택)	한(일)	사람(인)

너희는 한 사람을 택하라.

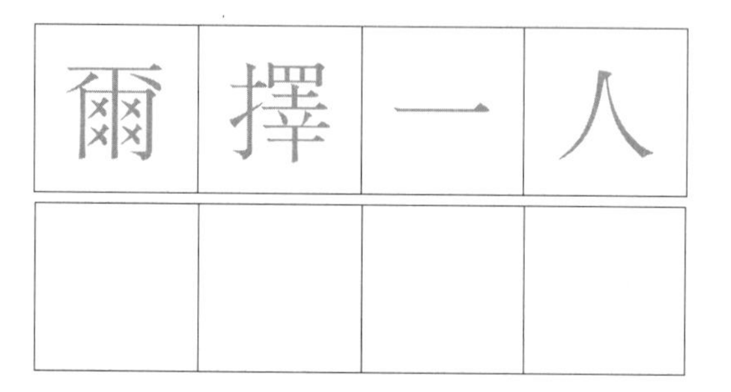

그가 서서 외쳐 이르되 너희는 한 사람을 택하라. (삼상 17:8)

Goliath stood and shouted (to the ranks of Israel), choose a man for yourselves.

歌利亚站立, 呼叫说: 你们中间拣选一人,

大	衛	對	曰
큰(대)	지킬(위)	대할(대)	말씀(왈)

다윗이 말했다.

大	衛	對	曰

人	莫	落	膽
사람(인)	말(막)	떨어질(낙)	담력(담)

사람들이여 낙담하지 마십시오.

人	莫	落	膽

다윗이 말하되 사람이 낙담하지 말 것이며 (삼상 17:32)

David said let no man's heart fail,

*fail [feil] vi. 허약해지다, 실수하다

大卫对说, 人都不必因胆怯.

僕	敢	前	往
종(복)	굳셀(감)	앞(전)	갈(왕)

종이 굳세게 나갈 것입니다.

僕	敢	前	往

與	敵	戰	鬪
함께(여)	대적할(적)	싸움(전)	싸울(투)

함께 나가서 적과 싸웁시다.

與	敵	戰	鬪

종이 굳세게 가서 적과 싸우리다. (삼상 17:32)

Your servant will go and fight.

你的仆人要去与那非利士人战斗.

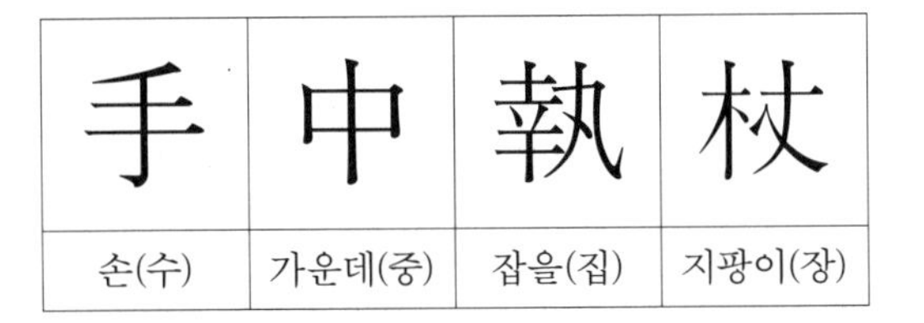

手	中	執	杖
손(수)	가운데(중)	잡을(집)	지팡이(장)

擇	小	伍	石
고를(택)	작을(소)	다섯(오)	돌(석)

손에 막대기를 가지고

매끄러운 돌 다섯을 골랐다.

手	中	執	杖

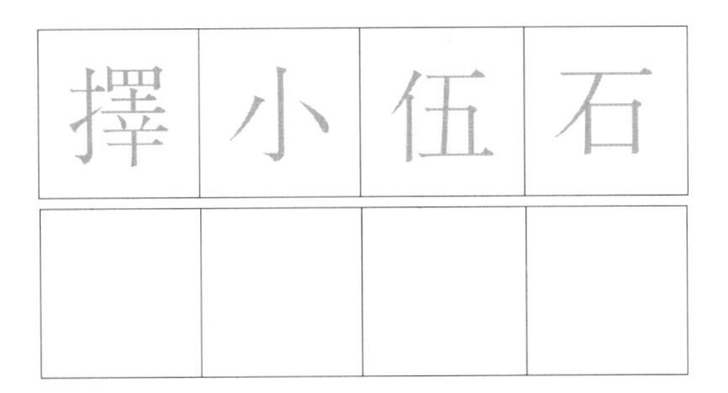

擇	小	伍	石

손에 지팡이를 가졌고 매끄러운 돌 다섯을 골랐더라. (삼상 17:40)

He took his stick in his hand and chose for himself five smooth stones.

他手中拿杖, 又挑选了伍块光滑石子,

囊	中	置	石
주머니(낭)	가운데(중)	둘(치)	돌(석)

주머니 속에 돌을 넣고,

囊	中	置	石

手	執	機	絃
손(수)	잡을(집)	틀(기)	줄(현)

손에는 물매를 가지고 갔다.

手	執	機	絃

제구 곧, 주머니에 돌을 넣고 손에는 물매를 가지고 갔더라. (삼상 17:40)

Put stones in his pouch, and his sling was in his hand.

*pouch [pautʃ] n. 작은 주머니, 주머니 *sling [sliŋ] n. 투석기, 새총, 고무총

就是牧人带的囊里; 手中拿着甩石的机弦,

非	利	士	人
아닐(비)	이로울(리)	선비(사)	사람(인)

對	大	衛	曰
대할(대)	큰(대)	지킬(위)	말씀(왈)

블레셋 사람이

다윗에게 말했다.

非	利	士	人

對	大	衛	曰

블레셋 사람이 다윗에게 말하기를 (삼상 17:43)

The Philistine said to David,

非利士人对大卫说:

爾	執	杖	來
너(이)	잡을(집)	지팡이(장)	올(래)

네가 막대기를 가지고 나아왔느냐?

爾	執	杖	來

我	豈	犬	乎
나(아)	어찌(기)	개(견)	느냐(호)

나를 개로 여기느냐?

我	豈	犬	乎

네가 막대기를 가지고 나아왔느냐 나를 개로 여기느냐. (삼상 17:43)

You come to me with sticks, Am I a dog?

你拿杖到我这里来, 我岂是狗呢.

我	將	擊	爾
나(아)	장차(장)	칠(격)	너(이)

斬	爾	首	級
벨(참)	너(이)	머리(수)	등급(급)

내가 너를 쳐서

네 머리를 벨 것이다.

我	將	擊	爾

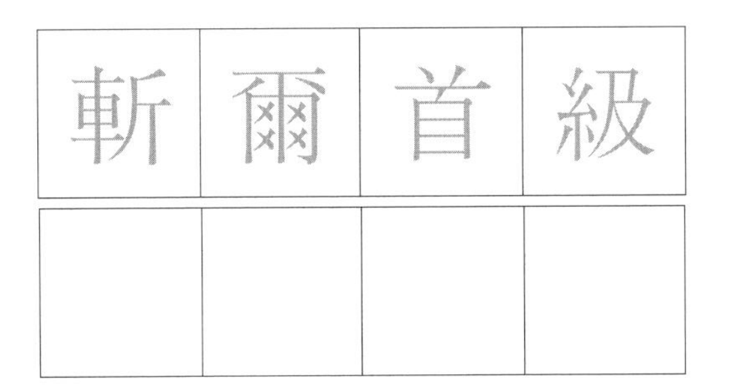

내가 너를 쳐서 네 수급을 베리니 (삼상 17:46)

I will strike you down and remove your head from you,

我必杀你, 斩你的头,

給	空	中	鳥
줄(급)	빌(공)	가운데(중)	새(조)

공중의 새들에게 줄 것이며,

與	地	上	獸
줄(여)	땅(지)	위(상)	짐승(수)

(그리고) 땅의 들짐승에게도 줄 것이다.

給	空	中	鳥

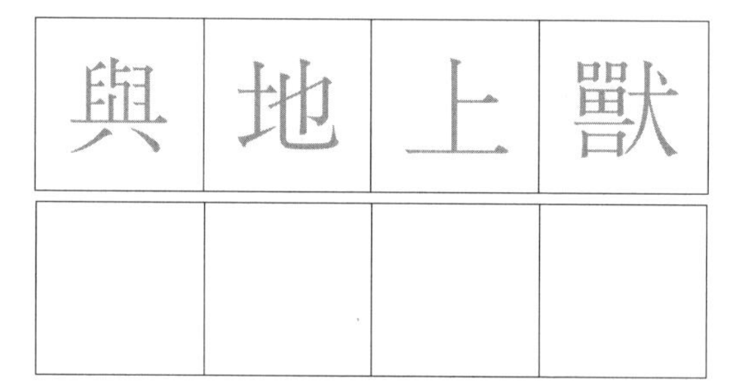

與	地	上	獸

그리고 공중의 새와 땅의 들짐승에게 주리라. (삼상 17:46)

I will give the dead bodies to the birds of the sky and the wild beasts of the earth.

给空中的飞鸟, 地上的野兽吃,

大	衛	疾	趨
큰(대)	지킬(위)	급히(질)	달릴(추)

戰	場	迎	敵
싸움(전)	마당(장)	맞을(영)	원수(적)

다윗이 달려 나갔다.

(그리고) **전장에서 적을 맞이했다.**

大	衛	疾	趨

戰	場	迎	敵

다윗이 달려 전장으로 나가 적을 맞이하였더라. (삼상 17:48)

*疾(질): 질병, 급히, 신속히, 괴로움, 흠, 결점

David ran quickly toward the battle line to meet the Philistine.

大卫急忙迎着非利士人, 往战场跑去.

囊	中	取	石
주머니(낭)	가운데(중)	가질(취)	돌(석)

用	機	絃	射
쓸(용)	틀(기)	줄(현)	쏠(사)

주머니에서 돌을 꺼내

(그리고) **물매에 넣어 던졌다.**

囊	中	取	石

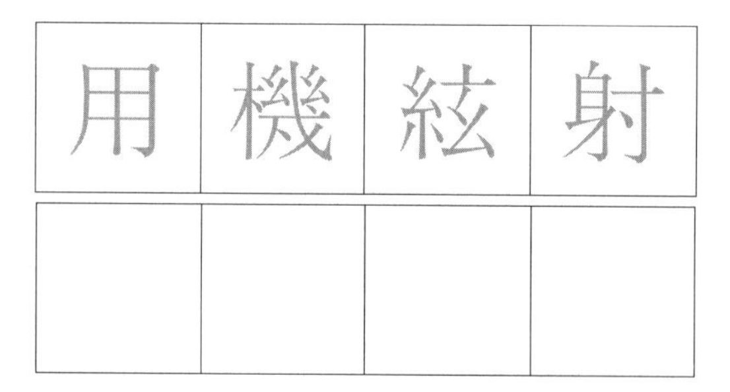

用	機	絃	射

주머니에서 돌을 취하여 물매에 넣어 던졌더라. (삼상 17:49)

Put his hand into his bag and took from it a stone and slung it.

*sling [sliŋ] (p., pp. slung [slʌŋ]) vt. 투석기로 던지다, 던지다

從囊中掏出一块石子来, 用机弦甩去,

石	入	額	內
돌(석)	들(입)	이마(액)	안(내)

遂	仆	於	地
이를(수)	넘어질(복)	에(어)	땅(지)

돌이 그의 이마에 박히니,

그(골리앗)가 땅에 거꾸러졌다.

石	入	額	內

遂	仆	於	地

돌이 그의 이마에 박히니 땅에 넘어지니라. (삼상 17:49)

The stone sank into his forehead, so that fell on to the ground.

石子进入额内, 他就仆倒, 面伏于地.

彼	刀	出	鞘
그(피)	칼(도)	날(출)	칼집(초)

斬	其	首	級
벨(참)	그(기)	머리(수)	목(급)

그(다윗)가 칼을 칼집에서 빼서

그(골리앗)의 머리를 베었다.

彼	刀	出	鞘

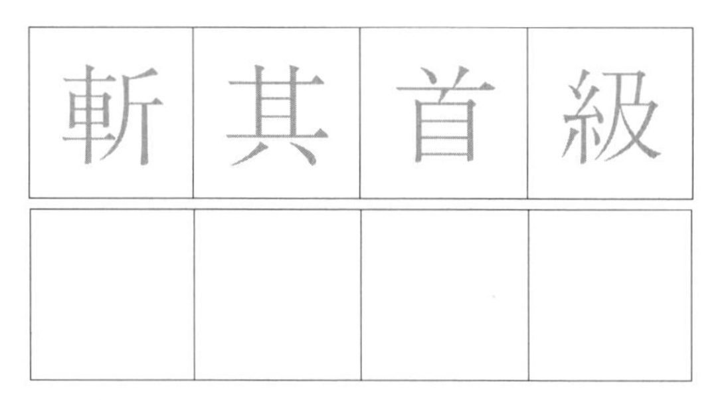

그(다윗)가 칼집에서 칼을 빼어 그(골리앗)의 머리를 베니라. (삼상 17:51)

*首級(수급): 전쟁에서 베어 얻은 적군의 머리 *級(급): 등급, 목, 수급, 위치, 차례, 계단

Took his sword and cut off his head.

将他的刀从鞘中拔出来, 割了他的头.

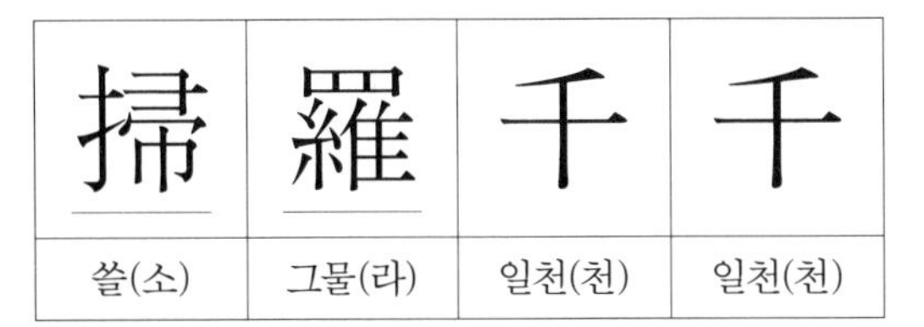

掃	羅	千	千
쓸(소)	그물(라)	일천(천)	일천(천)

사울은 (죽인 자가) **천천이요**

大	衛	萬	萬
큰(대)	지킬(위)	일만(만)	일만(만)

다윗은 (죽인 자가) **만만이다.**

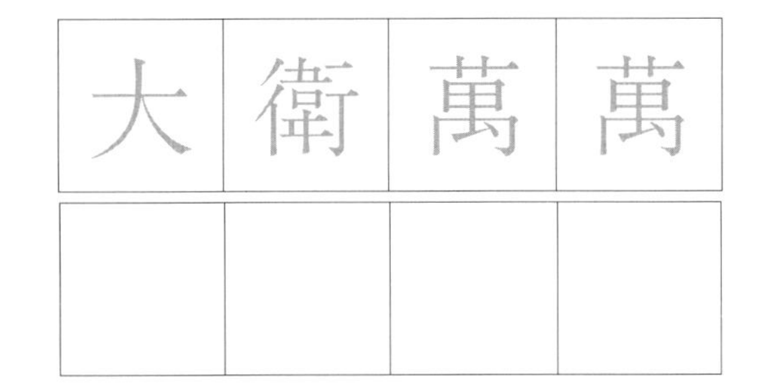

사울은 천천이요 다윗은 만만이로다. (삼상 18:7)

Saul (has slain) his thousands, and David his ten thousands.

扫罗杀死千千, 大卫杀死万万.

掃	羅	怒	甚
쓸(소)	그물(라)	성낼(노)	심할(심)

不	悅	其	言
아닐(불)	기쁠(열)	그(기)	말씀(언)

사울이 심히 노하고

이 말에 불쾌하였다.

掃	羅	怒	甚

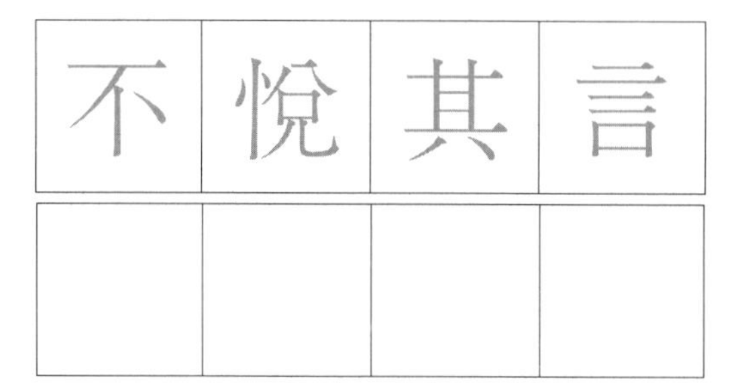

不	悅	其	言

사울이 심히 노하고 이 말에 불쾌하였더라. (삼상 18:8)

*不(부,불): 아니다, 아니하다, 못하다

Then Saul became very angry, for this saying displeased him.

扫罗甚发怒, 不喜悦这话,

掃	羅	遣	使
쓸(소)	그물(라)	보낼(견)	사신(사)

사울이 사신을 보내며

觀	大	衛	曰
볼(관)	큰(대)	지킬(위)	말씀(왈)

다윗을 잘 관찰하라 말했다.

掃	羅	遣	使

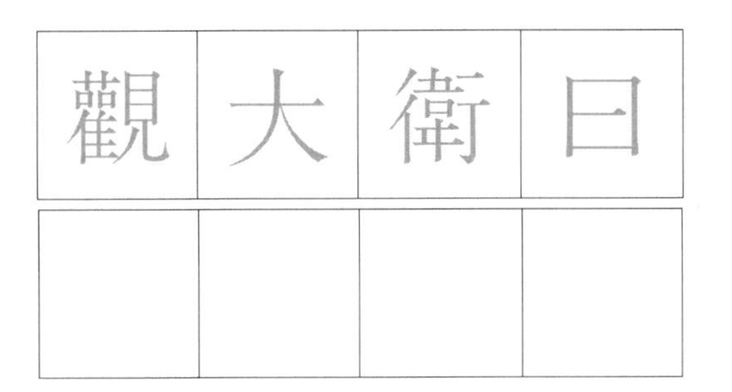

사울이 사자를 보내어 다윗을 보라 하며 이르되 (삼상 19:15)

Then Saul sent the men back to see David and told them,

扫罗又打发人去看大卫, 说:

牀	負	之	來
침상(상)	질(부)	그리고(지)	올(래)

(그를) 침상채로 들고 오라,

我	欲	殺	之
나(아)	하고자할(욕)	죽일(살)	갈(지)

내가 (그를) 죽일 것이다.

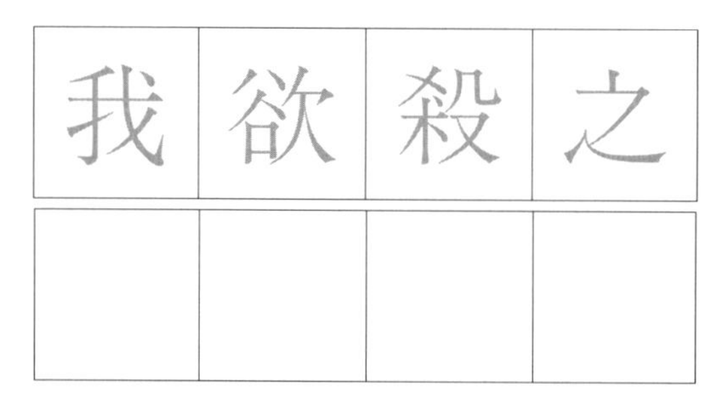

(그를) 침상채로 내게 들고 오라, 내가 (그를) 죽이리라. (삼상 19:15)

Bring him up to me in his bed so that I may kill him.

当连床将他抬来, 我好杀他.

大	衛	逃	遁
큰(대)	지킬(위)	달아날(도)	숨을(둔)

奔	至	拉	瑪
달릴(분)	이를(지)	끌(랍)	마노(마)

다윗이 도피하여

라마에 이르렀다.

大	衛	逃	遁

奔	至	拉	瑪

다윗이 도피하여 라마로 가서 살았더라. (삼상 19:18)

So David fled, and escaped, and came to Ramah.

大卫逃避, 来到拉玛, 去居住.

非	利	士	與
아닐(비)	이로울(리)	선비(사)	더불(여)

블레셋과

以	色	列	戰
써(이)	빛(색)	벌일(열)	전쟁(전)

이스라엘이 전쟁을 하였다.

以	色	列	戰

블레셋 사람들과 이스라엘이 전쟁을 하매 (삼상 31:1)

Now the Philistines fought against Israel

非利士人与以色列人争战.

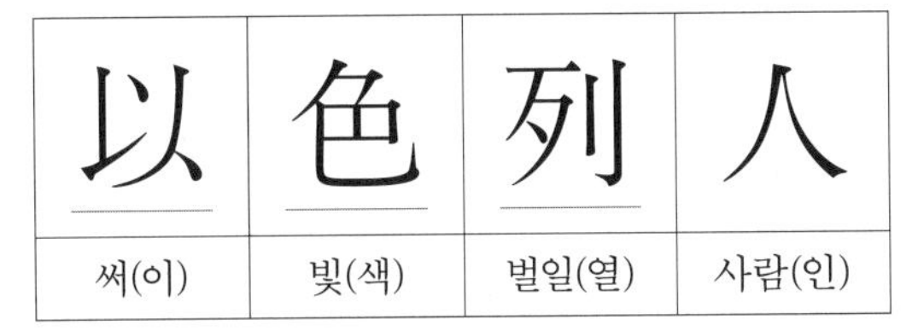

以	色	列	人
써(이)	빛(색)	벌일(열)	사람(인)

倒	斃	者	衆
넘어질(도)	죽을(폐)	사람(자)	무리(중)

이스라엘 사람들이

엎드러져 죽은 사람이 많았다.

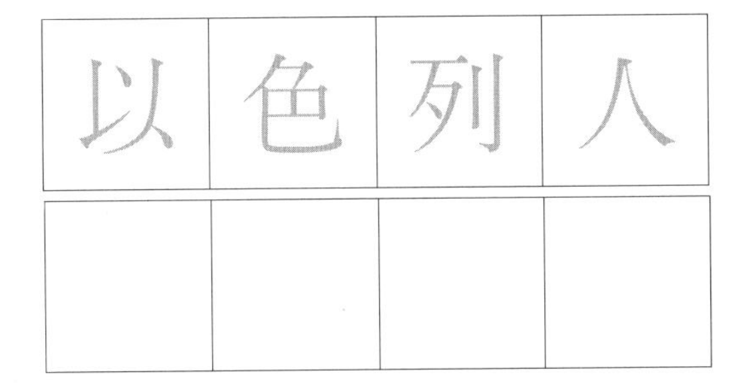

倒 斃 者 衆

이스라엘 사람들이 엎드러져 죽으니라. (삼상 31:1)

The Israelites fled before them, and many fell slain.

以色列人, 有被杀仆倒的.

非	利	士	人
아닐(비)	이로울(리)	선비(사)	사람(인)

追	襲	掃	羅
쫓을(추)	엄습할(습)	쓸(소)	그물(라)

블레셋 사람들이 **사울을 습격하며 추격했다.**

非	利	士	人

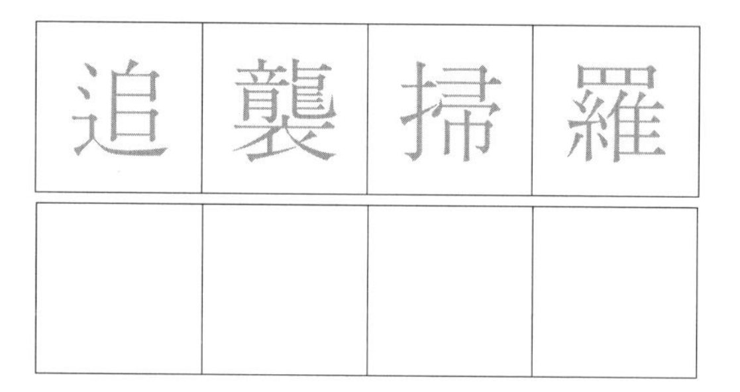

追	襲	掃	羅

블레셋 사람들이 사울을 추격하였더니 (삼상 31:2)

The Philistines overtook Saul,

*overtake [òuvərtéik] vt. (-took, -taken) …을 따라잡다(붙다), 추격하다, 추월하다

非利士人紧追扫罗,

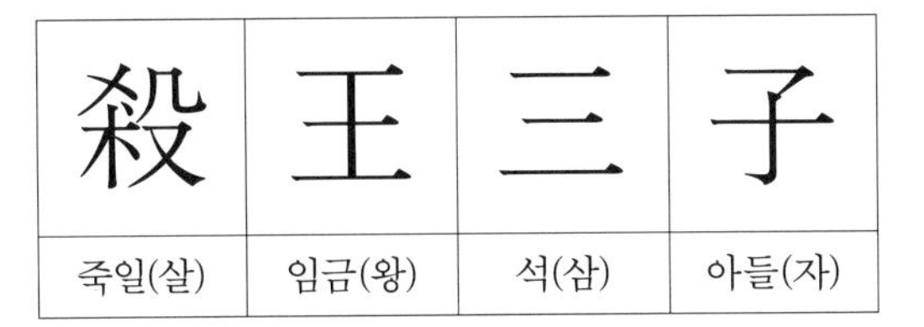

왕의 세 아들이 살해되었고,

殺	王	三	子

身	受	重	傷
몸(신)	받을(수)	무거울(중)	다칠(상)

왕 자신은 중상을 입었다.

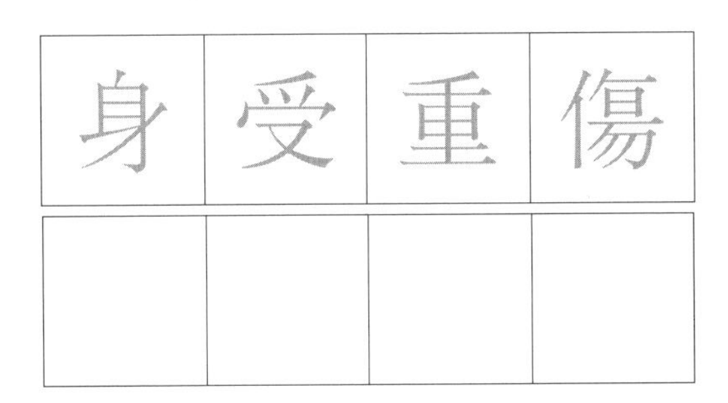

세 아들은 죽었고 (삼상 31:2) 자신은 중상을 입었더라. (삼상 31:3)

Saul's sons slew and Saul was badly wounded.

*slay [slei] vt. (slew [slu:], slain [slein]) 죽이다, 살해하다

就杀了扫罗的儿子, 扫罗, 射伤甚重,

撒	母	耳	記	下
뿌릴(살)	어미(모)	귀(이)	기록할(기)	아래(하)

사무엘하

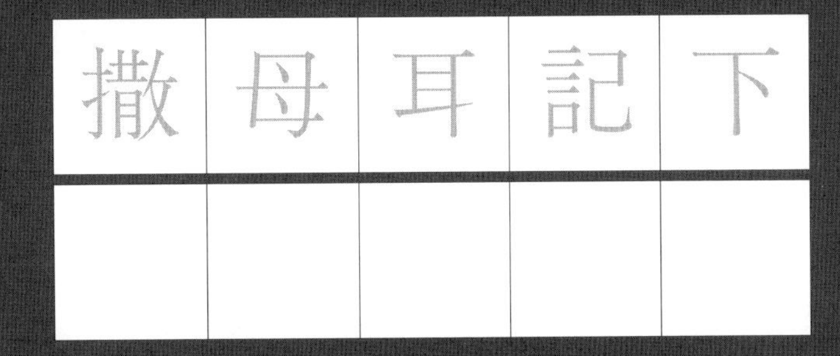

다윗 왕은 씻을 수 없는 범죄를 저지른 뒤 인과응보를 겪게 되면서 처절한 회개를 한다. 회개와 자복을 통해 하나님의 축복이 임하는 구속사의 교훈이 기록됨. ('撒母耳'는 'Samuel'을 한자로 표기한 것)

2 Samuel [sǽmjuəl]

掃	羅	死	後
쓸(소)	그물(라)	죽을(사)	뒤(후)

사울이 죽은 후

至	第	三	日
이를(지)	차례(제)	석(삼)	날(일)

사흘째 되는 날이었다.

掃	羅	死	後

至	第	三	日

사울이 죽은 후 (삼하 1:1) 사흘째 되는 날에 (삼하 1:2)

Now it came about after the death of Saul, on the third day,

扫罗死后, 第三天,

有	人	營	來
있을(유)	사람(인)	진영(영)	올(래)

한 사람이 진영에서 왔는데,

有	人	營	來

衣	服	撕	裂
옷(의)	옷(복)	찢을(시)	찢을(렬)

그의 옷은 찢어져 있었다.

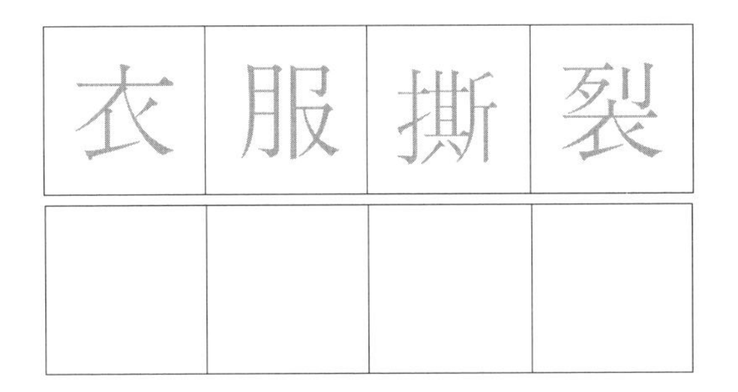

衣	服	撕	裂

한 사람이 진영에서 왔는데 그의 옷은 찢어졌더라. (삼하 1:2)

*撕(시): 쪼개다, 찢다

A man came out of the camp from Saul, with his clothes torn.

*tear [tɛər] vt. (tore [tɔ:r], torn [tɔ:rn]) 찢다, 뜯다

有一人(从扫羅的)营里出来, 衣服撕裂,

首	蒙	塵	埃
머리(수)	덮을(몽)	티끌(진)	티끌(애)

머리에는 티끌로 덮여 있었다.

首	蒙	塵	埃

伏	地	而	拜
엎드릴(복)	땅(지)	말이을(이)	절(배)

(다윗에게) 와서 땅에 엎드려 절했다.

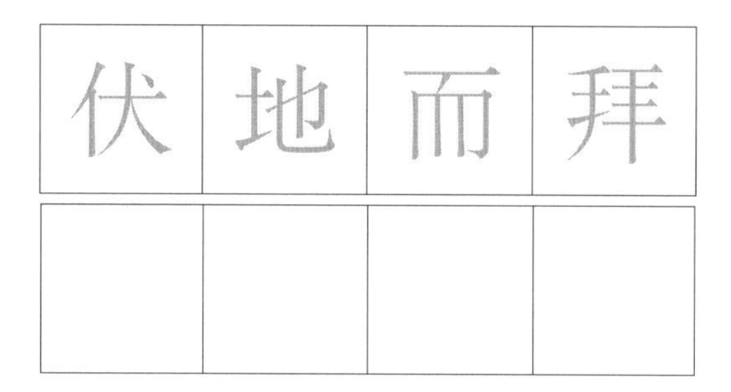

伏	地	而	拜

머리에는 티끌로 덮였는데, (다윗에게) 나아와 땅에 엎드려 절하더라. (삼하 1:2)

Dust on his head and he fell to the ground and prostrated himself.

*prostrate [prástreit] vt. 엎드려, 뒤엎다, 엎드리다

头蒙灰尘, (到大卫面前)伏地叩拜.

大	衛	問	之
큰(대)	지킬(위)	물을(문)	이(지)

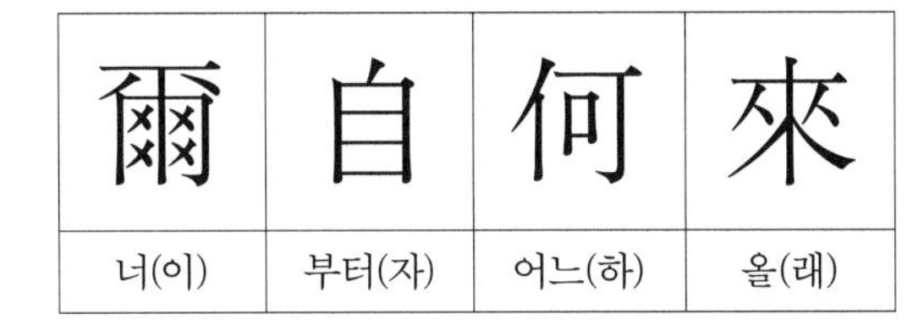

爾	自	何	來
너(이)	부터(자)	어느(하)	올(래)

다윗이 그에게 물었다.

너는 어디서 왔느냐?

大	衛	問	之

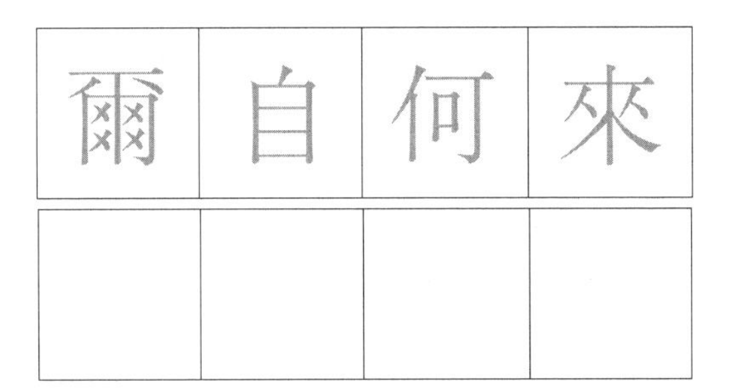

爾	自	何	來

다윗이 그에게 묻되 너는 어디서 왔느냐 (삼하 1:3)

David asked him, where have you come from,

大卫问他说:「你从哪里来?」

以	色	列	營
써(이)	빛(색)	벌일(열)	진영(영)

逃	遁	而	來
도망할(도)	숨을(둔)	하면서(이)	올(래)

이스라엘 진영에서

도망하여 왔습니다.

以	色	列	營

逃	遁	而	來

이스라엘 진영에서 도망하여 왔나이다. (삼하 1:3)

*營(영): 경영하다, 진영, 짓다, 꾀하다, 계획하다 *而(이): 말을 잇다, 하면서, 그리고, 로서, 에, 같다, 그대, 만약, 뿐, 그러나

I have escaped from the Israelite camp.

「(我从)以色列的营里逃来.」

大	衛	對	曰
큰(대)	지킬(위)	대할(대)	말씀(왈)

다윗이 말하기를

其	事	如	何
그(기)	일(사)	같을(여)	어찌(하)

그래서 어떤 일이 있었느냐?

大	衛	對	曰

其	事	如	何

다윗이 이르되 일이 어떻게 되었느냐 (삼하 1:4)

David asked, what happened,

大卫又问他说: 事情怎样?

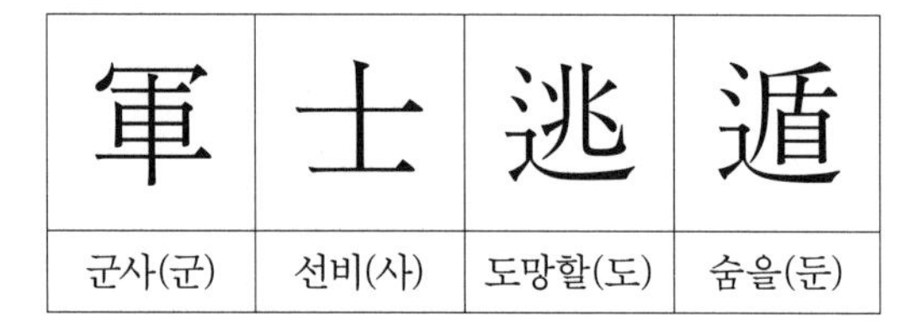

軍	士	逃	遁
군사(군)	선비(사)	도망할(도)	숨을(둔)

군사들이 도망하고

斃	者	甚	衆
죽을(폐)	사람(자)	심할(심)	무리(중)

죽은 자들이 심히 많았습니다.

軍	士	逃	遁

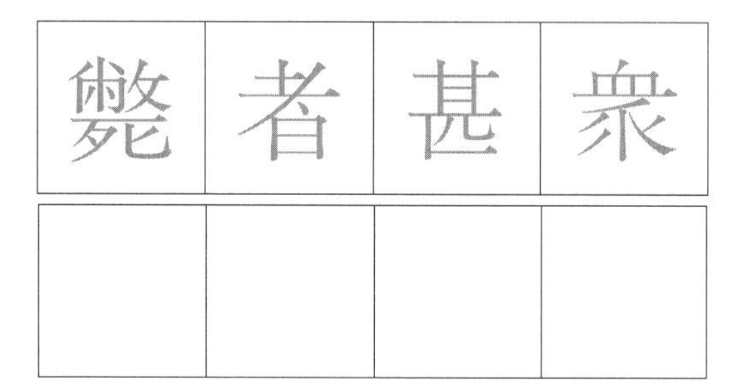

斃	者	甚	衆

군사가 (전쟁 중에) 도망하기도 하였고, 무리 중에 엎드러져 죽은 자도 많았고 (삼하 1:4)
The men fled from the battle, many of them fell and died,
百姓从阵上逃跑, 也有许多人仆倒死亡;

掃	羅	與	子
쓸(소)	그물(라)	더불(여)	아들(자)

約	拿	單	死
맺을(약)	잡을(나)	홑(단)	죽을(사)

사울과 그 아들

요나단도 죽었습니다.

掃	羅	與	子

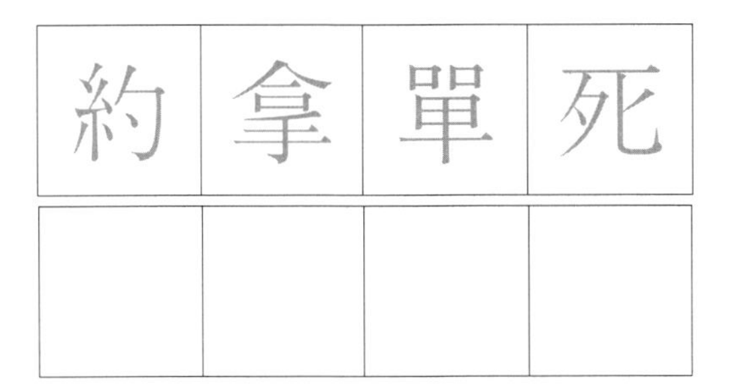

사울과 그 아들 요나단도 죽었나이다. (삼하 1:4)

Saul and his son Jonathan are dead.

扫罗和他儿子约拿单也死了.

王	與	子	死
임금(왕)	더불(여)	아들(자)	죽을(사)

(사울) **왕과 그 아들** (요나단)**의 죽은 것을**

王	與	子	死

爾	何	以	知
너(이)	어찌(하)	까닭에(이)	알(지)

네가 어떻게 아느냐?

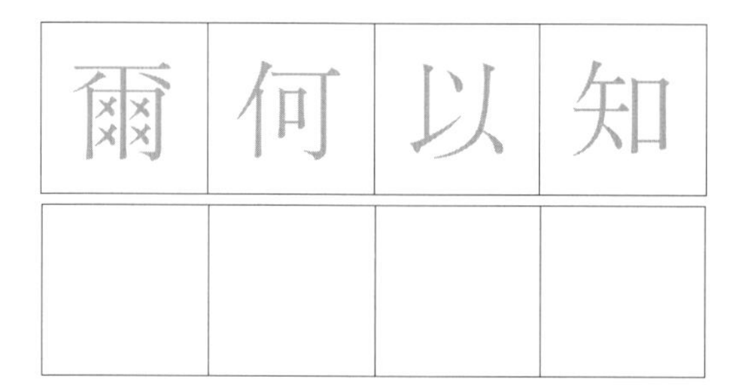

爾	何	以	知

사울(왕)과 그 아들 요나단의 죽은 줄을 네가 어떻게 아느냐. (삼하 1:5)

*以(이): 써, 까닭에, 때문에, 부터, 거느리다

How do you know that Saul and his son Jonathan are dead.

你怎么知道扫罗和他儿子(约拿单)死了呢?

我	偶	至	山
나(아)	우연(우)	이를(지)	뫼(산)

내가 우연히 산에 이르렀습니다.

我	偶	至	山

基	利	波	阿
터(기)	이로울(리)	물결(파)	언덕(아)

그 산이 길보아산이었습니다.

基	利	波	阿

내가 우연히 길보아산에 이르러 보니 (삼하 1:6)

*偶(우): 짝, 우연, 허수아비, 배필, 마침

I happened to be on Mount Gilboa.

我偶然到基利波山,

彼	回	首	見
그(피)	돌릴(회)	머리(수)	볼(견)

則	呼	我	來
곧(즉)	부를(호)	나(아)	올(래)

사울이 머리를 돌려 바라보며

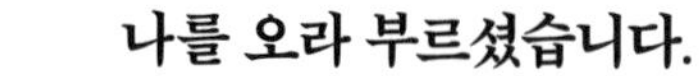

나를 오라 부르셨습니다.

彼	回	首	見

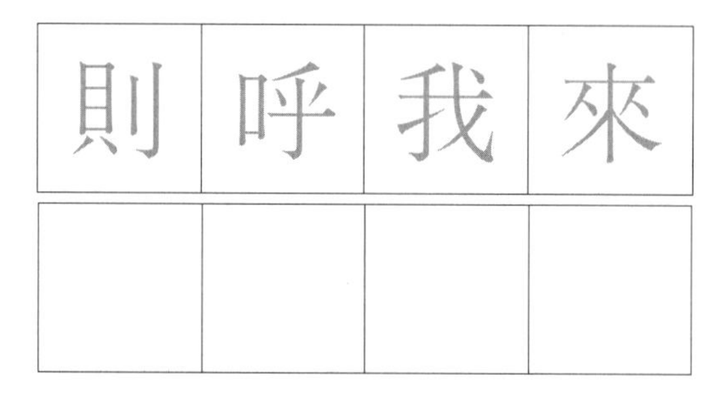

則	呼	我	來

사울이 뒤로 돌이켜 나를 보고 부르셨나이다. (삼하 1:7)

When he turned around and saw me, he called out to me.

他回头看见我, 就呼叫我.

生	命	僅	存
살(생)	목숨(명)	겨우(근)	있을(존)

목숨이 아직 있었습니다.

生	命	僅	存

求	爾	殺	我
구할(구)	너(이)	죽일(살)	나(아)

너에게 부탁하니, 나를 죽여 달라 했습니다.

求	爾	殺	我

목숨이 아직 있을 때, 너에게 부탁하니 나를 죽이라 하였기로 (삼하 1:9)

My life still lingers in me, please kill me.

他说:「请你来, 将我杀死, 我的生命尚存.」

遂	近	殺	之
이를(수)	가까울(근)	죽일(살)	갈(지)

가까이 가서 그를 죽였습니다.

取	首	上	冕
가질(취)	머리(수)	위(상)	면류관(면)

(그리고) **머리에 있는 왕관을 취했습니다.**

遂	近	殺	之

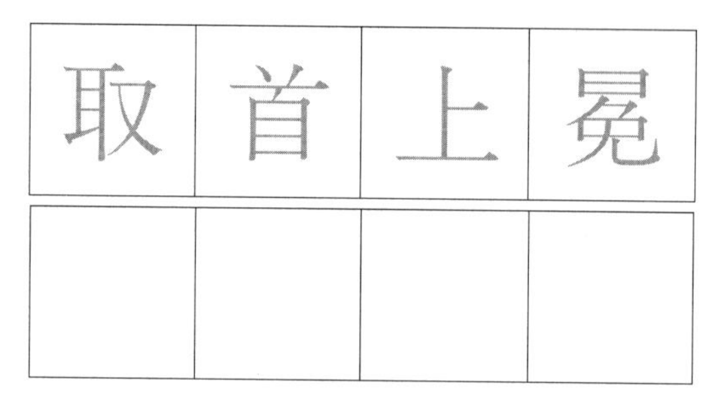

取	首	上	冕

가까이 가서 그를 죽이고 머리에 있는 왕관을 취하였나이다. (삼하 1:10)

*之(지): ~하였다

Killed him, And took the crown which was on his head.

就去将他杀死, 把他头上的冠冕,

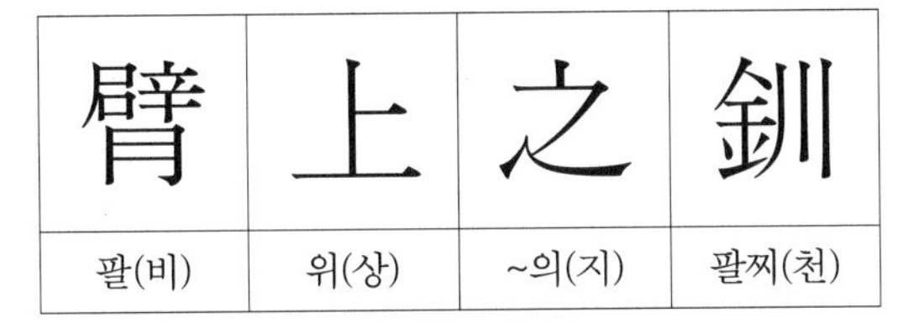

臂	上	之	釧
팔(비)	위(상)	~의(지)	팔찌(천)

攜	至	主	前
가질(휴)	이를(지)	주님(주)	앞(전)

팔에 있는 팔찌도

벗겨서 주께로 가져 왔습니다.

臂	上	之	釧

攜	至	主	前

팔에 있는 팔찌를 벗겨서 주께로 가져 왔나이다. (삼하 1:10)

The bracelet which was on his arm and brought them here to my Lord.

*bracelet [bréislit] n. 팔찌, 수갑

臂上的镯子拿到我主这里.

大	衛	裂	衣
큰(대)	지킬(위)	찢을(열)	옷 (의)

從	者	亦	然
따를(종)	사람(자)	또(역)	그러할(연)

다윗이 자기 옷을 찢었다.

함께 있는 모든 사람도 그리했다.

大	衛	裂	衣

從	者	亦	然

다윗이 자기 옷을 찢으매 함께 있는 모든 사람도 그리하였더라. (삼하 1:11).

Then David tore of his clothes and all the men who were with him.

*tear [tiər] (p. tore, pp. torn) v. 찢다

大卫就撕裂衣服, 跟随他的人也是如此,

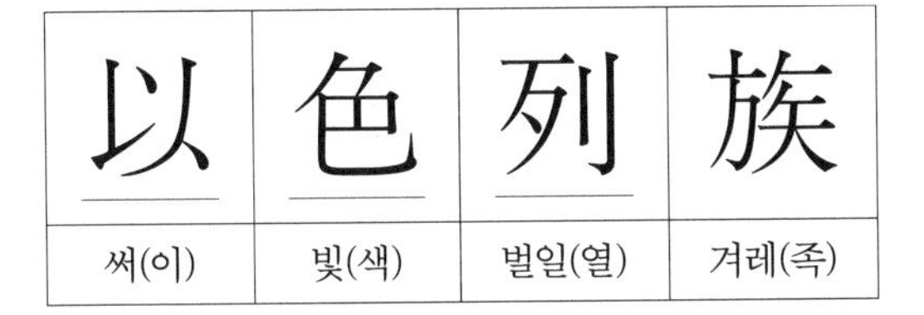

以	色	列	族
써(이)	빛(색)	벌일(열)	겨레(족)

이스라엘 족속도

以	色	列	族

悲	哀	哭	泣
슬플(비)	슬플(애)	울(곡)	울(읍)

슬피 울었다.

悲	哀	哭	泣

이스라엘 족속도 슬피 우니라. (삼하 1:12)

The house of Israel, they grieved and mourned.

而且悲哀哭号, 并民以色列家的人,

膏	大	衛	立
기름(고)	큰(대)	지킬(위)	설(립)

다윗에게 기름을 부어 세웠으니,

猶	大	族	王
오히려(유)	큰(대)	겨레(족)	임금(왕)

(바로) 유다 민족의 왕이다.

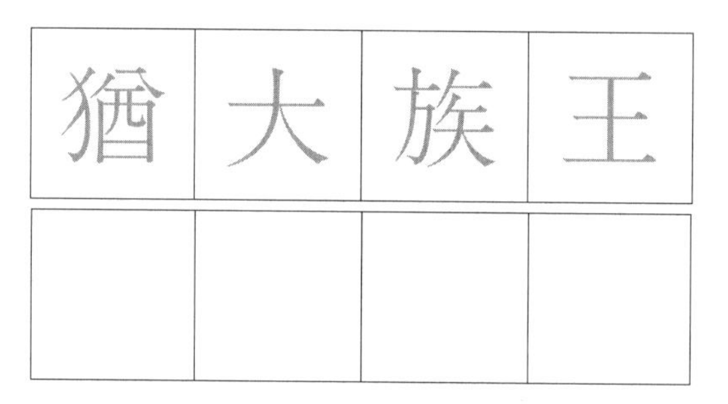

다윗에게 기름을 부어 유다 족속의 왕을 삼았더라. (삼하 2:4)

They anointed David as king over the house of Judah.

*anoint [ənɔ́int] vt. 기름을 붓다, 기름을 바르다

在那里膏大卫作犹大家的王.

日	漸	昌	大
날(일)	점점(점)	창성할(창)	큰(대)

主	之	同	在
여호와(주)	가(지)	함께(동)	있을(재)

날로 점점 강성해진 것은

여호와께서 함께하셨기 때문이다.

日	漸	昌	大

主	之	同	在

날로 점점 강성하여짐은 여호와께서 함께하심이라. (삼하 5:10)

*之(지): 가, 이

David became greater and greater, God of hosts was with him.

(大卫)日见强盛, (因为耶和华万军之)神与他同在.

主	知	立	彼
여호와(주)	알(지)	설(입)	그(피)

以	色	列	王
써(이)	빛(색)	벌일(열)	임금(왕)

여호와께서 아시고 그를 세우셔서 **이스라엘 왕으로 삼으셨다.**

主	知	立	彼

以	色	列	王

여호와께서 아시고 그를 세우사 이스라엘 왕으로 삼으셨도다. (삼하 5:12)

The Lord had established him as king over Israel.

*establish [istǽbliʃ] vt. 세우다, 설립하다

(大卫就)知道耶和华坚立他作以色列王,

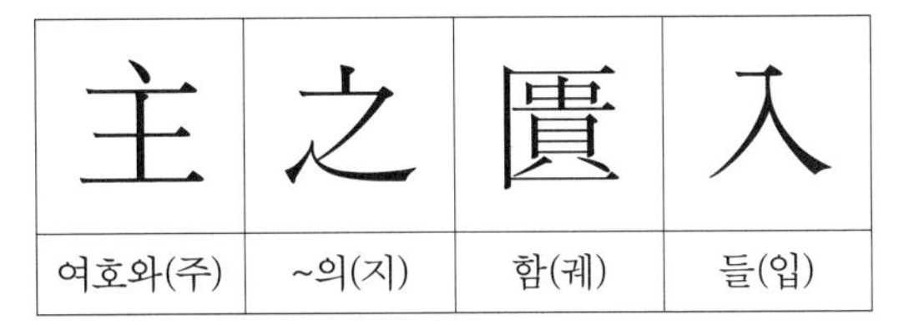

主	之	匱	入
여호와(주)	~의(지)	함(궤)	들(입)

大	衛	之	城
큰(대)	지킬(위)	~의(지)	성(성)

여호와의 궤 입성식 때

즉, 다윗의 성으로 (들어올 때였다).

主	之	匱	入

大	衛	之	城

여호와의 궤가 다윗의 성으로 들어올 때에 (삼하 6:16)

The ark of the Lord came into the city of David,

耶和华的约柜进了大卫城的时候,

大	衛	踊	躍
큰(대)	지킬(위)	뛸(용)	뛸(약)

舞	蹈	主	前
춤출(무)	춤출(도)	여호와(주)	앞(전)

다윗이 기뻐 뛰며 **여호와 앞에서 춤을 추었다.**

大	衛	踊	躍

舞	蹈	主	前

다윗 왕이 여호와 앞에서 뛰놀며 춤을 추었더라. (삼하 6:16)

King David leaping and dancing before the Lord.

大卫王在耶和华面前踊跃跳舞,

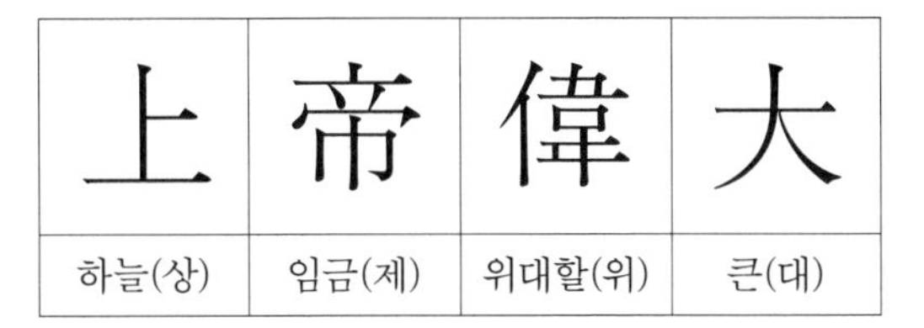

하나님은 위대하시니,

上	帝	偉	大

하나님은 위대하시니 주와 같은 이가 없나이다. (삼하 7:22)

You are great, O Lord God, for there is none like you.

主耶和华啊, 你本为大, 没有可比你的;

一	日	將	暮
한(일)	날(일)	장차(장)	저물(모)

어느 날 저녁 무렵

一	日	將	暮

王	自	牀	起
임금(왕)	부터(자)	침상(상)	일어날(기)

왕이 그의 침상에서 일어났다.

王	自	牀	起

어느 저녁때에 왕이 그의 침상에서 일어났더라. (삼하 11:2)

When evening came King arose from his bed,

一日, 太阳平西, 大卫从床上起来,

見	一	婦	浴
볼(견)	한(일)	여인(부)	목욕(욕)

한 여인이 목욕을 하는 것을 보았다.

見	一	婦	浴

婦	貌	甚	美
여인(부)	모양(모)	심할(심)	아름다울(미)

그 여인이 심히 아름다워 보였다.

婦	貌	甚	美

한 여인이 목욕을 하는데 심히 아름다워 보였더라. (삼하 11:2)

He saw a woman bathing, and she was very beautiful.

看见一个妇人沐浴, 容貌甚美,

大	衛	遣	人
큰(대)	지킬(위)	보낼(견)	사람(인)

다윗이 사람을 보내어

問	婦	爲	誰
물은(문)	여인(부)	할(위)	누구(수)

그 여인이 누구인지 알아보게 했다.

大	衛	遣	人

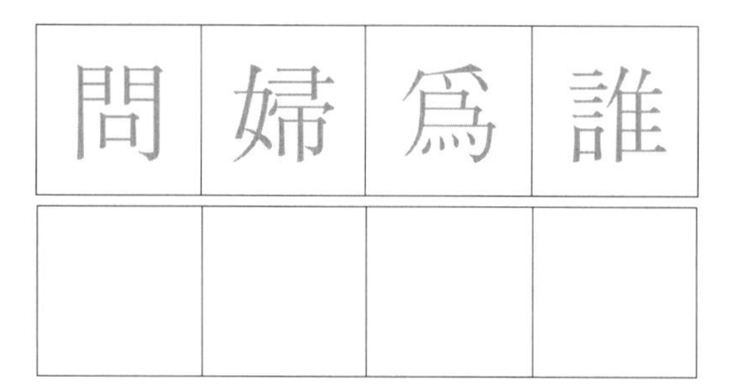

다윗이 사람을 보내 그 여인을 알아보게 하였더라. (삼하 11:3)

So David sent a messenger and inquired about the woman.

*inquire [inkwáiər] vt. 문의하다, 알아보다, 묻다, 질문하다

大卫就差人打听那妇人是谁.

王	取	婦	人
임금(왕)	가질(취)	여인(부)	사람(인)

與	婦	同	寢
함께(여)	여인(부)	같을(동)	잘(침)

왕(다윗)은 여인을 취하고 **여인과 함께 동침하였다.**

王	取	婦	人

與	婦	同	寢

그 여자를 자기에게로 데려오게 하고 그 여자와 동침하였더라. (삼하 11:4)

David took her, and he lay with her.

大卫差人去, 将妇人接来; 大卫与她同房,

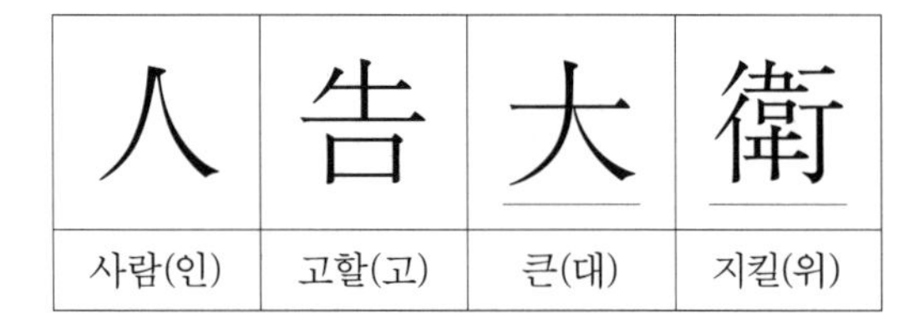

人	告	大	衛
사람(인)	고할(고)	큰(대)	지킬(위)

婦	懷	孕	矣
여자(부)	품을(회)	아이밸(잉)	이다(의)

사람을 통해 다윗에게 고했다.

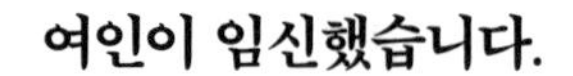

여인이 임신했습니다.

人	告	大	衛

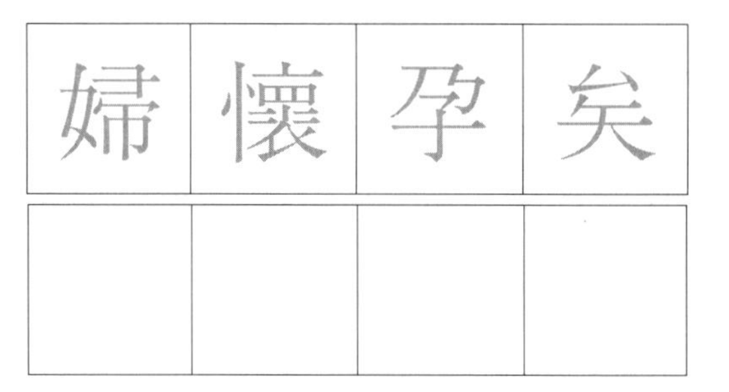

婦	懷	孕	矣

다윗에게 말하여 이르되 여인이 임신하였나이다. (삼하 11:5)

She sent a message and told David, and said, “I am pregnant”.

打发人去告诉大卫说:「我怀了孕.」

王	見	臣	僕
임금(왕)	볼(견)	신하(신)	종(복)

왕은 그의 신복을 보았다,

王	見	臣	僕

低	聲	私	語
낮을(저)	소리(성)	개인(사)	말(어)

낮은 목소리로 말하는 것이었다.

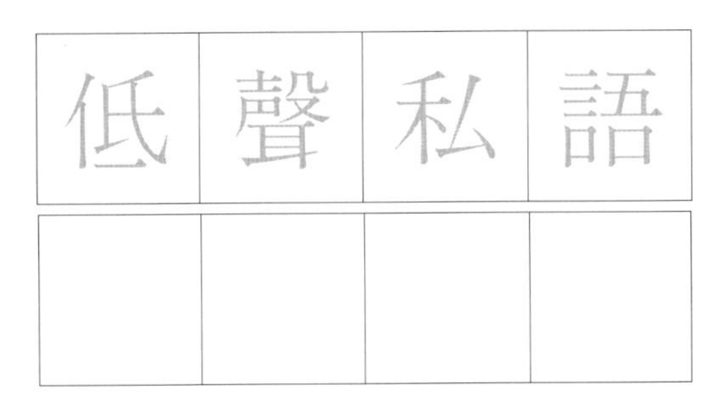

低	聲	私	語

왕은 그의 신복이 서로 수군거리는 것을 보았더라. (삼하 12:19)

King saw that his servants were whispering together,

大卫见臣仆彼此低声说话,

問	臣	僕	曰
물은(문)	신하(신)	종(복)	말씀(왈)

그의 신복들에게 물었다.

子	已	死	乎
아들(자)	이미(이)	죽을(사)	느냐(호)

아들이 이미 죽었느냐?

子	已	死	乎

그의 신복들에게 묻되 아이가 죽었느냐. (삼하 12:19)

David said to his servants, Is the child dead?

问臣仆说:「孩子死了吗?」

王	慰	其	妻
임금(왕)	위로할(위)	그(기)	아내(처)

與	之	同	寢
함께(여)	갈(지)	합칠(동)	잘(침)

왕이 그의 아내를 위로했다.

그리고 함께 동침했다.

王	慰	其	妻

與	之	同	寢

왕이 그의 아내를 위로하고 그와 동침하였더라. (삼하 12:24)

*同(동): 한가지, 합치다, 함께, 같다, 화합하다, 모이다, 회동하다 *之(지): ~와

King comforted his wife, and lay with her.

大卫安慰他的妻, 与她同寝,

其	妻	生	子
그(기)	아내(처)	날(생)	아들(자)

名	所	羅	門
이름(명)	바(소)	그물(라)	문(문)

그녀가 아들을 낳으니

이름을 솔로몬이라 했다.

其	妻	生	子

名	所	羅	門

그녀가 아들을 낳으니 솔로몬이라 하였더라. (삼하 12:24)

She gave birth to a son, and he named him Solomon.

她就生了儿子, 给他起名叫所罗门.

열왕기상

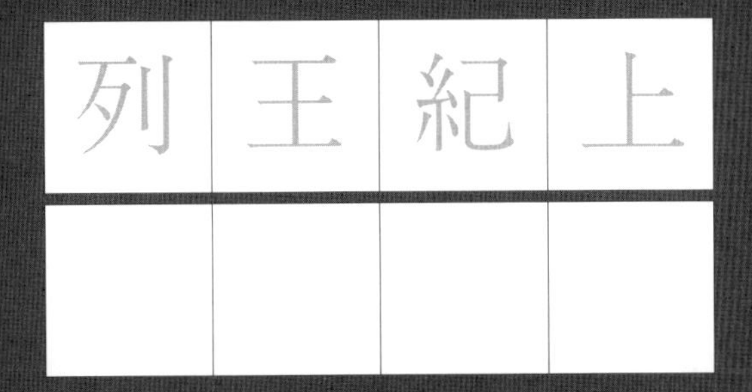

솔로몬의 통일왕국에서 분열왕국에 이르기까지 이스라엘의 흥망성쇠가 선지자의 입장에서 기록됨.

1 Kings [kiŋz]

王	臨	終	時
임금(왕)	임할(임)	마칠(종)	때(시)

囑	所	羅	門
부탁할(촉)	바(소)	그물(라)	문(문)

왕이 죽을 날이 임박하여

솔로몬에게 부탁했다.

王	臨	終	時

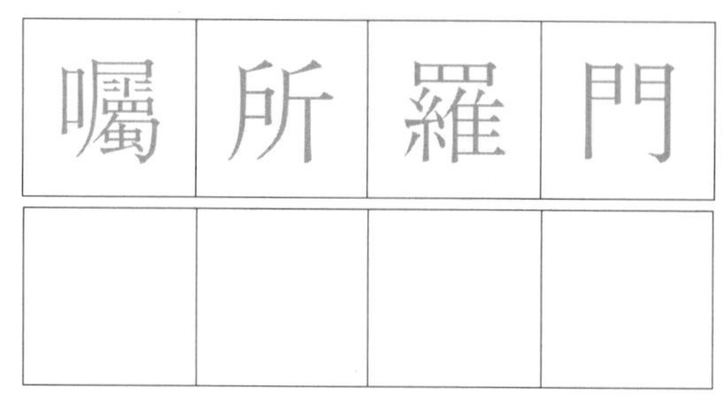

왕이 죽을 날이 임박하매 솔로몬에게 부탁하였더라. (왕상 2:1)

As David's time to die drew near, he charged Solomon his son, saying.

大卫的死期临近了, 就嘱吩他儿子所罗门说:

내가 이제 장차 가야 할 길을 간다.

세상 모든 사람이 가는 길이다.

我 今 將 行

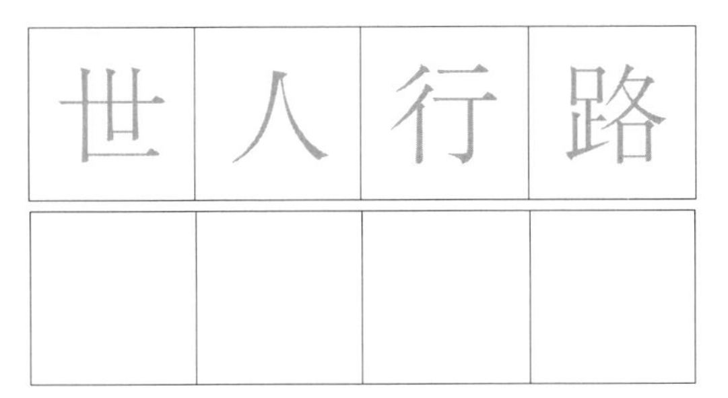

내가 이제 세상 모든 사람이 가는 길로 가게 되었구나. (왕상 2:2)

I am going the way of all the earth.

我现在要走世人必走的路.

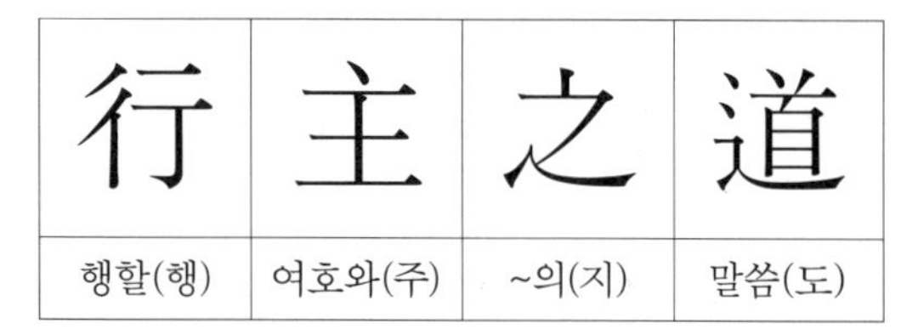

守	其	典	章
지킬(수)	그(기)	법(전)	글(장)

여호와의 말씀을 행하라.

그리고 그분의 모든 법과 규정을 지키라.

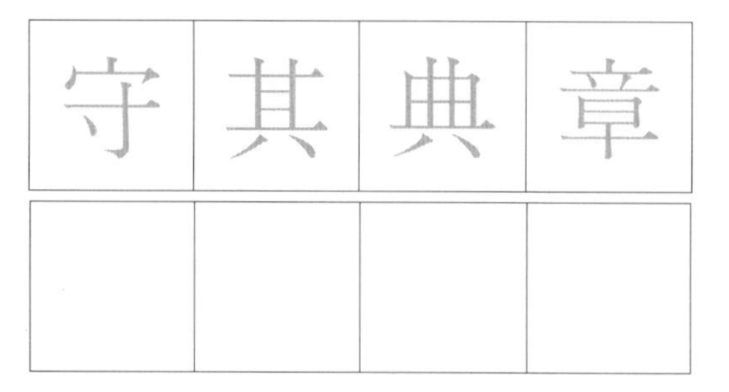

여호와의 말씀을 따라 그분의 모든 법과 규정을 행하라. (왕상 2:3)

The Lord your God requires, walk in his ways to keep his commandments.

行主的道, 谨守他的律例.

摩	西	律	法
문지를(마)	서쪽(서)	법칙(율)	법(법)

無	不	亨	通
없을(무)	아닐(불)	형통할(형)	통할(통)

모세의 율법은

무엇을 하든지 형통하게 할 것이다.

摩	西	律	法

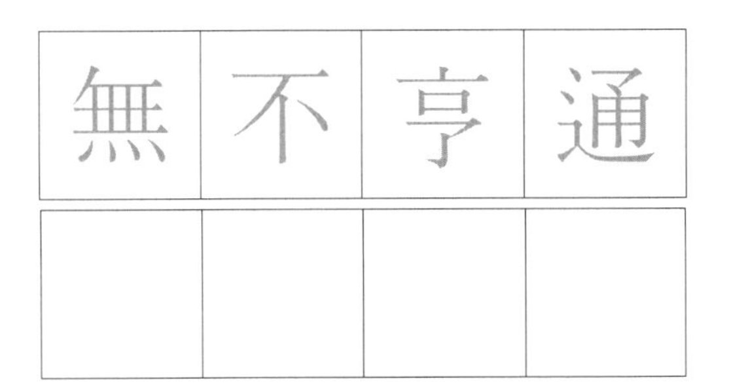

無	不	亨	通

모세의 율법은 무엇을 하든지 형통하게 할지라. (왕상 2:3)

The Law of Moses, that you may succeed in all that you do.

摩西律法, 尽都亨通.

所	羅	門	繼
바(소)	그물(라)	문(문)	이을(계)

大	衛	之	位
큰(대)	지킬(위)	~의(지)	자리(위)

솔로몬이 계승한 것은

다윗 왕의 자리였다.

所	羅	門	繼

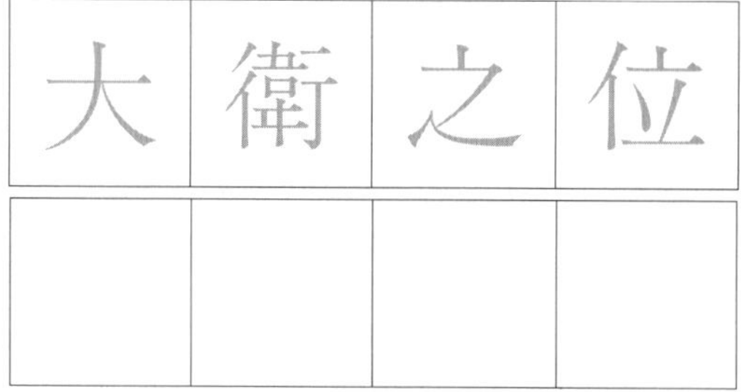

大	衛	之	位

솔로몬이 계승하여 그의 아버지 다윗의 왕 자리에 앉았느니라. (왕상 2:12)

And Solomon sat on the throne of David his father.

*throne [θroun] n. 계승, 왕좌, 옥좌, 왕위, 제위

所罗门坐他父亲大卫的位,

主	謂	之	曰
여호와(주)	이를(위)	~의(지)	말씀(왈)

하나님이 이르러 말씀하시기를,

爾	旣	求	此
너(이)	이미(기)	구할(구)	이(차)

네가 이미 이것을 구했구나.

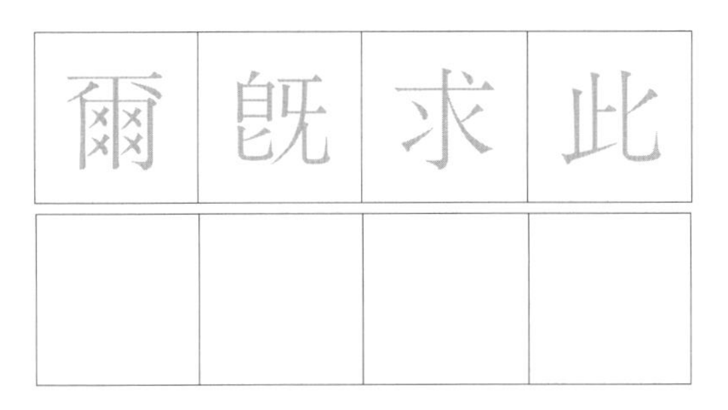

하나님이 그에게 가라사대 네가 이것을 구하는데, (왕상 3:11)

So God said to him, you have asked for this,

神对他说:「你既然求这事,」

但	求	智	慧
다만(단)	구할(구)	지혜(지)	지혜(혜)

다만 지혜를 구했구나.

俾	可	聽	訟
더할(비)	옳을(가)	들을(청)	송사할(송)

송사를 듣고 옳은 것을 더하려 했구나.

但	求	智	慧

俾	可	聽	訟

다만 지혜를 구하였으니 송사를 듣고 분별함을 더하려 하는구나. (왕상 3:11)

Have asked for yourself discernment to understand justice.

*discern [disə́:rn] vt. 분별하다, 식별하다

单求智慧可以听讼,

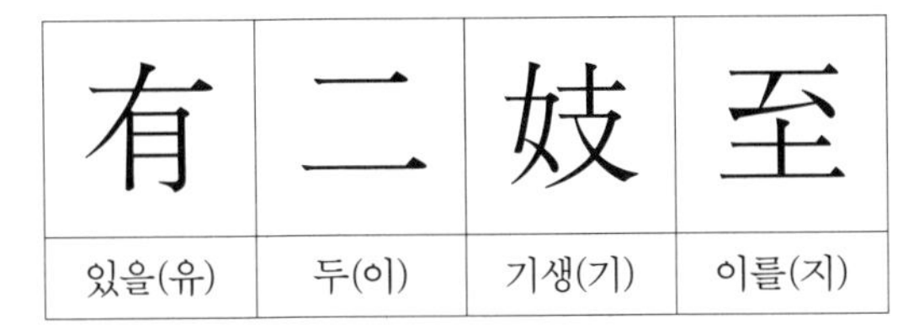

有	二	妓	至
있을(유)	두(이)	기생(기)	이를(지)

두 명의 기녀가 와서

立	於	王	前
설(입)	에(어)	임금(왕)	앞(전)

왕 앞에 섰다.

有	二	妓	至

立	於	王	前

그 때에 두 명의 창기가 왕에게 와서 왕 앞에 서니라. (왕상 3:16)

Now two prostitutes came to the king and stood before him.

*prostitute [prástətjù:t] n. 매춘부, 창기

有两个妓女来, 站在王面前.

我	儕	同	居
나(아)	무리(제)	함께(동)	살(거)

우리는 함께 (집에) 살았습니다.

我	儕	同	居

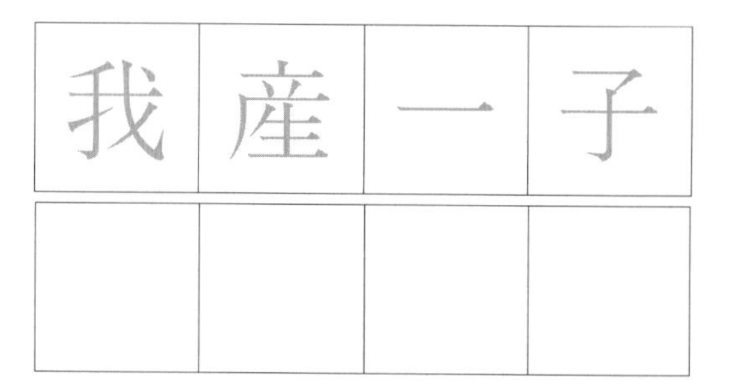

我	產	一	子
나(아)	낳을(산)	한(일)	아들(자)

내가 한 아들을 낳았습니다.

我	產	一	子

우리는 함께 (집에) 살면서 내가 해산하였나이다. (왕상 3:17)

I live in the same house, and I gave birth to a child.

我和这妇人同住一房, 我生了一个男孩.

產	後	三	日
낳을(산)	뒤(후)	석(삼)	날(일)

제가 해산 후 사흘이 되었을 때,

產	後	三	日

彼	產	一	子
저(피)	낳을(산)	한(일)	아들(자)

저 여자도 한 아들을 낳았습니다.

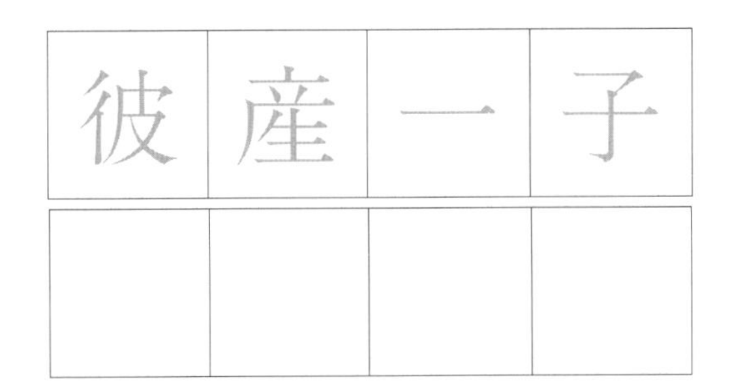

제가 해산한 지 사흘 만에 저 여자도 아들을 낳았나이다. (왕상 3:18)

The third day after my child was born, this woman also had a baby.

我生孩子后第三日, 这妇人也生了孩子.

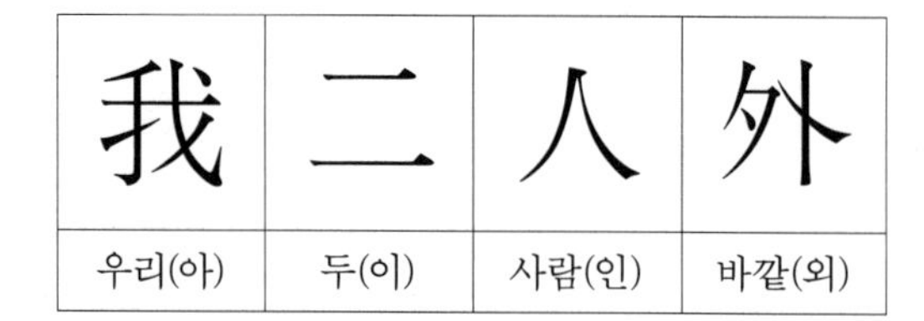

我	二	人	外
우리(아)	두(이)	사람(인)	바깥(외)

우리 둘 외에는

室	無	他	人
집(실)	없을(무)	다를(타)	사람(인)

집에 다른 사람이 없었습니다.

我	二	人	外

室	無	他	人

우리 둘 외에는 집에 다른 사람이 없었나이다. (왕상 3:18)

We were alone, there was no one in the house.

除了我们二人之外, 房中再没有别人.

夜	彼	臥	時
밤(야)	그(피)	누울(와)	때(시)

밤에 저 여자가 잠을 잘 때

夜	彼	臥	時

壓	子	致	死
누를(압)	아들(자)	이를(치)	죽을(사)

자기 아들을 깔아뭉개 죽였습니다.

壓	子	致	死

밤에 저 여자가 잠을 자다 자기 아이를 깔아뭉개 죽였나이다. (왕상 3:19)

This woman's son died in the night, because she lay on it.

夜间, 这妇人睡着的时候, 压死了她的孩子.

生	子	我	子
살(생)	아들(자)	나(아)	아들(자)

산 아이는 내 아들이고,

生	子	我	子

死	者	爾	子
죽을(사)	사람(자)	너(이)	아들(자)

죽은 아이가 네 아들이다.

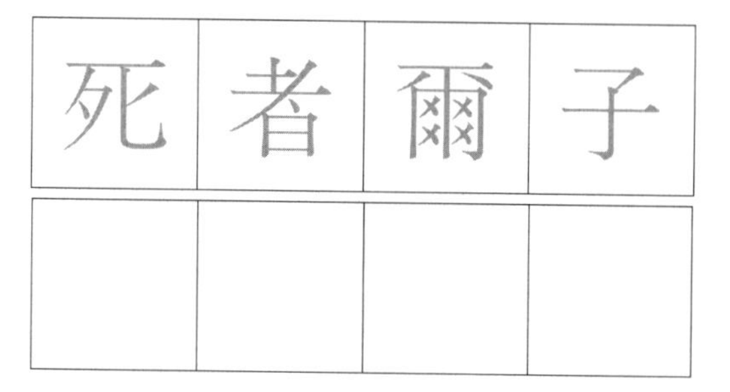

산 아이는 내 아들이고 죽은 아이는 네 아들이라. (왕상 3:22)
For the living one is my son, and the dead one is your son.
活孩子是我的, 死孩子是你的.

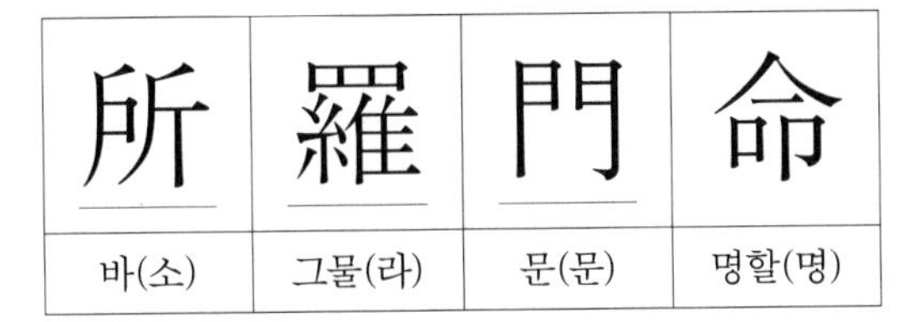

所	羅	門	命
바(소)	그물(라)	문(문)	명할(명)

솔로몬 왕이 명하여

所	羅	門	命

攜	一	刀	來
가질(휴)	한(일)	칼(도)	올(래)

칼을 내게로 가져오라 하셨다.

攜	一	刀	來

솔로몬 왕이 명하여 칼을 내게로 가져오라 하시니라. (왕상 3:24)

The king said, get me a sword.

就吩咐说:「拿刀来!」

生	子	剖	二
살(생)	아들(자)	쪼갤(부)	두(이)

산 아이를 둘로 나누어

以	半	予	此
써(이)	반(반)	줄(여)	이(차)

반은 이 여자에게 주라.

生 子 剖 二

以 半 予 此

산 아이를 둘로 나누어 반은 이 여자에게 주라. (왕상 3:25)

Cut the living child in two and give half to one.

将活孩子劈成两半, 一半给这妇人.

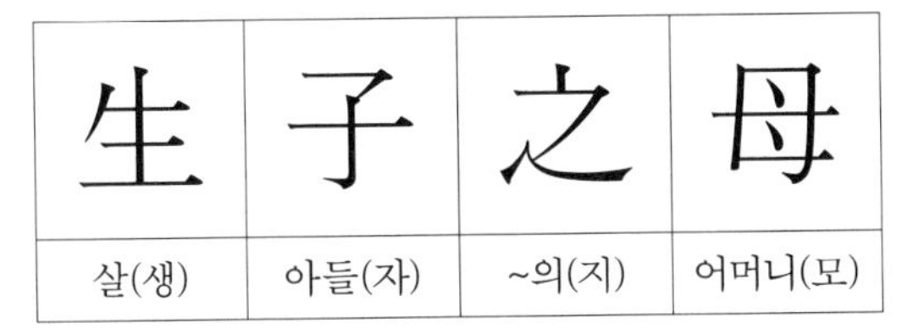

生	子	之	母
살(생)	아들(자)	~의(지)	어머니(모)

生	孩	予	彼
살(생)	어린이(해)	줄(여)	그(피)

산 아이의 어머니가

아이를 살려 그에게 주십시오 (하였다).

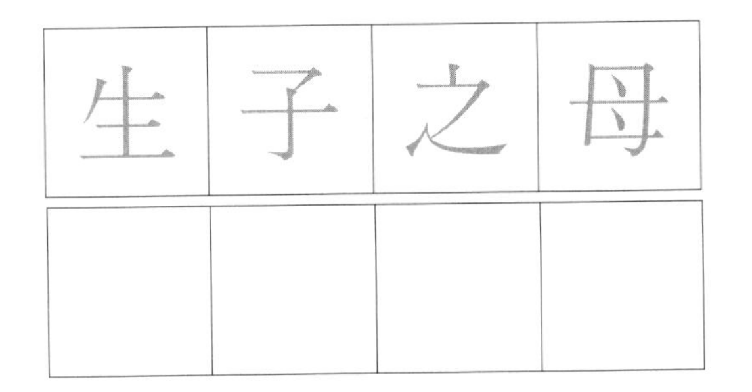

산 아이의 어머니 되는 여자가 아이를 그에게 주소서 하니 (왕상 3:26)

The woman whose the living child, give her the living child,

活孩子的母亲, 就说: 求我主将活孩子给那妇人吧,

勿	歸	我	儕
말(물)	돌아갈(귀)	나(아)	무리(제)

(다른 여자는) **우리 것이 되지 말게**

剖	之	可	也
쪼갤(부)	~의(지)	옳을(가)	잇기(야)

나누는 것이 옳습니다.

勿	歸	我	儕

剖	之	可	也

우리 것이 되지 말게 나누게 하라 하는지라. (왕상 3:26)
Don't give it to either of us, go on and cut it in two.
这孩子也不归我, 把他劈了吧!

生	孩	之	母
살(생)	어린이(해)	~의(지)	어머니(모)

먼저 말한 여자에게 주어라.

(그 여자가) **산 아이의 어머니다.**

先	言	婦	授

生	孩	之	母

먼저 말한 여자에게 주어라 저가 산 아이의 어머니이니라. (왕상 3:27)

Give the first woman the living child, she is his mother.

将活孩子给这妇人; 这妇人实在是他的母亲.

主	賜	智	慧
여호와(주)	줄(사)	지혜(지)	지혜(혜)

하나님이 (솔로몬에게) **지혜를 주셔서**

主	賜	智	慧

與	多	聰	明
함께(여)	많을(다)	밝을(총)	밝을(명)

많은 총명이 함께했다.

與	多	聰	明

하나님이 (솔로몬에게) 지혜를 주셔서 많은 총명이 함께했더라. (왕상 4:29)

Now God gave Solomon wisdom and very great discernment.

*discern [disə́:rn] vt. 분별하다, -ment 총명, 명민

神赐给所罗门极大的智慧聪明和广大的心,

열왕기하

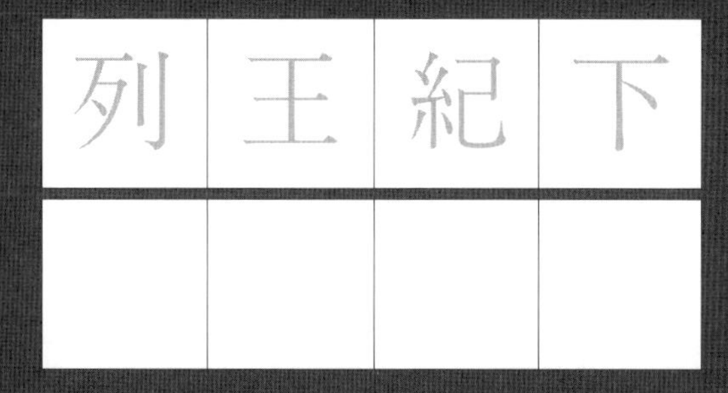

유다와 이스라엘이 바벨론에 함락되면서 포로생활을 겪는 백성들의 고통이 기록됨.

2 Kings [kiŋz]

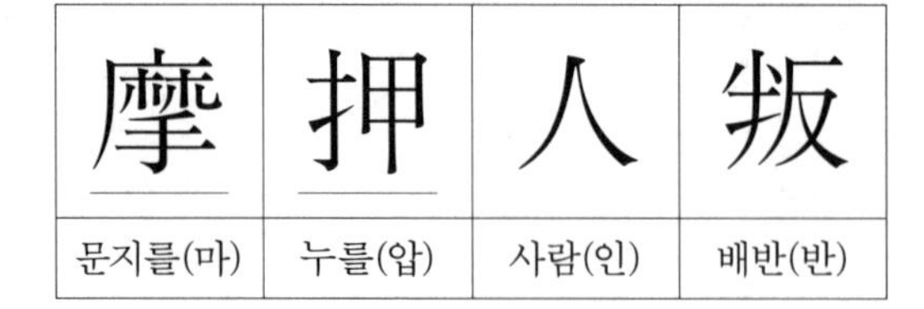

아합이 죽은 후 **모압인이 배반했다.**

亞	哈	死	後

摩	押	人	叛

아합이 죽은 후에 모압인이 (이스라엘을) 배반하였더라. (왕하 1:1)

After Ahab's death, Moab rebelled against (Israel).

*rebel [ribél] vi. 모반하다, 배반하다, 반항하다

亚哈死后, 摩押背叛(以色列).

엘리야가 이르러

엘리사에게 말했다.

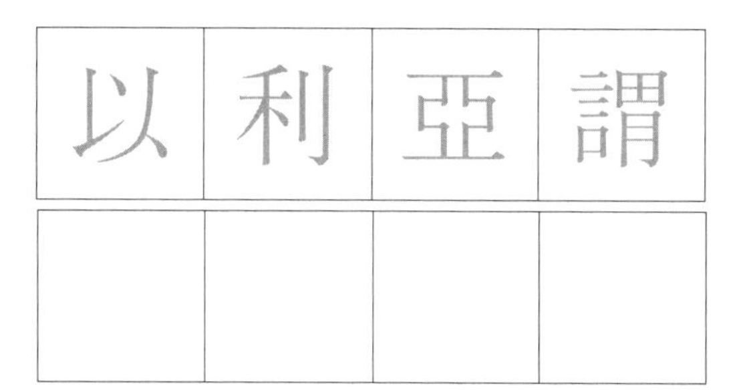

以 利 沙 曰

엘리야가 이르러 엘리사에게 말하기를 (왕하 2:6)

*謂(위): 이르다, 일컫다, 설명하다, 알리다

Then Elijah said to Elisha.

以利亚对以利沙说:

遣	我	約	但
보낼(견)	나(아)	약속(약)	다만(단)

爾	且	待	此
너(이)	잠시(차)	기다릴(대)	이(차)

(여호와께서) 나(엘리야)를 요단으로 보내실 때

너는 여기 머물러 있어라.

遣	我	約	但

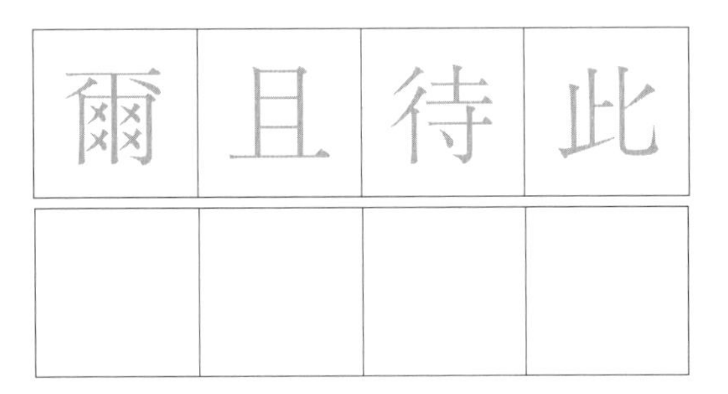

(여호와께서) 나를 요단으로 보내실 때, 너는 여기 머물라. (왕하 2:6)

The Lord has sent me to the Jordan, you stay here,

(耶和华差)遣我往约旦河去, 你可以在这里等候.

我	不	離	爾
나(아)	아닐(불)	떠날(리)	너(이)

二	人	偕	行
두(이)	사람(인)	함께(해)	갈(행)

나(엘리사)는 당신을 떠나지 않겠습니다.

이에 두 사람이 함께 가니라.

나는 당신을 떠나지 아니 하겠나이다. 이에 두 사람이 함께 가니라. (왕하 2:6)

(Elisha said) "I will not leave you". so the two of them walked on.

「我必不离开你.」于是二人一同前往.

遙	立	瞻	望
멀(요)	설(립)	볼(첨)	바랄(망)

멀리 서서 바라보았다.

遙	立	瞻	望

二	人	至	河
두(이)	사람(인)	이를(지)	강(하)

그 두 사람이 강가에 이르렀다.

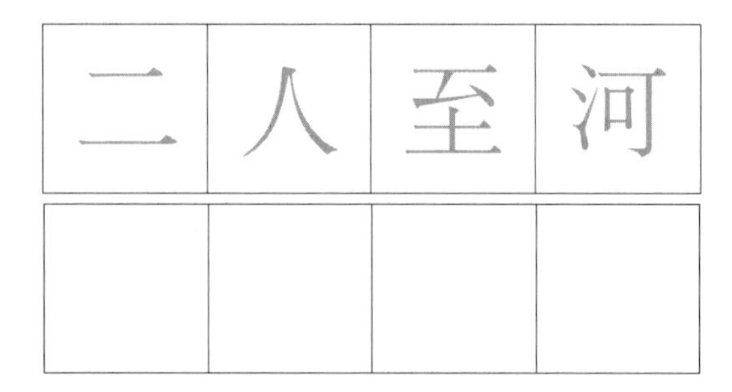

멀리 서서 바라보매 그 두 사람이 강가에 섰더라. (왕하 2:7)

Stood at a distance, and they two stood by river.

远远地站在他们对面; 二人在约旦河边站住.

外	衣	擊	水
밖(외)	옷(의)	칠(격)	물(수)

겉옷으로 물을 내리쳤다.

水	分	左	右
물(수)	나눌(분)	왼(좌)	오른(우)

물은 좌우로 갈리었다.

外	衣	擊	水

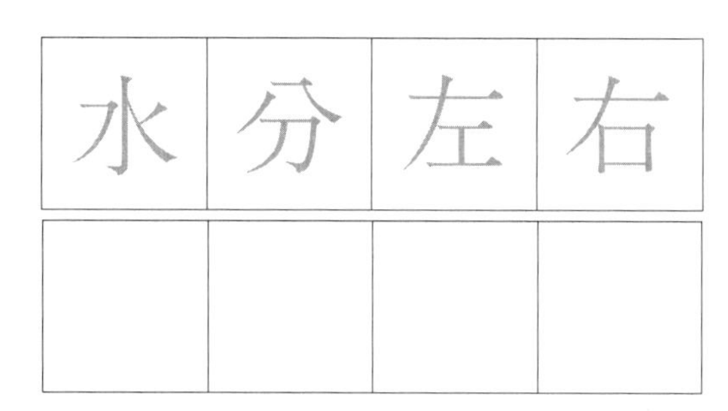

水	分	左	右

겉옷을 취하여 물을 치매 물이 이리 저리 갈라지니라. (왕하 2:8)

Took his cloak, struck the water, the water divided to the right and to the left.

将(自己的)外衣卷起来, 用以打水, 水就左右分开,

其	以	利	沙
그(기)	써(이)	이로울(리)	모래(사)

離	耶	利	哥
떠날(리)	어조사(야)	이로울(리)	노래(가)

그 엘리사가 **여리고를 떠났다.**

其	以	利	沙

離	耶	利	哥

그 엘리사가 여리고를 떠나 (왕하 2:23)

Elisha went up from Jericho.

以利沙从离开耶利哥,

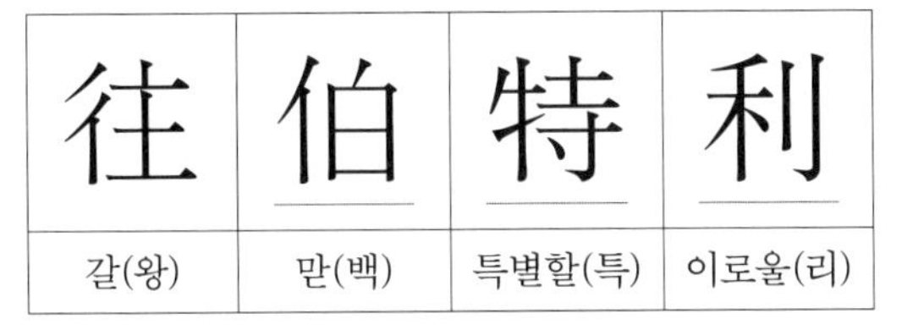

往	伯	特	利
갈(왕)	맏(백)	특별할(특)	이로울(리)

(엘리사가) **벧엘로 올라갔다.**

行	於	途	間
갈(행)	에(어)	길(도)	사이(간)

(그가) **길을 가는 도중에**

往	伯	特	利

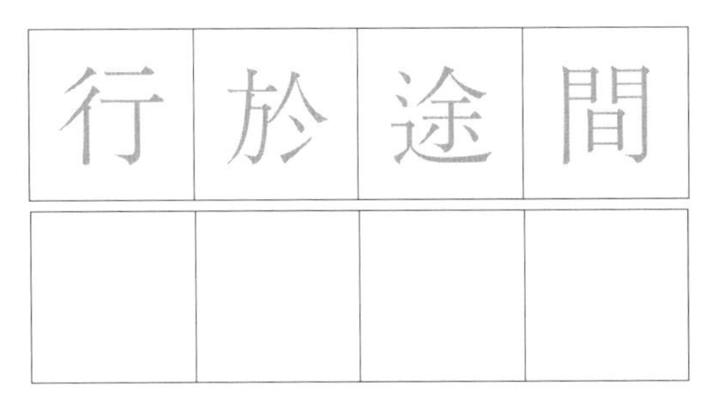

(엘리사가) 벧엘로 올라갔다. (그가) 길에서 올라갈 때에 (왕하 2:23)

To Bethel, and as he was going up by the way.

上伯特利去, 正上去的时候,

童	自	邑	出
아이(동)	부터(자)	고을(읍)	날(출)

아이들이 성읍에서 나와서

戲	笑	之	曰
놀(희)	웃을(소)	~의(지)	말(왈)

(그를) **조롱하며 소리쳤다.**

童	自	邑	出

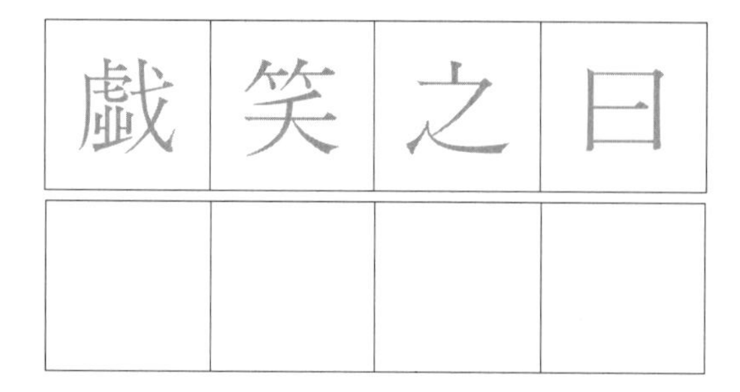

작은 아이들이 성읍에서 나와 (그를) 조롱하여 이르되 (왕하 2:23)

Young lads came out from the city and mocked him and said to him,

*lad [læd] n. 젊은이, 청년youth, 소년

有些童子从城里出来, 戏笑他说:

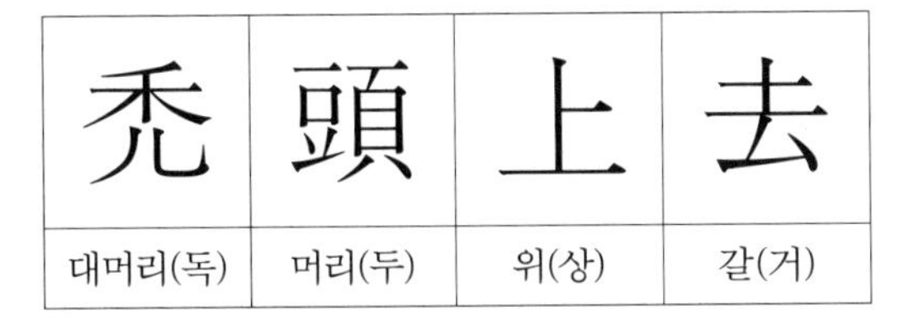

禿	頭	上	去
대머리(독)	머리(두)	위(상)	갈(거)

대머리여 올라가라.

禿	頭	上	去

禿	頭	上	去
대머리(독)	머리(두)	위(상)	갈(거)

대머리여 올라가라.

禿	頭	上	去

대머리여 올라가라, 대머리여 올라가라. (왕하 2:23)

Go up, you baldhead, go up, you baldhead.

「禿头的上去吧! 禿头的上去吧!」

彼	回	頭	見
그(피)	돌(회)	머리(두)	볼(견)

籲	主	名	呪
부를(유)	여호와(주)	이름(명)	저주(주)

엘리사가 뒤를 돌아보며

여호와의 이름으로 저주했다.

彼	回	頭	見

籲	主	名	呪

엘리사가 뒤로 돌이켜 그들을 보고 여호와의 이름으로 저주하매 (왕하 2:24)

He turned back, and looked on them, and cursed them in the name of the Lord.

他回头看见, 就奉耶和华的名咒诅他们.

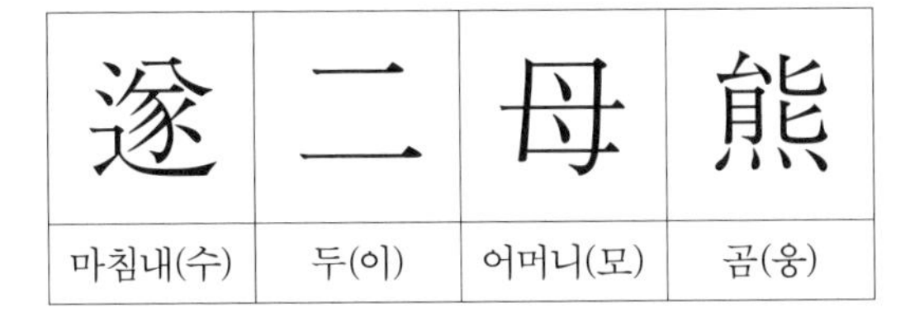

遂	二	母	熊
마침내(수)	두(이)	어머니(모)	곰(웅)

마침내 두 마리의 어미 곰이

遂	二	母	熊

出	自	林	中
날(출)	부터(자)	수풀(임)	가운데(중)

수풀에서 나와서

出	自	林	中

곧 수풀에서 암곰 둘이 나와서 (왕하 2:24)

*遂(수): 드디어, 마침내

Then two female bears came out of the woods,

于是有两个母熊从林中出来,

嚼	斃	幼	童
씹을(작)	죽을(폐)	어릴(유)	아이(동)

아이들을 씹어서 죽였다.

四	十	二	人
넉(사)	열(십)	두(이)	사람(인)

(그 수가) **사십이 명이었다.**

嚼	斃	幼	童

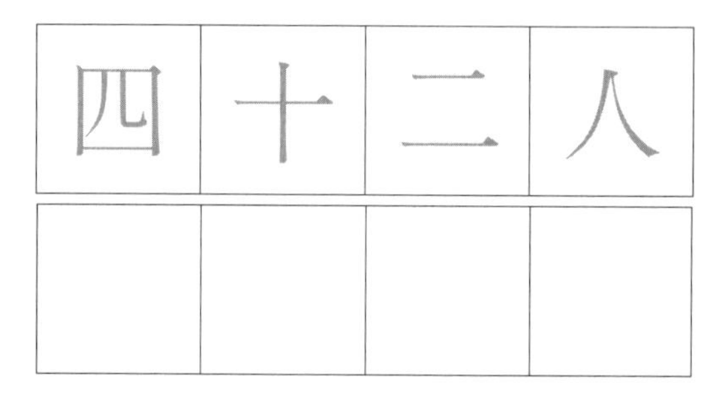

아이들 중의 사십이 명을 찢었더라. (왕하 2:24)

And tare forty and two children of them.

撕裂他们中间四十二个童子.

有	一	先	知
있을 (유)	한(일)	먼저(선)	알(지)

弟	子	之	妻
제자(제)	아들(자)	~의(지)	아내(처)

한 예언자의

수련생의 아내가 있었다.

有	一	先	知

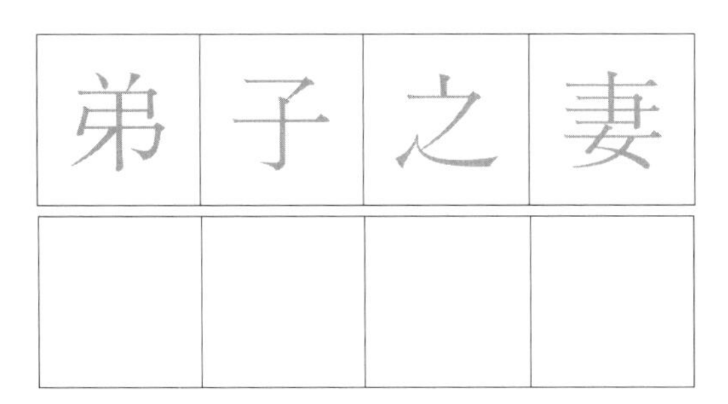

弟	子	之	妻

예언자의 한 수련생의 아내가 있었더라. (왕하 4:1)

*弟(제): 아우, 제자, 나이 어린 사람

The wife of a man from the company of the prophet.

有一个先知门徒的妻

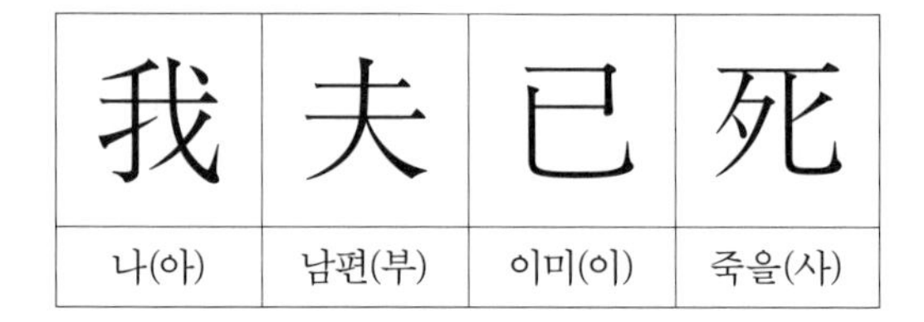

我	夫	已	死
나(아)	남편(부)	이미(이)	죽을(사)

彼	敬	畏	主
그(피)	공경(경)	두려울(외)	여호와(주)

저의 남편이 죽었는데, **그는 주님을 경외하는 사람이었습니다.**

我	夫	已	死

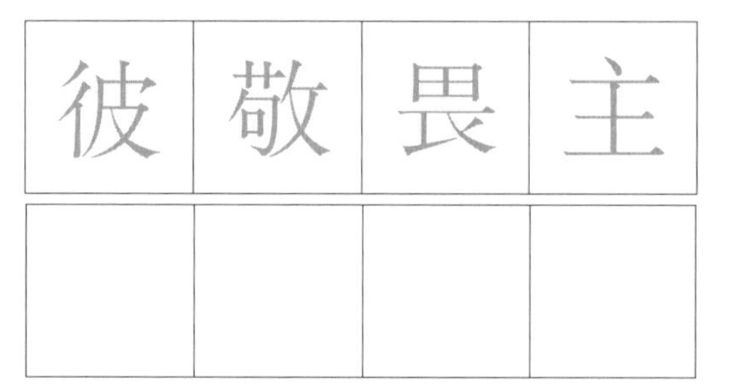

彼	敬	畏	主

저의 남편이 죽었는데, 그는 주님을 경외하는 사람이었나이다. (왕하 4:1)

*revere [rivíər] vt. 경외하다, 존경하다, 숭배하다

My husband is dead, and you know that he revered the Lord.

你仆人一我丈夫死了, 他敬畏耶和华.

有	債	主	至
있을(유)	빚(채)	주인(주)	이를(지)

欲	取	我	子
하고자할(욕)	취할(취)	나(아)	아들(자)

빚을 준 사람이 와서 **저의 아들을 데려가려 합니다.**

有	債	主	至

欲	取	我	子

빚을 준 사람이 와서 저의 아들을 데려가려 하나이다. (왕하 4:1)

His creditor is coming to take my son.

现在有债主来, 要取我两个儿子.

以	利	沙	曰
써(이)	이로울(리)	모래(사)	말씀(왈)

爲	爾	何	爲
위할(위)	너(이)	무엇(하)	할(위)

엘리사가 말했다.

너를 위해 무엇을 할까?

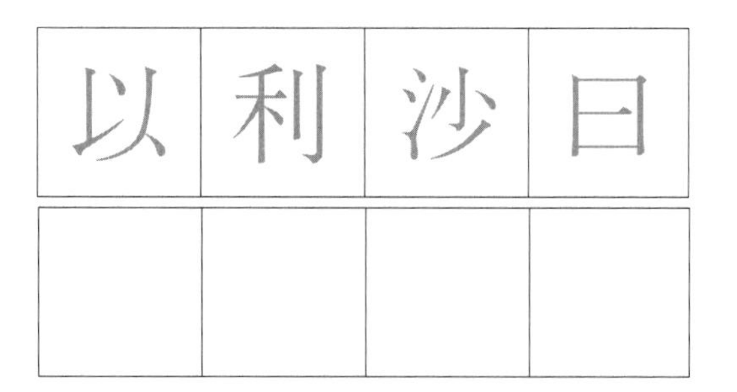

爲	爾	何	爲

엘리사가 이르되 내가 너를 위하여 어떻게 하랴. (왕하 4:2)

Elisha replied to her, how can I help you.

以利沙问她说：我可以为你作什么呢？

婢	家	無	物
계집종(비)	집(가)	없을(무)	만물(물)

계집종의 집에는 아무것도 없습니다.

婢	家	無	物

有	油	一	甁
있을(유)	기름(유)	한(일)	항아리(병)

단지 기름 한 병이 있습니다.

有	油	一	甁

계집종의 집에는 아무것도 없지만, 단지 한 병의 기름이 있나이다. (왕하 4:2)

Your servant has nothing there at all, except a little oil.

婢女家中除了一瓶油之外, 没有什么.

借	隣	空	器
빌릴(차)	이웃(인)	빌(공)	그릇(기)

이웃에서 빈 그릇을 빌려오라.

借	隣	空	器

勿	少	借	焉
말(물)	적을(소)	빌릴(차)	이(언)

적게 빌리지 말고 (많이 빌려오라).

勿	少	借	焉

이웃으로 다니면서 빈 그릇을 많이 빌려오라. (왕하 4:3)
Ask all your neighbors for empty jars, borrow not a few.
向你众邻舍借空器皿, 不要少借;

歸	家	閉	門
돌아갈(귀)	집(가)	닫을(폐)	문(문)

집에 돌아와 문을 닫고

歸	家	閉	門

傾	油	器	中
기울(경)	기름(유)	그릇(기)	가운데(중)

그릇에 기름을 부어 넣어라.

傾	油	器	中

집에 돌아와 문을 닫고 그릇에 기름을 부어라. (왕하 4:4)

Then go inside and shut the door, pour oil into all the jars.

回到家里, 关上门, 将油倒在所有的器皿里,

一	器	旣	盈
한(일)	그릇(기)	이미(기)	찰(영)

그릇이 가득 차면

一	器	旣	盈

遂	移	之	側
이를(수)	옮길(이)	갈(지)	옆(측)

옆으로 옮겨놓아라.

遂	移	之	側

그릇이 가득 차면 옆으로 옮겨놓아라. (왕하 4:4)

As each is filled, put it to one side.

倒满了的放在一边.

以	利	沙	曰
써(이)	이로울(리)	모래(사)	말씀(왈)

售	油	償	債
팔(수)	기름(유)	갚을(상)	빚(채)

기름을 팔아 빚을 갚아라.

以	利	沙	曰

售	油	償	債

엘리사가 말하되 기름을 팔아 빚을 갚아라. (왕하 4:7)
Elisha said, go, sell the oil and pay your debts.
以利沙说, 你去卖油还债,

以	利	沙	至
써(이)	이로울(리)	모래(사)	이를(지)

엘리사가 도착하여

見	子	已	死
볼(견)	아들(자)	이미(이)	죽을(사)

살펴보니 아이가 이미 죽어 있었다.

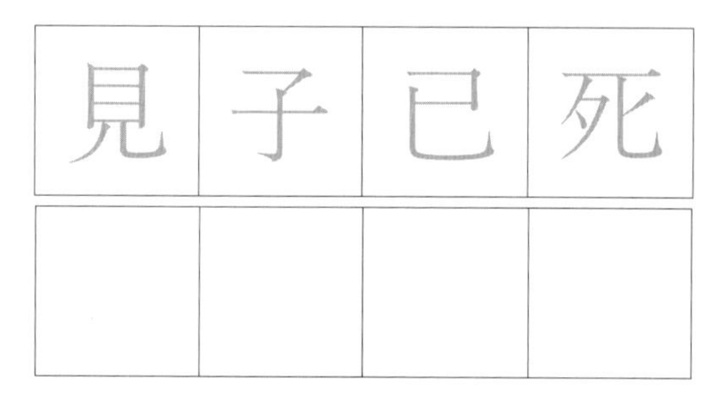

以	利	沙	至

見	子	已	死

엘리사가 도착하여 들어가 보니 아이가 이미 죽어 있었더라. (왕하 4:32)
When Elisha reached the house, there was the boy lying dead.
以利沙来到, 进了屋子, 看见孩子死了,

既	入	閉	門
이미(기)	들(입)	닫을(폐)	문(문)

祈	禱	上	帝
빌(기)	기도할(도)	하늘(상)	임금(제)

그는 들어가 문을 닫고

하나님께 기도했다.

既	入	閉	門

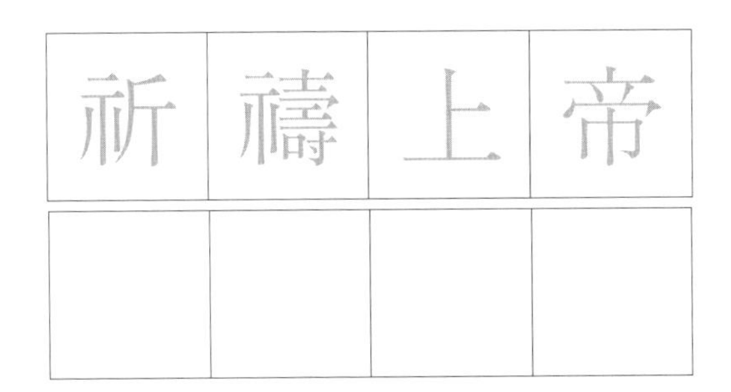

祈	禱	上	帝

그는 들어가 문을 닫고 여호와께 기도하였더라. (왕하 4:33)

He went in, shut the door and prayed to the Lord.

他就关上门, 他便祈祷耶和华,

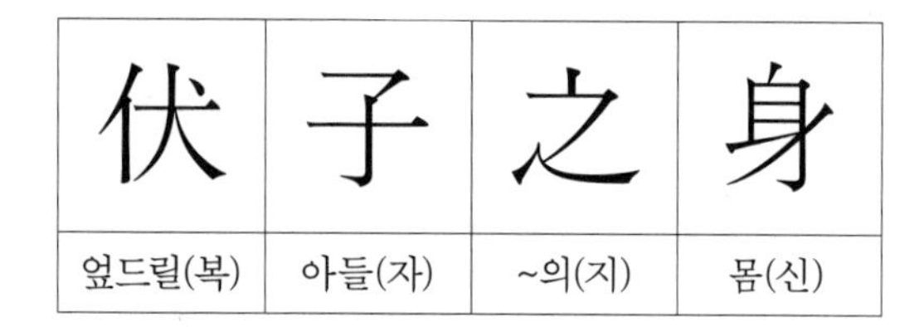

伏	子	之	身
엎드릴(복)	아들(자)	~의(지)	몸(신)

아이의 몸에 엎드려

伏	子	之	身

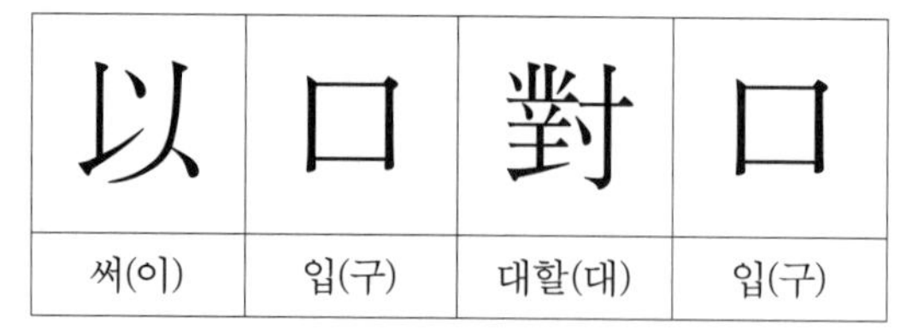

以	口	對	口
써(이)	입(구)	대할(대)	입(구)

자기 입을 그 입에,

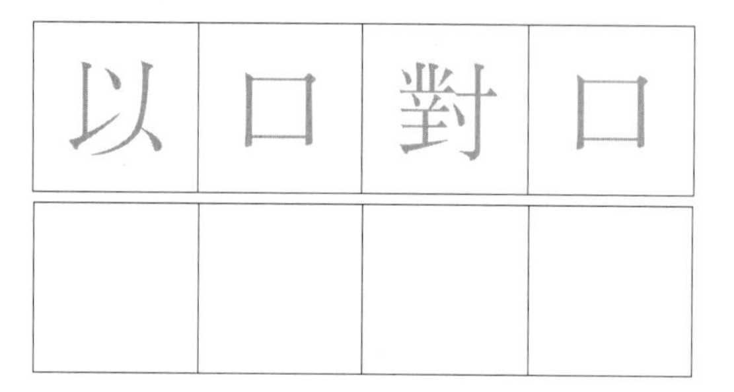

以	口	對	口

아이의 위에 올라 엎드려 자기 입을 그 입에, (왕하 4:34)

He went up and lay on the child, and put his mouth on his mouth,

上床伏在孩子身上, 口对口,

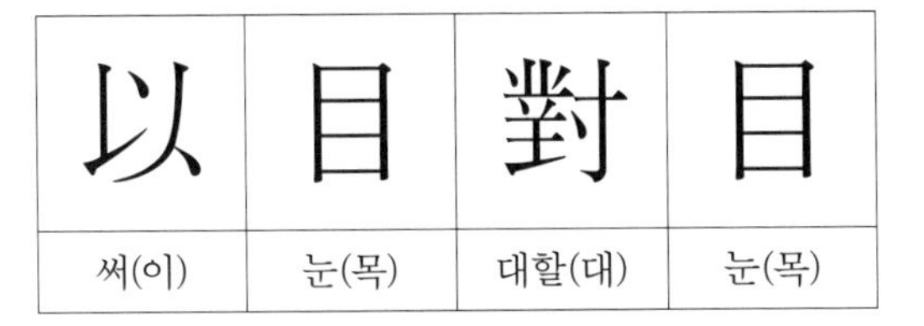

以	目	對	目
써(이)	눈(목)	대할(대)	눈(목)

자기 눈을 그 눈에,

以	目	對	目

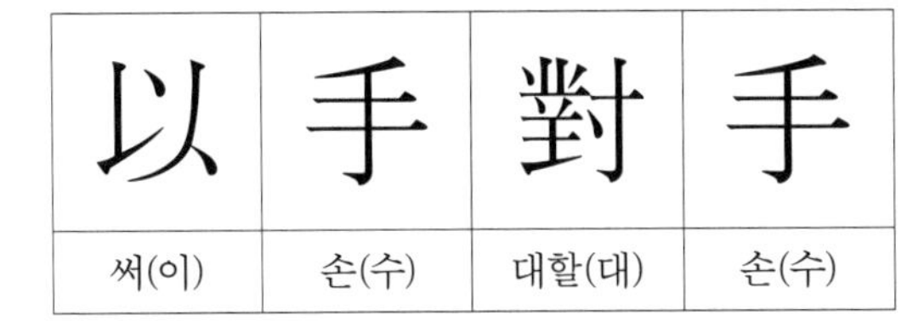

以	手	對	手
써(이)	손(수)	대할(대)	손(수)

자기 손을 그 손에 대고

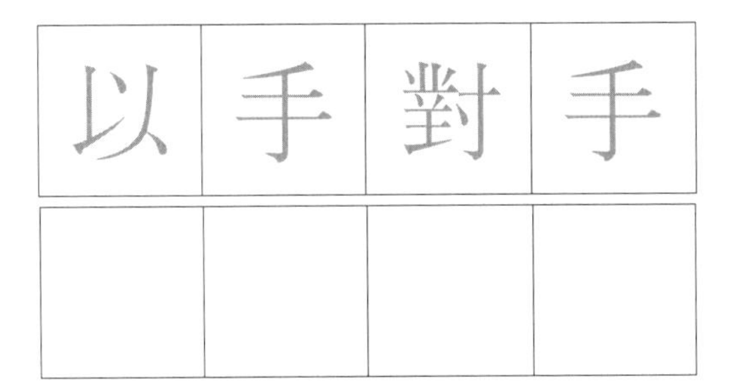

以	手	對	手

자기 눈을 그 눈에, 자기 손을 그 손에 대고 (왕하 4:34)

His eyes on his eyes and his hands on his hands,

眼对眼, 手对手;

旣	伏	之	身
이미(기)	엎드릴(복)	~의(지)	몸(신)

엎드려 있던 몸에서

子	身	漸	溫
아들(자)	몸(신)	점점(점)	따뜻할(온)

아이의 몸이 차차 따뜻해졌다.

旣	伏	之	身

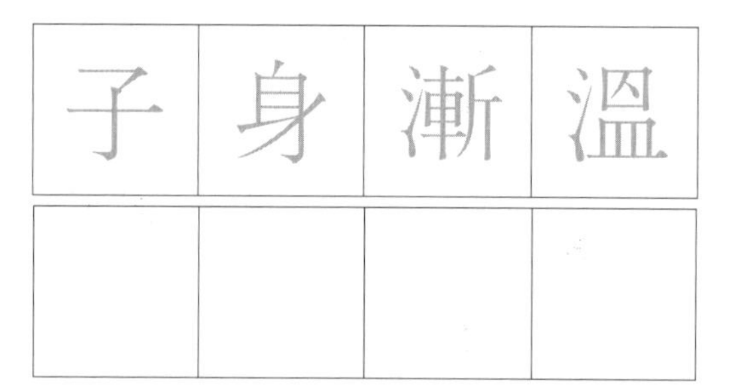

子	身	漸	溫

엎드려 있던 몸에서 아이의 살이 차차 따뜻하더라. (왕하 4:34)

He stretched himself on him, and the flesh of the child became warm.

旣伏在孩子身上, 孩子的身体就渐渐温和了.

역대상

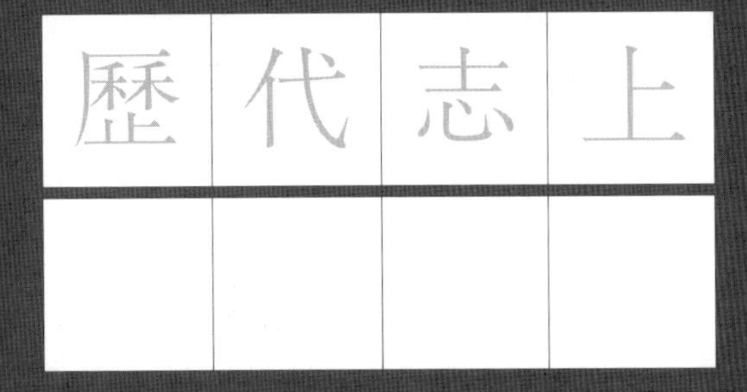

아담부터 다윗까지의 족보가 설명되고 열왕기 내용을 좀더 보강하여 기록됨.

1 Chronicle [kránikl]

大	衛	大	王
클(대)	지킬(위)	클(대)	임금(왕)

다윗 대왕은

以	色	列	王
써(이)	빛(색)	벌일(열)	임금(왕)

이스라엘의 왕이었다.

大	衛	大	王

以	色	列	王

다윗 대왕은 온 이스라엘의 왕이었더라. (대상 29:26)

The great king David was king over all Israel.

大卫作以色列众人的王,

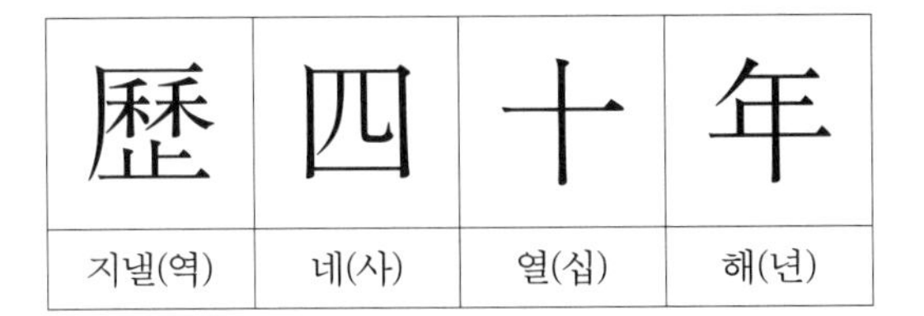

歷	四	十	年
지낼(역)	네(사)	열(십)	해(년)

(통치한) **역사는 사십 년이었다.**

壽	高	年	邁
수명(수)	높을(고)	연령(연)	늙을(매)

연세가 많아 늙어졌다.

(치리한) 역사는 사십 년이라, (대상 29:27) 나이 많아 늙도록 (대상 29:28)

He ruled over Israel forty years. In a good old age, having enjoyed long life,

作王共四十年: 他年纪老迈,

尊	榮	而	逝
높을(존)	영화(영)	말이을(이)	죽을(서)

(다윗은) **존귀하고 영화롭게** (살다) **죽었고,**

尊	榮	而	逝

所	羅	門	繼
바(소)	그물(라)	문(문)	이을(계)

그후 솔로몬이 왕의 자리를 계승했다.

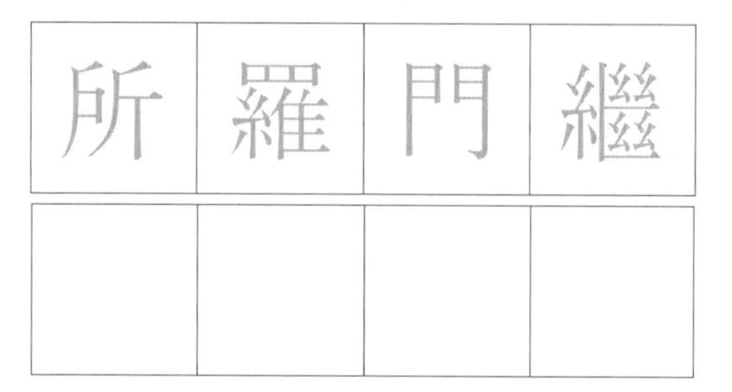

(다윗은) 존귀하고 영화롭게 (살다) 죽었고, 그후 솔로몬이 왕의 자리를 계승했다. (대상 29:28)

*逝(서): 가다, 죽다, 세상을 떠나다, 달리다, 맹세하다

He died having wealth and honor, Solomon his son reigned in his stead.

*reign [rein] n. 통치, 지배, 치세, 성대 *stead [sted] n. 대신, in one's ~ 대신하여, 이어

尊荣, 就死了. 他儿子所罗门接续他作王.

經	歷	之	事
지날(경)	자낼(역)	~의(지)	일(사)

俱	載	此	書
함께(구)	등재(재)	이(차)	책(서)

지난날의 역사들이 **모두 이 책에 기록되어 있었다.**

經	歷	之	事

俱	載	此	書

지난날의 역사가 다 기록되어 있느니라. (대상 29:30)

All the things that happened to him, the records tell how he ruled.

经过的事, 都写在这书上

역대하

지혜를 구하는 솔로몬 이야기와 주님의 영광을 위해 성전을 건축하는 내용이 기록됨.

2 Chronicle [kránikl]

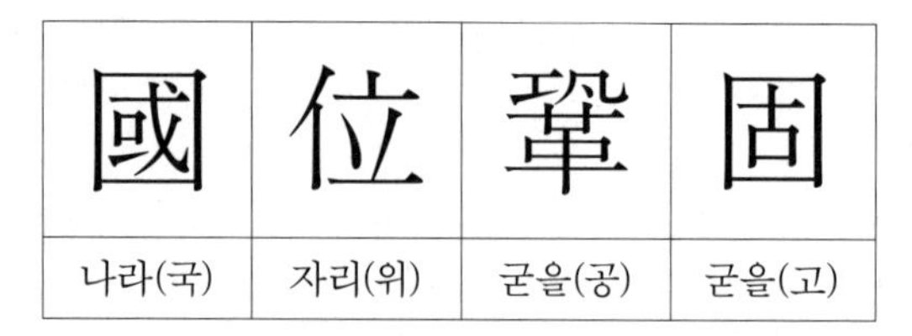

國	位	鞏	固
나라(국)	자리(위)	굳을(공)	굳을(고)

나라의 왕위는 굳건하고 견고하여

國	位	鞏	固

甚	爲	昌	大
심할(심)	할(위)	창성할(창)	큰(대)

매우 창대하셨다.

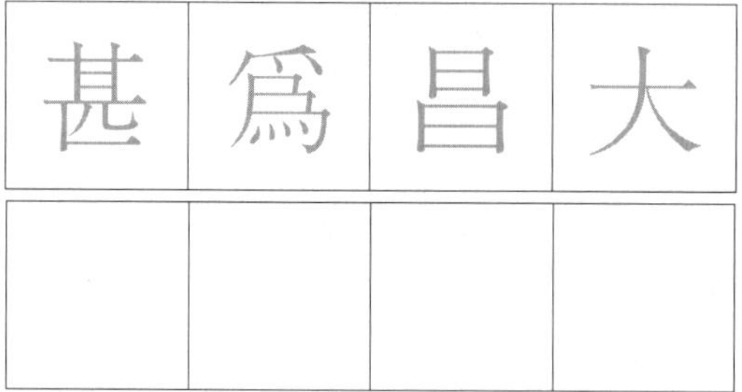

甚	爲	昌	大

나라의 왕위는 굳건하고 견고하여 매우 창대하게 하시니라. (대하 1:1)

*爲(위): 하다, 위하다, 다스리다, 되다, 있다, 속하다

Solomon was strengthened in his kingdom, and magnified him exceedingly.

所罗门 国位坚固; 使他甚为尊大.

祈	主	賜	我
빌(기)	여호와(주)	줄(사)	나(아)

智	慧	知	識
지혜(지)	지혜(혜)	알(지)	알(식)

여호와께 기도하오니 내게 주실 것은 **지혜와 지식입니다.**

祈	主	賜	我

智	慧	知	識

여호와께 기도하오니 내게 지혜와 지식을 주소서. (대하 1:10)

Give me now wisdom and knowledge.

求你賜我智慧聰明,

我	必	賜	爾
나(아)	반드시(필)	줄(사)	너(이)

내가 필히 네게 줄 것은

我	必	賜	爾

智	慧	知	識
지혜(지)	지혜(혜)	알(지)	알(식)

지혜와 지식이며

智	慧	知	識

내가 네게 지혜와 지식을 주고 (대하 1:12)

Therefore wisdom and knowledge will be given you.

我必賜你智慧聰明,

賜	爾	財	貨
줄(사)	너(이)	재물(재)	재물(화)

또 너에게 부와 재물을 줄 것이며

賜	爾	財	貨

産	業	尊	榮
생산(산)	업(업)	높을(존)	영화(영)

산업과 영광도 줄 것이다.

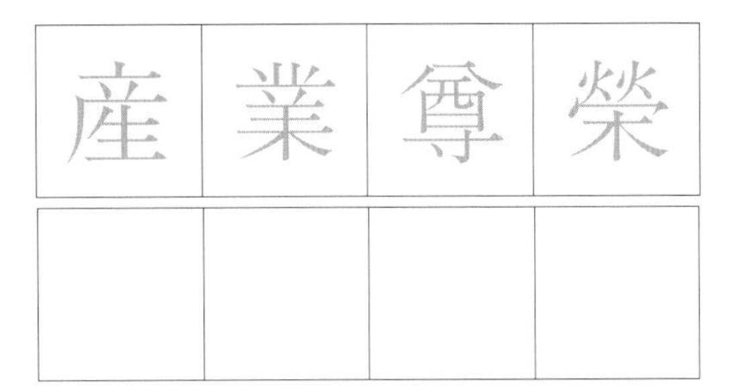

또 너에게 부와 재물과 영광도 주리라. (대하 1:12)

And I will also give you wealth, riches and honor.

也必赐你资财, 丰富, 尊荣.

摩	利	亞	山
문지를(마)	이로울(리)	버금(아)	뫼(산)

造	主	之	殿
지을(조)	여호와(주)	~의(지)	전각(전)

모리아산에 **여호와의 전을 건축했다.**

摩	利	亞	山

造	主	之	殿

모리아산에 여호와의 전을 건축하더니 (대하 3:1)

To build the temple of the Lord on Mount Moriah.

摩利亚山上, 开工建造耶和华的殿.

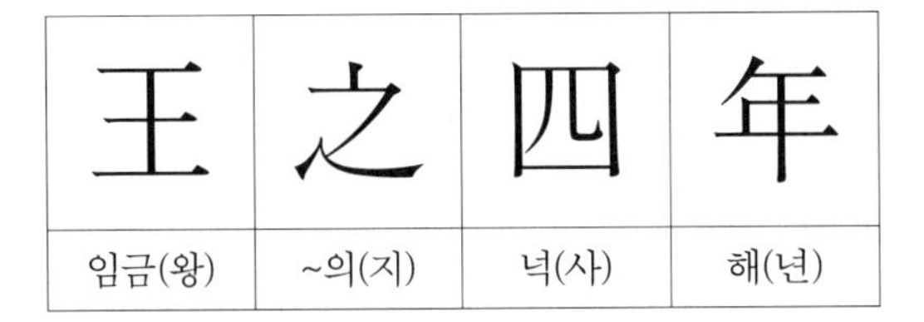

王	之	四	年
임금(왕)	~의(지)	넉(사)	해(년)

왕이 오른 지 넷째 해에

始	行	建	造
비로소(시)	행할(행)	세울(건)	지을(조)

건축을 시작했다.

王	之	四	年

始	行	建	造

왕에 오른 지 넷째 해에 건축을 시작하였더라. (대하 3:2)

He began to build on fourth year of his reign.

*reign [rein] n. 통치, 지배, 세력, 권세

所罗门作王第四年, 开工建造.

에스라

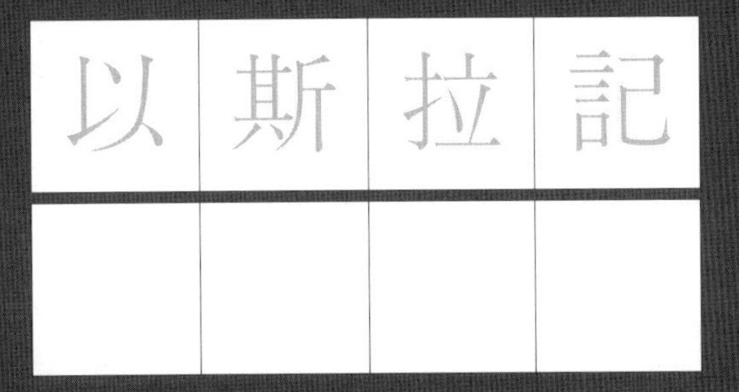

70년간 포로생활한 이스라엘 민족의 귀환과 예루살렘 성전 재건, 하나님의 약속 성취에 대한 에스라의 기록.

('以斯拉'는 'Ezra'를 한자로 표기한 것)

Ezra [ézrə]

巴	西	之	王
땅이름(파)	서쪽(서)	~의(지)	임금(왕)

바사의 왕,

巴	西	之	王

古	列	元	年
옛(고)	벌일(열)	으뜸(원)	해(년)

고레스 원년,

古	列	元	年

바사 왕 고레스 원년, (스 1:1)

In the first year of Cyrus king of Persia,

波斯王塞鲁士元年,

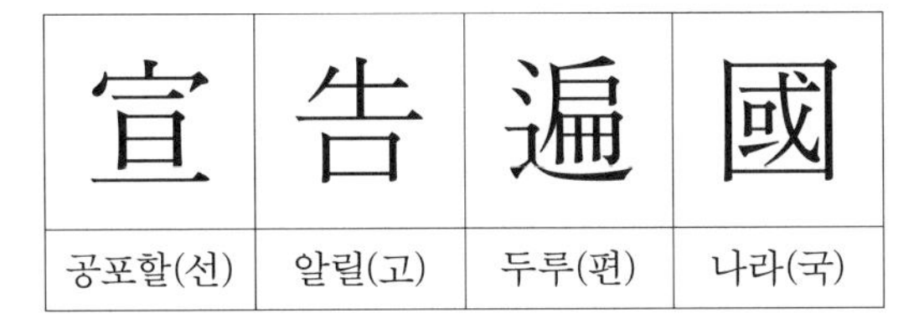

宣	告	遍	國
공포할(선)	알릴(고)	두루(편)	나라(국)

온 나라에 공포하고,

並	降	詔	曰
아우를(병)	내릴(강)	조서(조)	말씀(왈)

아울러 조서를 내려 전했다.

宣	告	遍	國

並	降	詔	曰

온 나라에 공포도 하고 조서도 내려 이르되 (스 1:1)

To make a proclamation throughout his realm and to put it in writing.

*realm [relm] n. 왕국, 국토

使他下诏通告全国, 说:

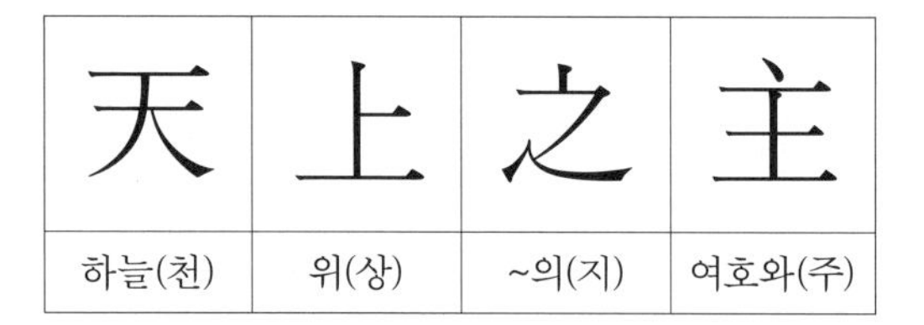

天	上	之	主
하늘(천)	위(상)	~의(지)	여호와(주)

萬	國	賜	我
많을(만)	나라(국)	줄(사)	나(아)

하늘의 (하나님) **여호와께서**

세상 모든 나라를 내게 주셨다.

하늘의 (하나님) 여호와께서 세상 모든 나라를 내게 주셨나니 (스 1:2)

*萬(만): 일만, 많다, 여럿, 대단히

The Lord, the God of heaven, has given me all the kingdoms,

耶和华天上的神, 已将天下万国赐给我,

命	我	猶	大
명령(명)	나(아)	오히려(유)	큰(대)

爲	主	建	殿
할(위)	여호와(주)	세울(건)	전각(전)

나에게 명령하시고 유다(예루살렘)에 **성전을 건축하라 하셨다.**

命	我	猶	大

爲	主	建	殿

나에게 명령하사 유다(예루살렘)에 성전을 건축하라 하셨나니 (스 1:2)

He has appointed me to build a temple for him (at Jerusalem) in Judah.

又嘱咐我在犹大的(耶路撒冷)为他建造殿宇.

主	之	民	者
여호와(주)	~의(지)	백성(민)	사람(자)

可	上	猶	大
옳을(가)	위(상)	오히려(유)	큰(대)

하나님의 백성 된 자는 **유다(예루살렘)로 올라가라.**

主	之	民	者

可	上	猶	大

하나님의 백성 된 자는 다 유다(예루살렘)로 올라가라. (스 1:3)

May his God be with him, let him go up to Judah.

在你们中间凡作他子民的, 可以上犹大的(耶路撒冷),

爲	耶	和	華
할(위)	어조사(야)	화할(화)	빛날(화)

建	造	殿	宇
세울(건)	지을(조)	전각(전)	집(우)

여호와를 위해 **성전을 건축하라.**

爲	耶	和	華

建	造	殿	宇

여호와의 성전을 건축하라. (스 1:3)

And rebuild the house of the Lord.

(在耶路撒冷)重建耶和华神的殿.

巴	比	倫	王
땅이름(파)	견줄(비)	인륜(륜)	임금(왕)

擄	猶	大	人
노략질(노)	오히려(유)	큰(대)	사람(인)

바벨론 왕에게

사로잡혀 갔던 유다인,

巴	比	倫	王

擄	猶	大	人

바벨론 왕에게 사로잡혀 갔던 유다인, (스 2:1)

The king of Babylon had carried Judah peoples,

巴比伦王(尼布甲尼撒)从前掳到犹大省的人,

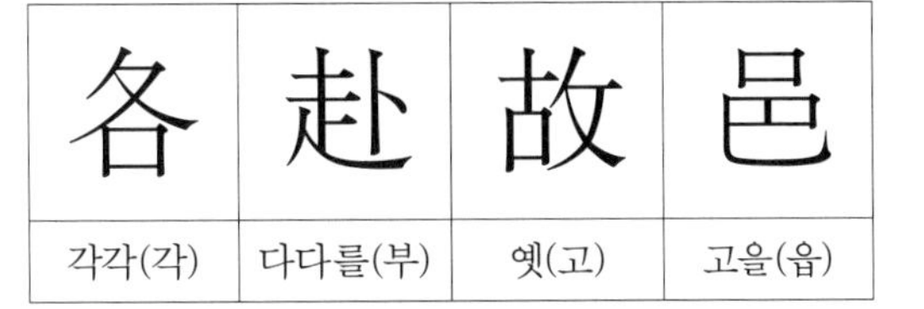

各	赴	故	邑
각각(각)	다다를(부)	옛(고)	고을(읍)

率	其	歸	者
대략(솔)	그(기)	돌아갈(귀)	사람(자)

각기 고향에 다다른

귀국한 자가 대략

各	赴	故	邑

率	其	歸	者

각기 고향에 다다른 대략 귀국한 자가 (스 2:1)

*率(솔): 거느리다, 대략, 따르다, 경솔하다, 비율(률), 제한(률), 우두머리(수)

And returned (to Jerusalem and Judah), each to his city.

回耶路撒冷和犹大, 各归本城.

四	萬	二	千
넉(사)	매우많은(만)	두(이)	일천(천)

사만이천

四	萬	二	千

三	百	六	十
석(삼)	일백(백)	여섯(육)	열(십)

삼백육십 명이었다.

三	百	六	十

사만이천삼백육십 명이었더라. (스 2:64)

Forty and two thousand three hundred and sixty.

会众共有四万二千三百六十名.

有	數	族	長
있을(유)	셀(수)	겨레(족)	어른(장)

爲	上	帝	殿
할(위)	하늘(상)	임금(제)	전각(전)

어떤 족장들이 **하나님의 전을 위해**

有	數	族	長

爲	上	帝	殿

어떤 족장들이 하나님의 전을 위해 (스 2:68)

Some of the heads of fathers' households, at the house of the Lord,

有些族长, 便为神的殿

樂	獻	貲	財
즐길(낙)	바칠(헌)	재물(자)	재물(재)

以	復	建	之
써(이)	다시(부)	세울(건)	갈(지)

즐겁게 재물을 드리는 것은

건축을 다시 하려는 것이었다.

樂	獻	貲	財

다시 건축하려고 예물을 기쁘게 드리더라. (스 2:68)

*復(부,복): 다시 부, 회복할 복 *之(지): ~하였다

Offered willingly (for the house of God) to restore it on its foundation.

甘心献上礼物, 要重新建造.

此	邑	復	建
이(차)	고을(읍)	다시(부)	세울(건)

이 성읍이 중건되어

此	邑	復	建

城	垣	復	立
성(성)	담(원)	다시(부)	설(립)

성곽이 다시 준공되면

城	垣	復	立

이 성읍이 중건되어 성곽이 다시 준공되면, (스 4:16)
If that city is rebuilt and the walls finished,
这城若再建造, 城墙完毕,

河	西	之	地
강(하)	서쪽(서)	~의(지)	땅(지)

不	復	屬	王
아닐(불)	돌아올(복)	거느릴(속)	임금(왕)

강 서쪽의 땅이

왕에게 복속되지 못할 것이다.

河	西	之	地

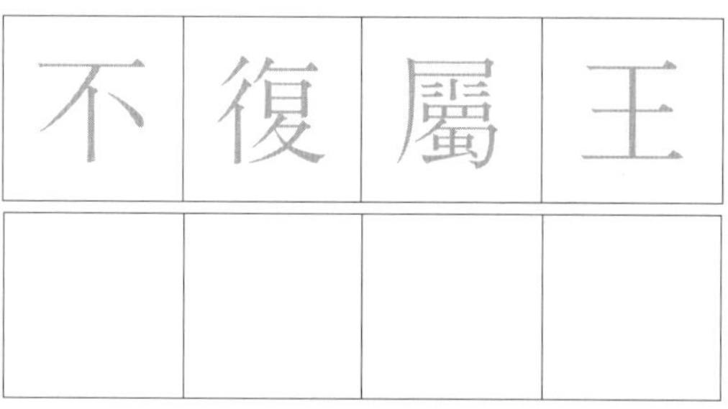

不	復	屬	王

이로 말미암아 강 건너편인 서쪽 영지가 없어지리라. (스 4:16)

*屬(속): 거느리다, 엮다, 무리, 붙다

As a result you will have no possession in the province beyond the river.

*possession [pəzéʃən] n. 소유, 점유, 속령, 영지, 속국

河西之地王就无分了.

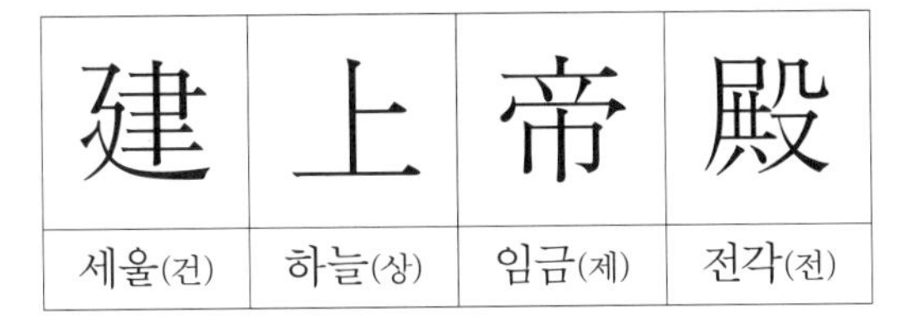

建	上	帝	殿
세울(건)	하늘(상)	임금(제)	전각(전)

하나님의 성전 건축,

工	程	亦	止
장인(공)	한도(정)	또(역)	그칠(지)

공정이 역시 중단되었다.

建	上	帝	殿

工	程	亦	止

하나님의 성전 공사가 중단되니라. (스 4:24)

Then ceased the work of the house of God.

(在耶路撒冷)神殿的工程就停止了,

巴	比	倫	王
땅이름(파)	견줄(비)	인륜(륜)	임금(왕)

바벨론 왕,

巴	比	倫	王

古	列	元	年
옛(고)	벌일(열)	으뜸(원)	해(년)

고레스 원년,

古	列	元	年

바벨론 왕 고레스 원년, (스 5:13)

But in the first year of Cyrus the king of Babylon,

然而巴比伦王塞鲁士元年

命	令	復	建
명령(명)	하여금(령)	다시(부)	세울(건)

上	帝	之	殿
하늘(상)	임금(제)	~의(지)	전각(전)

조서를 내려 건축을 다시 하게 했다.

(그것이 바로) **하나님의 성전이다.**

命	令	復	建

조서를 내려 하나님의 이 성전을 다시 건축하게 하니라. (스 5:13)

King Cyrus made a decree to build this house of God.

他降旨允准建造 神的这殿.

느헤미야

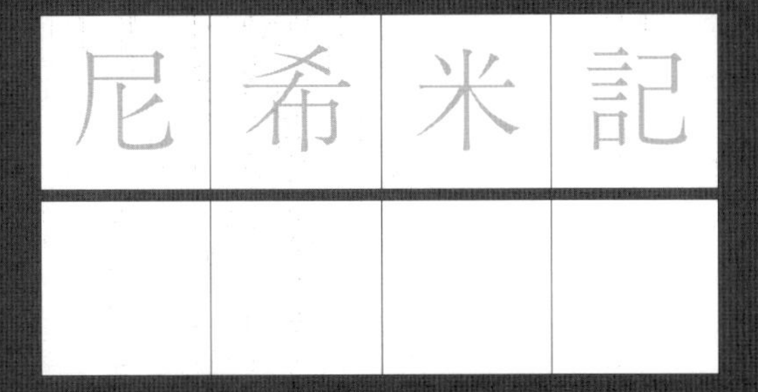

예루살렘 성전을 재건하고 동족의 고통에 동참하며 하나님을 경외한 지도자인 느헤미야 이야기가 기록됨.

('尼希米'는 'Nehemiah'를 한자로 표기한 것)

Nehemiah [nìːəmáiə]

느헤미야가 말했다.

수산 궁에 있을 때

尼	希	米	言

在	書	删	宮

느헤미야의 말이라, 수산 궁에 있을 때라. (느 1:1)

The words of Nehemiah, in Shushan the palace.

尼希米的言语, 在书珊城的宫中.

被	擄	而	歸
당할(피)	노략질(로)	말이을(이)	돌아갈(귀)

사로잡힘에서 돌아오거나

遺	猶	大	者
남길(유)	오히려(유)	큰(대)	사람(자)

유다에 남아 있던 자들이

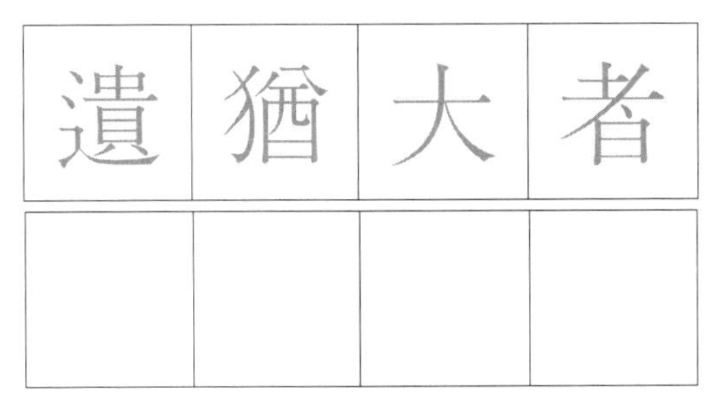

사로잡힘에서 돌아오거나 면하고 유다에 남아 있는 자들이 (느 1:3)

*被(피): 당하다, 입다, 씌우다, 더하다

The remnant there in the Judah who survived and were back in the home land,

那些被掳归回, 在犹大省

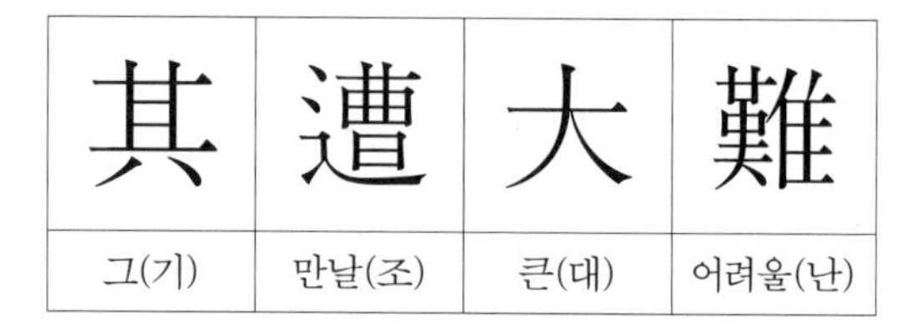

其	遭	大	難
그(기)	만날(조)	큰(대)	어려울(난)

其	受	凌	虐
그(기)	받을(수)	범할(능)	모질(학)

(그곳에서) 큰 환난을 당하고

능욕과 학대를 받았으며

其	遭	大	難

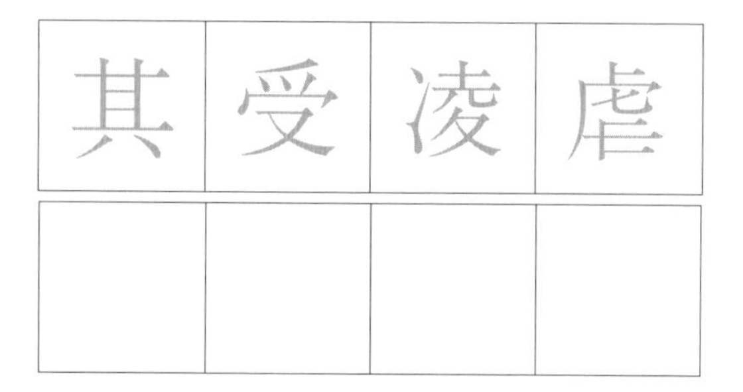

其	受	凌	虐

(그곳에서) 큰 환난을 당하고 능욕과 학대를 받았으며 (느 1:3)

The province are in great affliction and reproach,

遭大难, 受凌辱;

城	垣	仍	墮
성(성)	담(원)	인할(잉)	무너질(타)

성곽은 허물어지고

邑	門	仍	燬
고을(읍)	문(문)	인할(잉)	태울(훼)

성문들은 불탔다 (하였다).

성곽은 허물어지고 성문들은 불탔다 (하는지라). (느 1:3)

And the wall is broken down and its gates are burned with fire.

城墙拆毁, 城门被火焚烧.

我	聞	此	言
나(아)	들을(문)	이(차)	말씀(언)

내가 이 말을 듣고

乃	坐	哭	泣
이에(내)	앉을(좌)	울(곡)	울(읍)

앉아서 눈물을 흘리며 울었다.

乃	坐	哭	泣

내가 이 말을 듣고 앉아서 울었더라. (느 1:4)

When I heard these things, I sat down and wept.

我听见这话, 就坐下哭泣,

悲	哀	數	日
슬플(비)	슬플(애)	셀(수)	날(일)

수일 동안 슬퍼했다.

禁	食	祈	禱
금할(금)	먹을(식)	빌(기)	기도할(도)

그리고 금식하며 기도했다.

悲	哀	數	日

禁	食	祈	禱

수일 동안 슬퍼하며 금식하며 기도하였도다. (느 1:4)

And mourned for days, and I was fasting and praying.

悲哀几日, 禁食祈祷,

亞	達	薛	西
버금(아)	통달할(달)	성씨(설)	서쪽(서)

王	二	十	年
임금(왕)	두(이)	열(십)	해(년)

아닥사스다 **왕 제이십 년,**

亞	達	薛	西

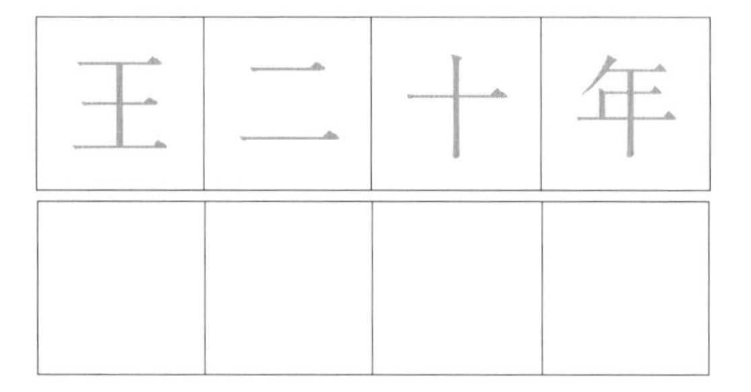

아닥사스다 왕 제이십 년, (느 2:1)

In the twentieth year of Artaxerxes the king.

亚达薛西王二十年(尼散月)

(尼散月 Nisan) 니산월: 바빌론 유배 기간 이후 유대 종교력으로 음력 첫째 달의 명칭.

王	問	我	曰
임금(왕)	물을(문)	나(아)	말씀(왈)

왕이 내게 하문하며 말씀하셨다.

王	問	我	曰

爾	不	患	疾
너(이)	아닐(불)	근심(환)	병(질)

너는 아픈 것 같지 않은데

爾	不	患	疾

왕이 내게 가라사대 너는 아픈 것 같지 않은데 (느 2:2)

So the king said to me, you are not ill,

王对我说, 你既没有病,

何	面	憂	色
어찌(하)	낯(면)	근심할(우)	빛(색)

어찌하여 얼굴에 수심이 있느냐?

何	面	憂	色

心	懷	愁	悶
마음(심)	품을(회)	시름(수)	번민할(민)

마음에 근심이 있는 것이구나.

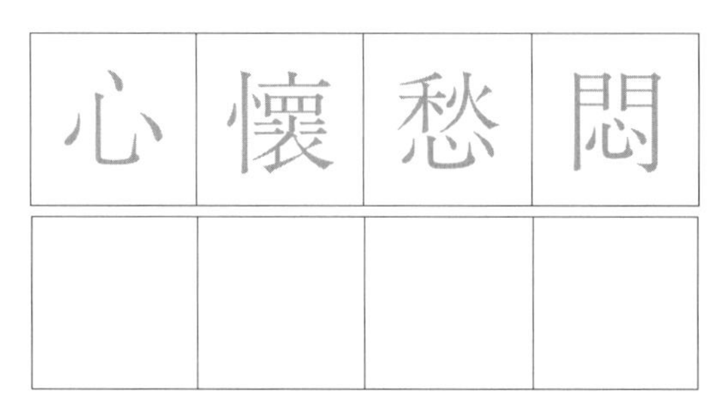

心	懷	愁	悶

어찌하여 얼굴에 수심이 있느냐 마음에 근심이 있음이로다. (느 2:2)

Why does your face look so sad , this is nothing but sadness of heart.

为什么面带愁容呢? 必是你心中愁烦.

爾	有	何	求
너(이)	있을(유)	무엇(하)	구할(구)

네가 무엇을 원하느냐?

爾	有	何	求

遂	奏	王	曰
이를(수)	아뢸(주)	임금(왕)	말씀(왈)

왕에게 말씀드렸다.

遂	奏	王	曰

네가 무엇을 원하느냐. (느 2:4) 왕에게 아뢰되 (느 2:5)

What would you request? I said to the king.

你要求什么, 我对王说:

王	若	樂	允
임금(왕)	만일(약)	좋아할(요)	허락(윤)

왕께서 만일 좋게 여기신다면,

遣	僕	猶	大
보낼(견)	종(복)	오히려(유)	큰(대)

종을 유다에 보내 주십시오.

王	若	樂	允

遣	僕	猶	大

왕께서 만일 좋게 여기신다면 종을 유다에 보내소서. (느 2:5)

*樂(락,요,악): 즐길(락), 좋아할(요), 바랄(요), 음악(악)

If it please the king, let me go to the Land of Judah,

王若喜欢, 求王差遣我往犹大,

列	祖	之	邑
벌일(열)	조상(조)	~의(지)	고을(읍)

復	建	城	垣
다시(부)	세울(건)	성(성)	담(원)

조상들의 성읍에서 **그 성을 건축하게 하십시오.**

列	祖	之	邑

復	建	城	垣

조상들의 성읍에서 그 성을 건축하게 하옵소서. (느 2:5)

To the city of my fathers' tombs, that I may rebuild it.

到我列祖坟墓所在的那城去, 我好重新建造.

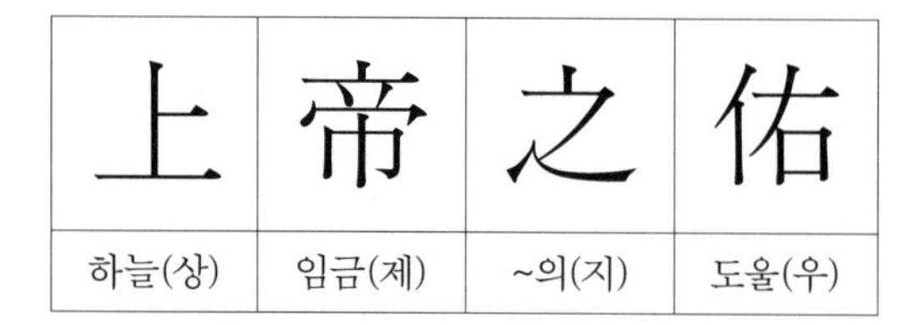

上	帝	之	佑
하늘(상)	임금(제)	~의(지)	도울(우)

하나님이 (나를) 도우셨다.

王	允	我	求
임금(왕)	허락할(윤)	나(아)	구할(구)

왕이 내가 요구함을 허락하셨다.

上	帝	之	佑

王	允	我	求

하나님이 (나를) 도우시므로 왕이 나의 요구함을 허락하셨다. (느 2:8)

God was with me, the king granted my requests.

因我神施恩的手帮助我, 王就允准我.

於	以	祿	月
에(어)	써(이)	녹(록)	달(월)

이때가 엘룰 월

二	十	伍	日
두(이)	열(십)	다섯(오)	해(일)

이십오 일이었다.

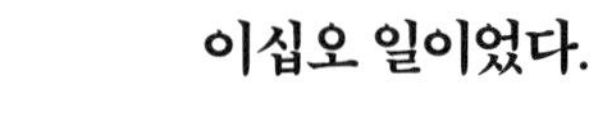

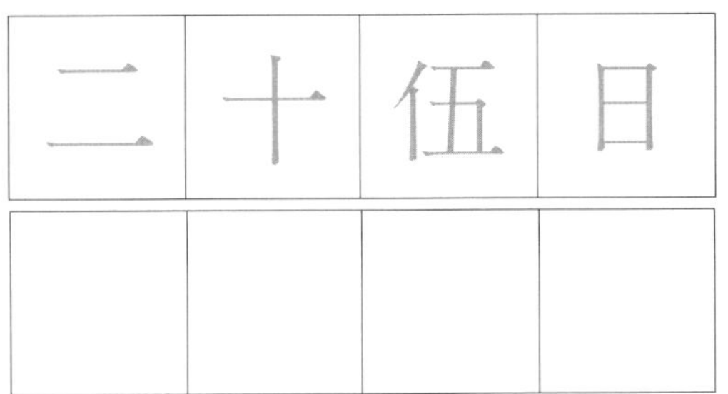

엘룰 월 이십오 일이더라. (느 6:15)

*以祿月(이록월): 엘룰 월(month of Elul, 엘룰은 '기쁨의 외침'이라는 뜻, 히브리력 여섯 번째 달로, 태양력의 8-9월이다. 《라이프성경사전》 참조)

In the twenty and fifth day of the month Elul.

以祿月二十伍日,

城	垣	修	成
성(성)	담(원)	고칠(수)	이룰(성)

(그후) 성벽이 다시 세워지고

城	垣	修	成

安	置	門	扉
편안(안)	둘(치)	문(문)	문짝(비)

문짝을 달았다.

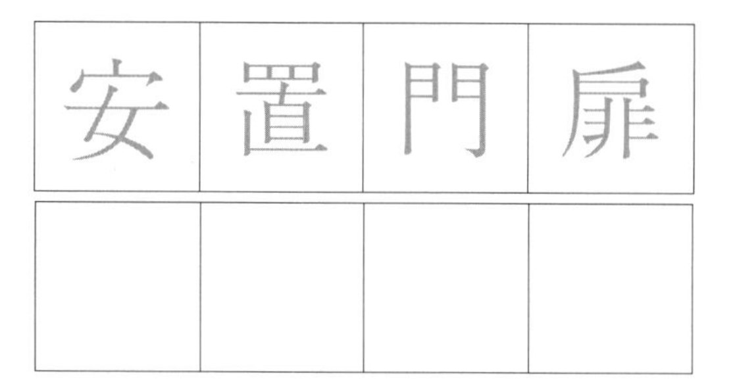

(그후) 성벽이 다시 세워지고 문짝을 달았더라. (느 7:1)

*修(수): 닦다, 고치다, 손질하다, 정리하다, 기르다

When the wall was rebuilt, and set up the doors in place.

城墙修完, 我安了门扇,

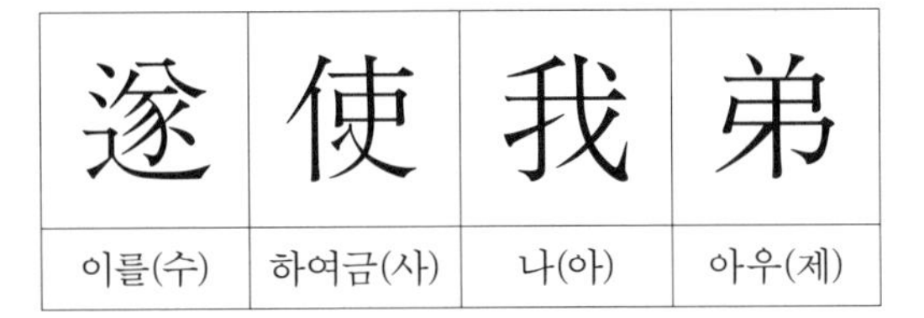

遂	使	我	弟
이를(수)	하여금(사)	나(아)	아우(제)

(그리고) **내 아우인**

哈	拿	尼	及
웃음(합)	붙잡을(나)	화평할(니)	함께(급)

하나니와 함께,

(그리고) 내 아우 하나니와 함께 (느 7:2)

*及(급): 미치다, 이르다, 함께, 더불어, 및, 와

I put in charge of (Jerusalem) my brother Hanani,

我的弟兄哈拿尼

哈	拿	尼	雅
웃음(합)	붙잡을(나)	화평할(니)	우아할(아)

(영문 관원) **하나냐는** (예루살렘을 다스렸는데)

哈	拿	尼	雅

忠	信	人	也
충성(충)	믿을(신)	사람(인)	어조사(야)

(그는) **충성스러운 사람이었다.**

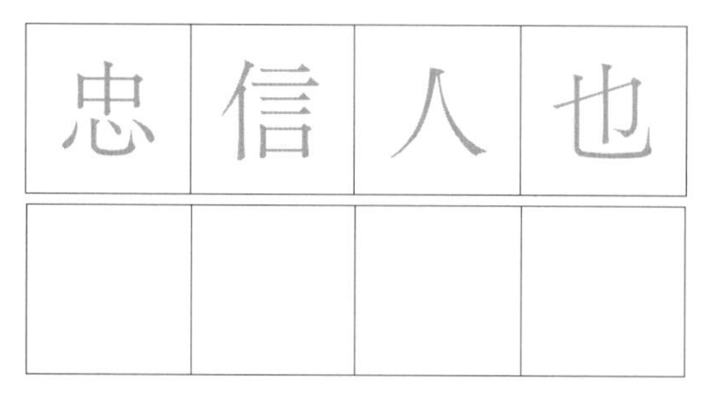

(영문 관원) 하나냐는 (예루살렘을 다스렸는데) 충성스러운 사람이요 (느 7:2)

Along with Hananiah, he was a man of integrity,

哈拿尼雅是忠信的,

敬	畏	上	帝
공경(경)	두려울(외)	하늘(상)	임금(제)

하나님을 경외함이

過	於	衆	人
초월할(과)	에(어)	무리(중)	사람(인)

많은 사람들 중에서 뛰어난 자였다.

敬	畏	上	帝

過	於	衆	人

하나님을 경외함이 무리 중에서 뛰어난 자라. (느 7:2)

And feared God more than most men do.

又敬畏神过于众人.

耶	路	撒	冷
어조사(야)	길(로)	뿌릴(살)	찰(랭)

예루살렘

城	垣	告	成
성(성)	담(원)	알릴(고)	이룰(성)

성벽의 봉헌(준공)을 알릴 때,

예루살렘 성벽 봉헌(준공)을 알릴 때, (느 12:27)

At the dedication of the wall of Jerusalem,

耶路撒冷城墙告成的时候

歡	呼	讚	揚
기쁠(환)	부를(호)	기릴(찬)	날릴(양)

謳	歌	擊	鈸
노래할(구)	노래(가)	칠(격)	동발(발)

환호하며 찬양하고

노래하며 동발을 치며

歡	呼	讚	揚

謳	歌	擊	鈸

감사하며 노래하며 제금을 치며 (느 12:27)

*鈸(발): 방울, 동발, 제금

With songs of thanksgiving and with the music of cymbals,

要称谢, 歌唱, 敲钹,

鳴	琴	鼓	瑟
울(명)	거문고(금)	연주(고)	비파(슬)

거문고 울리고 비파를 타며

鳴	琴	鼓	瑟

歡	喜	成	禮
기쁠(환)	기쁠(희)	이룰(성)	예절(례)

즐거이 봉헌식을 거행했다.

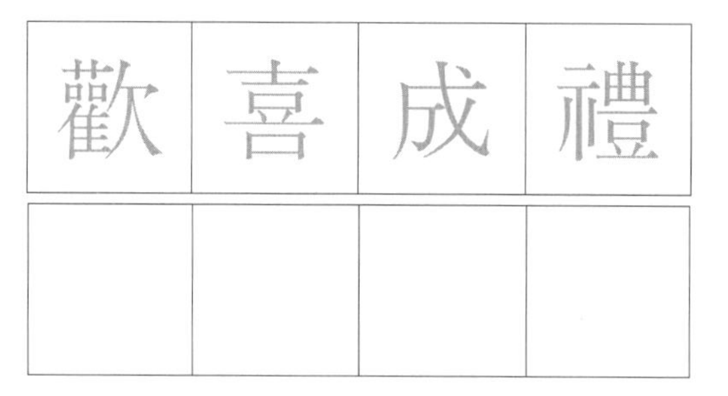

歡	喜	成	禮

비파와 수금을 타며 즐거이 봉헌식을 거행하였더라. (느 12:27)

*鼓(고): 두드리다, 치다, 연주하다, 북, 되, 무게의 단위(480근)

They might celebrate the dedication with harps and lyres.

鼓瑟, 弹琴, 欢欢喜喜地行告成之礼.

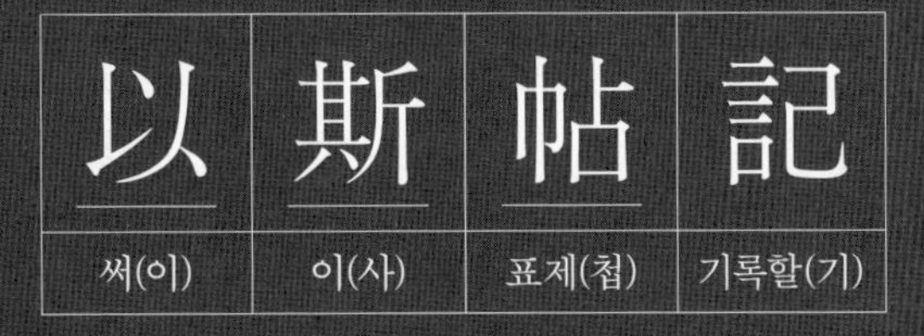

에스더

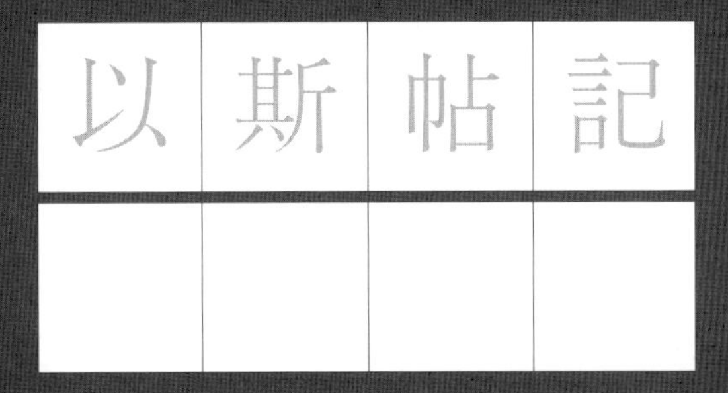

페르시아의 아하수에로 왕의 왕비가 되어 유대인 모르드개를 하만의 살해 음모에서 구해 내는 에스더 이야기가 기록됨. ('以斯帖'는 'Esther'를 한자로 표기한 것)

Esther [éstər]

爲	我	禁	食
할(위)	나(아)	금할(금)	먹을(식)

나를 위해 금식하십시오.

不	食	不	飮
아닐(불)	먹을(식)	아닐(불)	마실(음)

먹지도 말고 마시지도 마십시오.

爲	我	禁	食

不	食	不	飮

나를 위하여 금식하되, 먹지도 말고 마시지도 마소서. (에 4:16)

Fast for me, do not eat and do not drink.

为我禁食, 不吃不喝;

我	與	侍	女
나(아)	더불(여)	모실(시)	여자(녀)

나도 시녀와 함께

亦	是	禁	食
또(역)	이(시)	금할(금)	먹을(식)

역시 금식할 것입니다.

我	與	侍	女

亦	是	禁	食

나도 시녀와 더불어 역시 금식하리다. (에 4:16)

My maidens also will fast in the same way.

我和我的宫女也要这样禁食.

後	我	違	例
뒤(후)	나(아)	어긋날(위)	법식(례)

이후 나는 규례를 어기게 될 것입니다.

若	亡	則	亡
만일(약)	망할(망)	곧(즉)	망할(망)

만약 죽으면 죽을 것입니다.

後	我	違	例

이후 나는 규례를 어기리니 죽으면 죽으리라. (에 4:16)

And thus I will not according to the law, and if I perish, I perish.

*perish [périʃ] vi. 멸망하다, 죽다, 사라지다

然后我违例(进去见王), 我若死就死吧!

懸	於	哈	曼
달(현)	에(어)	웃을(합)	끝(만)

하만이 매달린 (나무),

爲	末	底	改
할(위)	끝(말)	밑(저)	고칠(개)

이는 모르드개를 달려고 한 것이다.

懸	於	哈	曼

爲	末	底	改

모르드개를 매달려고 한 (나무에) 하만이 (대신) 달렸더라. (에 7:10)

So Haman was hanged on the gallows that he had prepared for Mordecai.

于是人将哈曼挂在他为末底改

욥기

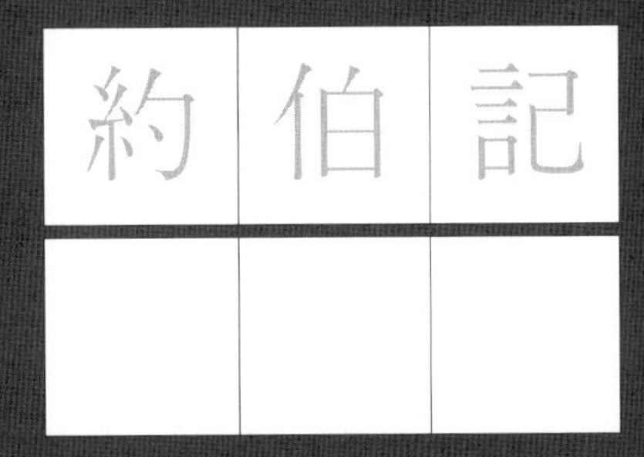

욥이 심각한 고난 속에서도 끝까지 신앙을 지키며 하나님을 경외한 이야기가 기록됨.

('約伯'는 'Job'을 한자로 표기한 것)

Job [dʒoub]

烏	斯	地	人
까마귀(오)	이(사)	땅(지)	사람(인)

우스 땅에 한 사람이 있었다.

烏	斯	地	人

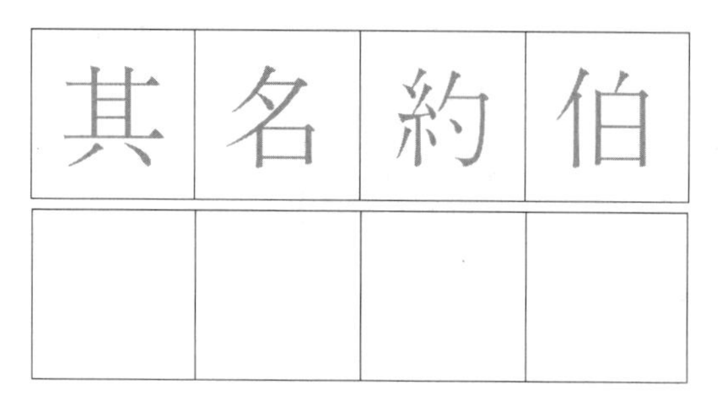

其	名	約	伯
그(기)	이름(명)	맺을(약)	맏(백)

그 이름은 욥이라는 사람이었다.

其	名	約	伯

우스 땅에 한 사람, 그 이름이 욥이라는 사람이 있었더라. (욥 1:1)
There was a man in the land of Uz whose name was Job,
乌斯地有一个人名叫约伯;

敬	畏	上	帝
공경할(경)	두려울(외)	하늘(상)	임금(제)

遠	離	惡	事
멀(원)	떠날(리)	악할(악)	일(사)

하나님을 경외하며

악에서 떠난 자였다.

敬	畏	上	帝

遠	離	惡	事

하나님을 경외하며 악에서 떠난 자더라. (욥 1:1)

He feared God and shunned evil.

那人完全正直, 敬畏神, 远离恶事.

衆	天	使	至
무리(중)	하늘(천)	사신(사)	이를(지)

(하늘의) **많은 천사들이 와서**

衆	天	使	至

立	於	主	前
설(입)	에(어)	여호와(주)	앞(전)

여호와 앞에 섰다.

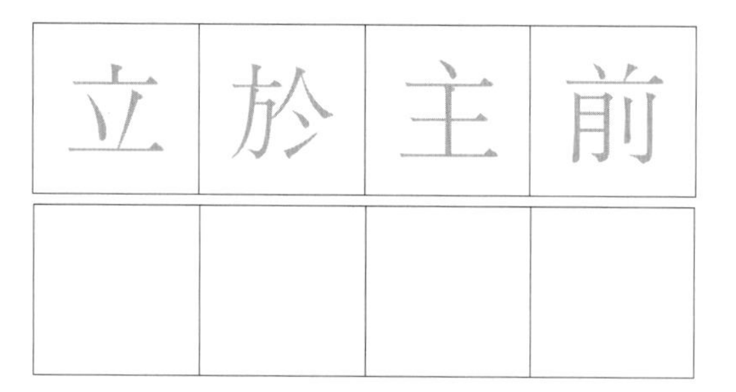

立	於	主	前

하나님의 아들들이 와서 여호와 앞에 섰더라. (욥 2:1)

The sons of God came to present themselves before the Lord.

神的众子来侍立在耶和华面前,

사탄도 역시 와서

立	於	主	前
설(입)	에(어)	여호와(주)	앞(전)

하나님 앞에 섰다.

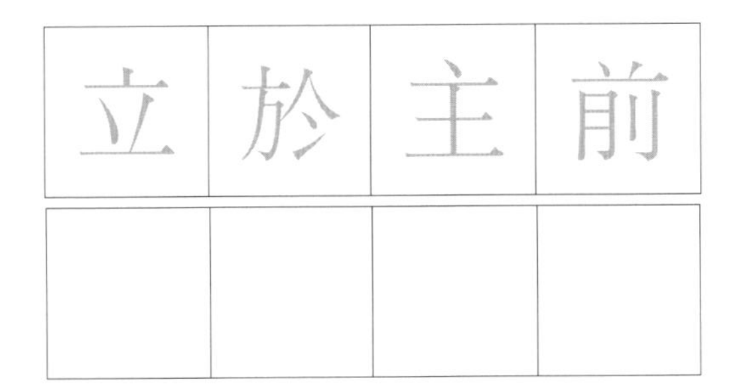

사탄도 역시 와서 하나님 앞에 섰더라. (욥 2:1)

Satan also came before the Lord.

撒但也来侍立在耶和华面前.

主	問	撒	但
여호와(주)	물을(문)	뿌릴(살)	다만(단)

여호와께서 사단에게 물으셨다.

爾	自	何	來
너(이)	부터(자)	어디(하)	올(래)

너는 어디서 왔느냐?

主	問	撒	但

爾	自	何	來

여호와께서 사단에게 가라사대 네가 어디서 왔느냐. (욥 2:2)

The Lord said to Satan, Where have you come from?

耶和华问撒但说:「你从那里来?」

爾	觀	約	伯
너(이)	볼(관)	약속(약)	맏(백)

篤	實	正	直
도타울(독)	열매(실)	바를(정)	곧을(직)

네가 욥을 유의하여 보았느냐,

그는 순전하고 정직하다.

爾	觀	約	伯

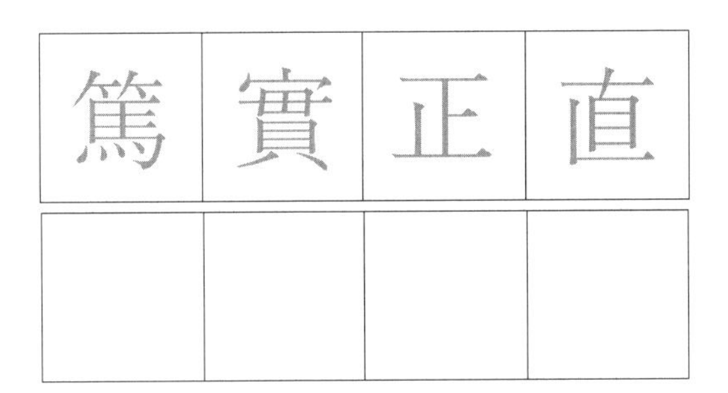

네가 욥을 유의하여 보았느냐, 그는 순전하고 정직한 자라. (욥 2:3)

Have you considered Job, he worship me and upright.

*consider [kənsídər] vt. 유의하다, 숙고하다, 두루 생각하다, 고찰하다

你曾用心察看我的仆人约伯没有. (地上再没有人像他)完全正直,

約	伯	患	瘡
맺을(약)	만(백)	고통(환)	부스럼(창)

自	踵	至	頂
부터(자)	발꿈치(종)	이를(지)	정수리(정)

욥에게 종양이 났는데

그의 발바닥에서 정수리까지 나게 했다.

約	伯	患	瘡

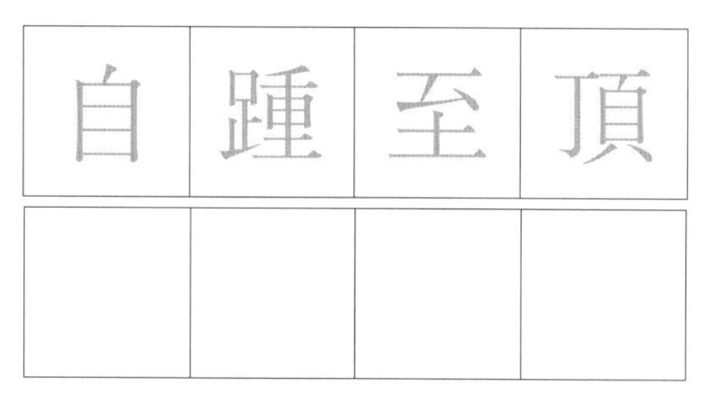

욥에게 종양이 났는데, 그의 발바닥에서 정수리까지 나게 한지라. (욥 2:7)

Job with painful sores from the soles of his feet to the top of his head.

*sore [sɔ:r] n. 종양 a. (상처가) 염증을 일으킨 *sole [soul] n. 발바닥, (말)굽바닥, 신바닥

击打约伯, 使他从脚掌到头顶长毒疮.

坐	於	灰	中
앉을(좌)	에(어)	재(회)	가운데(중)

재 가운데 앉아서

坐	於	灰	中

瓦	片	搔	身
기와(와)	조각(편)	긁을(소)	몸(신)

기와 조각으로 몸을 긁고 있었다.

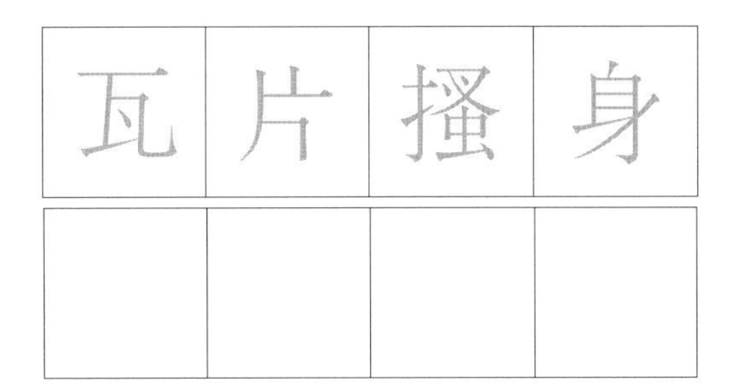

재 가운데 앉아서 기와 조각으로 몸을 긁고 있더라. (욥 2:8)

And he took a potsherd to scrape himself while he was sitting among the ashes.

*potsherd [pát−ʃə:rd/pɔ́t−] n. 질그릇 조각 *scrape [skreip] vt. 긁어, 깎아서, 닦아서, 문질러 긁어 벗기다 *ash [æʃ] n. 재, 화산재, 폐허

约伯就坐在炉灰中, 拿瓦片刮身体.

妻	謂	之	曰
아내(처)	이를(위)	~의(지)	말씀(왈)

(그의) **아내가 말하기를,**

詛	上	帝	死
저주(저)	하늘(상)	임금(제)	죽을(사)

하나님을 저주하고 죽으라 했다.

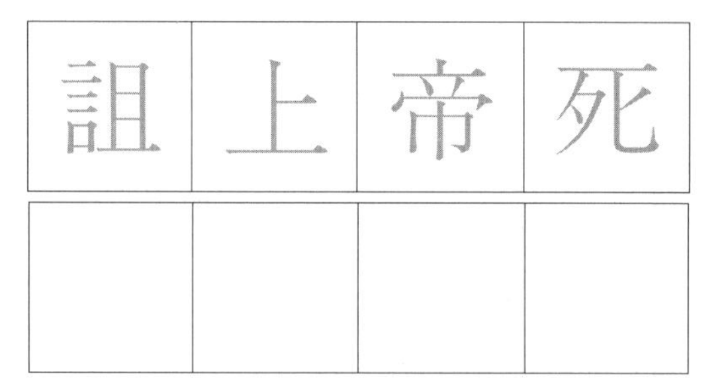

(그의) 아내가 그에게 이르되, 하나님을 욕하고 죽으라 하니라. (욥 2:9)

Then his wife said to him, Curse God and die!

*curse [kə:rs] vt. 저주하다, 악담(모독)하다

他的妻子对他说:「你弃掉神, 死了吧!」

狡	者	敗	計
교활(교)	사람(자)	패할(패)	세울(계)

不	得	成	就
아닐(부)	얻을(득)	이룰(성)	나아갈(취)

(하나님은) **교활한 자의 계교를 실패하게 하여**

성공을 얻지 못하게 했다.

狡	者	敗	計

不	得	成	就

교활한 자의 계교를 실패하게 하사 성공하지 못하게 하더라. (욥 5:12)

He frustrates the plotting of the shrewd, their hands cannot attain success.

*frustrate [frʌ́streit] vt. 꺾다 헛되게 하다, 실패하게 하다　*plotting [plátiŋ] n. 음모, 계교, 구획

*shrewd [ʃru:d] a. 예민한, 날카로운, 빈틈없는, 재빠른

破坏狡猾人的计谋, (使他们所谋的)不得成就.

主	所	懲	者
여호와(주)	바(소)	징계(징)	사람(자)

하나님께 징계받는 자,

是	人	有	福
이(시)	사람(인)	있을(유)	복(복)

이 사람은 복이 있다.

主	所	懲	者

是	人	有	福

하나님께 징계받는 자에게는 복이 있도다. (욥 5:17)

How happy is the man whom God reproves.

*reprove [riprú:v] vt. 징계하다, 꾸짖다, 비난하다, 훈계하다

神所惩治的人是有福的!

物	淡	無	鹽
물건(물)	싱거울(담)	없을(무)	소금(염)

싱거운 것을 소금 없이

豈	可	食	乎
어찌(기)	옳을(가)	먹을(식)	어조사(호)

어찌 먹겠느냐?

物	淡	無	鹽

豈	可	食	乎

싱거운 것을 소금 없이 어찌 먹겠느냐. (욥 6:6)
Can something tasteless be eaten without salt?
物淡而无盐岂可吃吗?

兄	弟	失	誠
맏(형)	아우(제)	잃을(실)	정성(성)

溪	之	竭	水
시내(계)	~의(지)	다할(갈)	물(수)

나의 형제가 성실치 못함이

시냇물의 마름 같다.

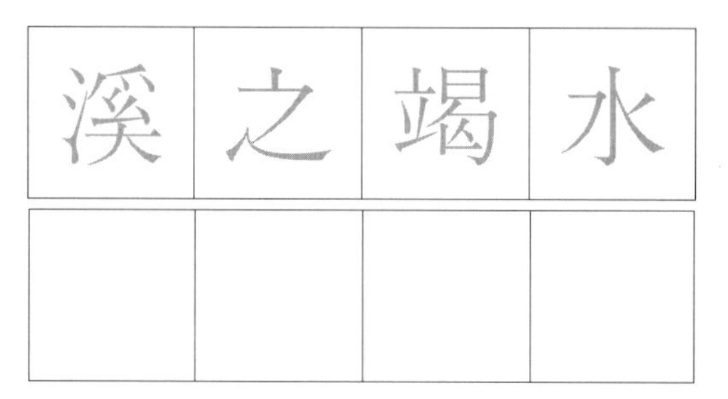

兄	弟	失	誠

溪	之	竭	水

나의 형제가 성실치 못함이 시냇물의 마름 같도다. (욥 6:15)

My brothers are as undependable as intermittent streams.

*undependable [ʌndipéndəbl] a. 의지(신뢰)할 수 없는 *intermittent [ìntərmítənt] a. 중단되는, 간헐적인

我的弟兄诡诈, 又像溪水流干的河道.

淸	潔	正	直
맑을(청)	깨끗할(결)	바를(정)	곧을(직)

청결하고 정직하면

上	帝	眷	顧
하늘(상)	임금(제)	돌볼(권)	돌아볼(고)

하나님은 돌보실 것이다.

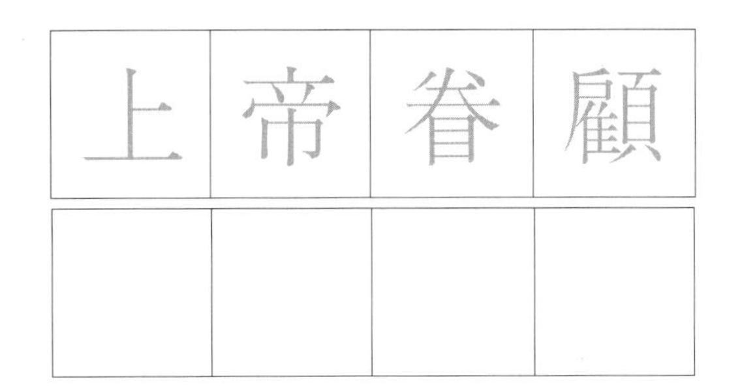

청결하고 정직하면 하나님은 돌보시리라. (욥 8:6)

If you are pure and upright, then God will come and help you.

你若清洁正直，他必定为你起来，

始	雖	卑	微
처음(시)	비록(수)	낮을(비)	작을(미)

네 시작은 비록 미약했으나,

始	雖	卑	微

終	必	昌	大
마칠(종)	반드시(필)	창성할(창)	큰(대)

네 나중은 필히 창대하리라.

네 시작은 미약하였으나, 네 나중은 심히 창대하리라. (욥 8:7)

Your beginnings will seem humble, so prosperous will your future be.

你起初虽然微小, 终久必甚发达.

上	帝	作	奪
하늘(상)	임금(제)	만들(작)	빼앗을(탈)

하나님이 빼앗으시면

上	帝	作	奪

誰	能	禦	之
누구(수)	능할(능)	막을(어)	갈(지)

누가 능히 막을 수 있을까?

誰	能	禦	之

하나님이 빼앗으시면 누가 막을 수 있으랴. (욥 9:12)

If God snatches away, who can stop him?

神夺取, 谁能阻挡?

我	雖	有	義
나(아)	비록(수)	있을(유)	옳을(의)

不	敢	答	之
아닐(불)	감히(감)	대답(답)	갈(지)

비록 내가 옳다 해도

감히 아무 대답도 할 수 없다.

我	雖	有	義

不	敢	答	之

비록 내가 옳다 해도 감히 아무 대답도 할 수 없도다. (욥 9:15)

*之(지): ~하였다

For though I were right, I could not answer.

我虽有义, 也不回答他,

我	若	發	言
나(아)	만약(약)	드러낼(발)	말씀(언)

我	苦	不	解
나(아)	쓸(고)	아닐(불)	풀(해)

내가 만약 말을 한다 해도

내 근심이 풀리지 않을 것이다.

我	若	發	言

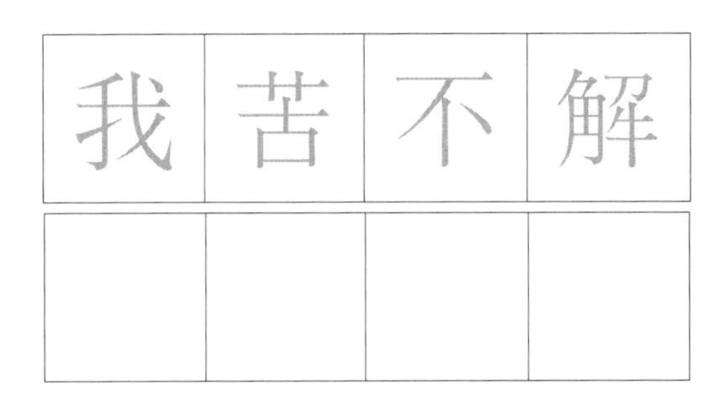

我	苦	不	解

내가 말하여도 내 근심이 풀리지 아니하도다. (욥 16:6)

*發(발): 피다, 드러내다, 쏘다, 떠나다, 나타내다, 계발하다

If I speak, my pain is not lessened.

*lessen [lésn] vt. 작게(적게) 하다, 풀리다, 줄이다, 감하다

我虽说话, 忧愁仍不得消解;

我	哭	面	紫
나(아)	울(곡)	낯(면)	자줏빛(자)

死	陰	蒙	目
죽을(사)	그늘(음)	덮을(몽)	눈(목)

내 얼굴은 울음으로 붉었고,

我	哭	面	紫

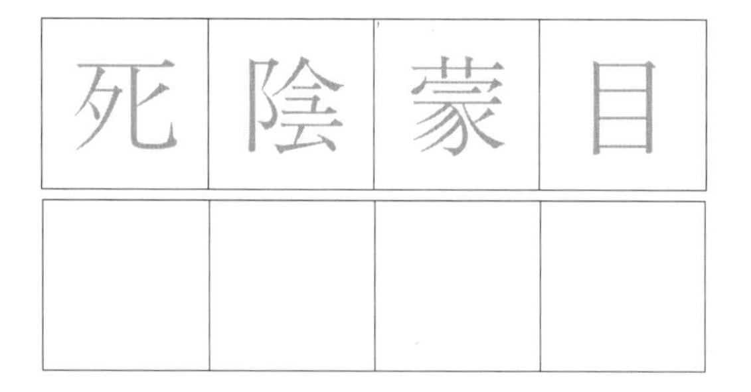

내 얼굴은 울음으로 붉었고, 눈꺼풀에는 죽음의 그늘이 있구나. (욥 16:16)

My face is flushed from weeping, and deep darkness is on my eyelids.

*flush [flʌʃ] vi. 붉어지다, 홍조를 띠다 *weeping [wi:piŋ] a. 눈물을 흘리는, 우는 *eyelid [áilìd] n. 눈꺼풀

我的脸因哭泣发紫, 在我的眼皮上有死荫.

我	氣	已	衰
나(아)	기운(기)	이미(이)	쇠할(쇠)

나는 기운이 쇠했다.

我	氣	已	衰

我	命	垂	盡
나(아)	목숨(명)	드리울(수)	다할(진)

나의 날이 다했다.

我	命	垂	盡

나의 기운이 쇠하였으며, 나의 날이 다하였도다. (욥 17:1)

My spirit is broken, my days are extinguished.

*extinguish [ikstíŋgwiʃ] vt. 다하다, 끄다, 잃게 하다, 전멸시키다

我的心灵消耗, 我的日子灭尽;

我	因	憂	慼
나(아)	인할(인)	근심(우)	근심할(척)

目	昧	不	明
눈(목)	어두울(매)	아닐(불)	밝을(명)

내 근심으로 인해 **눈이 어두워 졌다.**

我	因	憂	慼

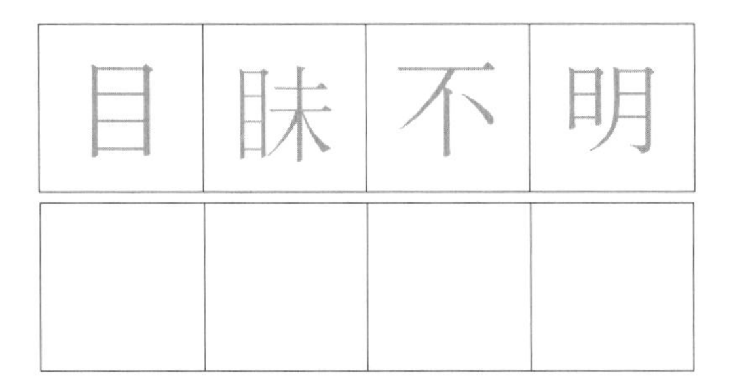

目	昧	不	明

내 근심 때문에 눈이 어두워졌도다. (욥 17:7)

My grief has almost made me blind.

*grief [gri:f] n. 근심, 슬픔, 비탄, 비통

我的眼睛因忧愁昏花;

我	之	肢	體
나(아)	~의(지)	사지(지)	몸(체)

나의 온 지체가

我	之	肢	體

虛	軟	如	影
빌(허)	연할(연)	같을(여)	그림자(영)

허약해져서 그림자 같다.

虛	軟	如	影

나의 온 지체가 허약해져서 그림자 같구나. (욥 17:7)

My arms and legs are thin as shadows.

我的百体好像影儿.

我	屈	哀	告
나(아)	굽힐(굴)	슬플(애)	고할(고)

내가 굴종하여 슬퍼 소리쳐도

不	蒙	對	答
아닐(불)	덮을(몽)	대할(대)	대답(답)

아무 대답이 없고

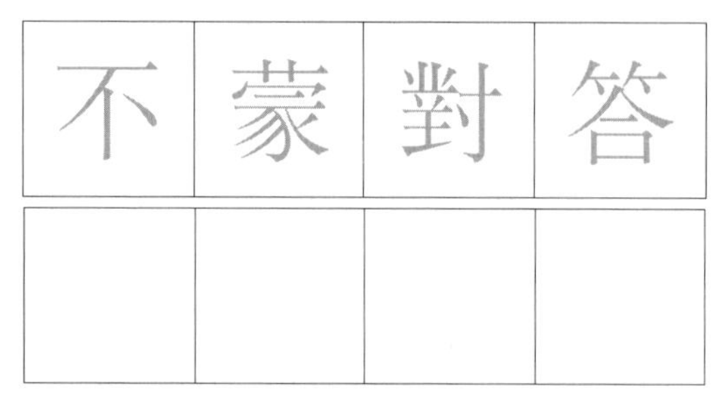

내가 굴종하여 슬퍼 소리쳐도 아무 대답이 없고. (욥 19:7)

I cry, violence! but I get no answer.

我因委曲呼叫, 却不蒙应允;

내가 비록 호소해 보아도

신원을 가릴 법이 없다.

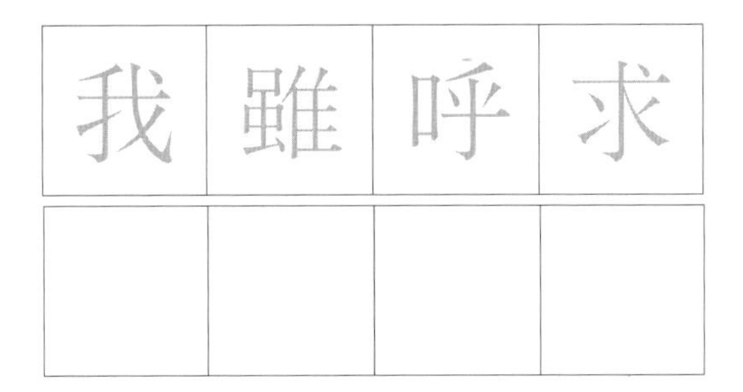

不 得 伸 寃

내가 비록 간구해 보아도 신원을 가릴 법이 없도다. (욥 19:7)

I shout for help, but there is no justice.

*justice [dʒʌ́stis] n. 정의, 공정, 공평

我呼求, 却不得公斷.

鐵	取	於	土
쇠(철)	가질(취)	에(어)	흙(토)

철은 흙에서 취하고,

鐵	取	於	土

銅	鍊	於	石
구리(동)	정련할(련)	에(어)	돌(석)

구리는 돌에서 녹여 얻는다.

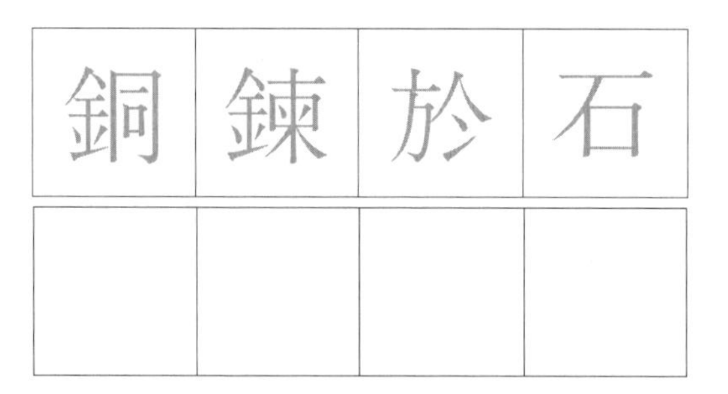

銅	鍊	於	石

철은 흙에서 취하고, 동은 돌에서 녹여 얻느니라. (욥 28:2)

*鍊(련): 불리다, 정련하다, 달구다, 익히다

Iron is taken from the dust, and copper is smelted from rock.

铁从地里挖出; 铜从石中熔化.

若	言	智	慧
만약(약)	말씀(언)	지혜(지)	지혜(혜)

말하건대 지혜는

若	言	智	慧

何	處	可	尋
어느(하)	곳(처)	옳을(가)	찾을(심)

어디서 찾아야 할까?

何	處	可	尋

말하건대 지혜는 어디서 찾아야 할까. (욥 28:12)

But where can wisdom be found?

然而, 智慧有何处可寻?

論	及	明	哲
논할(논)	이를(급)	밝을(명)	밝을(철)

논하건대 명철에 이르려면

何	在	可	覓
어느(하)	있을(재)	옳을(가)	찾을(멱)

어디에서 찾는 것이 좋을까?

論	及	明	哲

何	在	可	覓

논한다면 명철에 이르려면 어디에서 찾는 것이 좋을까? (욥 28:12)

Where is the place of understanding?

聪明之处在那里呢?

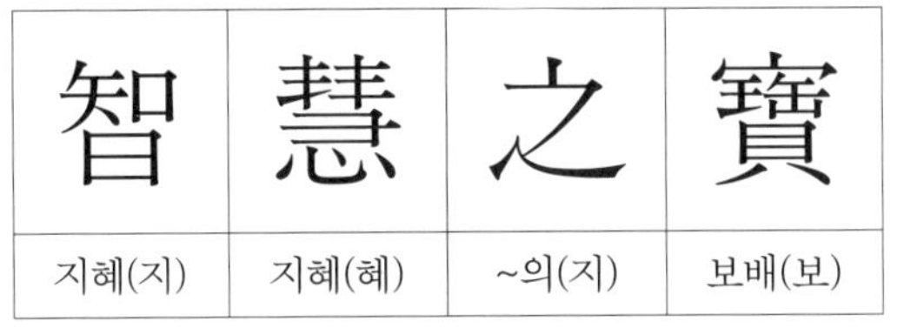

智	慧	之	寶
지혜(지)	지혜(혜)	~의(지)	보배(보)

踰	於	珍	珠
넘을(유)	에(어)	보배(진)	구슬(주)

지혜의 보배로움은

진주보다 귀하다.

智	慧	之	寶

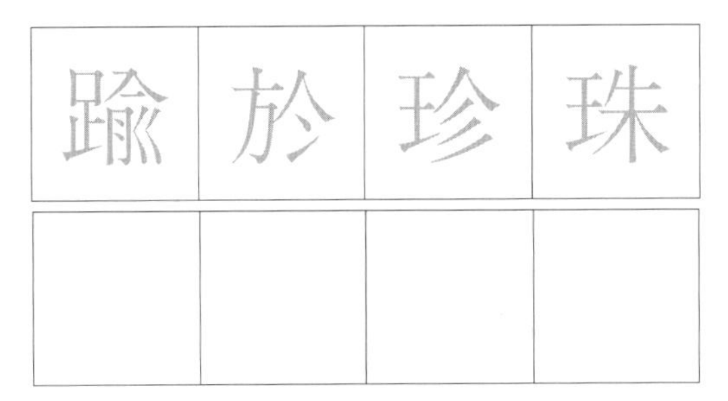

踰	於	珍	珠

지혜의 보배로움은 진주보다 귀하다. (욥 28:18)

And the acquisition of wisdom is above that of pearls.

智慧的价值胜过珍珠.

瞽	者	之	目
소경(고)	사람(자)	~의(지)	눈(목)

跛	者	之	足
절름발이(파)	사람(자)	~의(지)	발(족)

(나는) **소경의 눈도 되고,** **다리를 저는 사람의 발도 된다.**

瞽	者	之	目

跛	者	之	足

나는 소경의 눈도 되고, 다리를 저는 사람의 발도 되니라. (욥 29:15)

I was eyes for the blind, and feet for the lame.

我为瞎子的眼, 瘸子的脚.

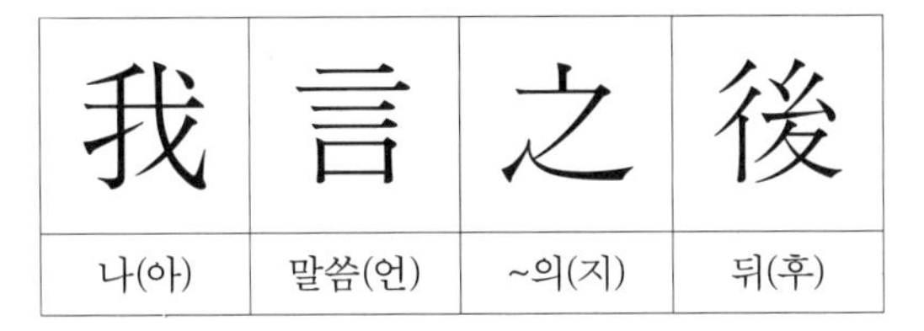

我	言	之	後
나(아)	말씀(언)	~의(지)	뒤(후)

不	敢	辯	駁
아닐(불)	감히(감)	말씀(변)	논박할(박)

내가 말한 후에는

(말에) **논박하지 못했다.**

我	言	之	後

不	敢	辯	駁

내가 말한 후에는 그들이 말을 논박하지 못하였도다. (욥 29:22)

After my words they did not speak again.

我说话之后, 他们就不再说;

我	言	誨	之
나(아)	말씀(언)	가르칠(회)	갈(지)

如	雨	淋	灕
같을(여)	비(우)	젖을(림)	스며들(리)

나의 가르침의 말이

비처럼 스며들었다.

我	言	誨	之

如	雨	淋	灕

나의 가르침의 말이 비처럼 스며들었음이라. (욥 29:22)

And my speech dropped on them.

我的言语像雨露滴在他们身上.

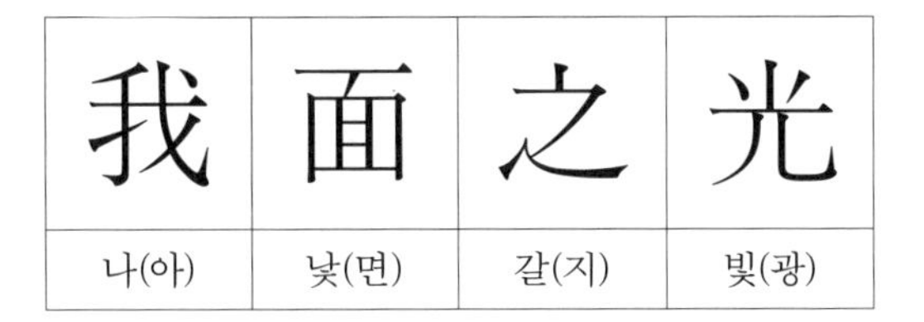

我	面	之	光
나(아)	낯(면)	갈(지)	빛(광)

不	敢	輕	視
아닐(불)	감히(감)	가벼울(경)	볼(시)

나의 얼굴빛을 **무색하게 아니했다.**

我	面	之	光

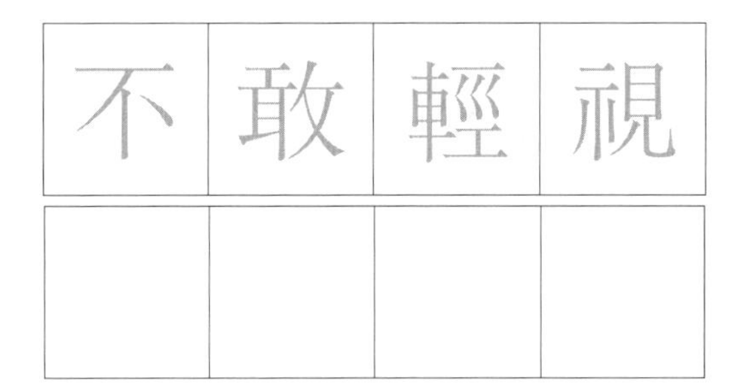

不	敢	輕	視

나의 얼굴빛을 무색하게 아니하였느니라. (욥 29:24)

And the light of my face they did not cast down.

他们不使我脸上的光改变.

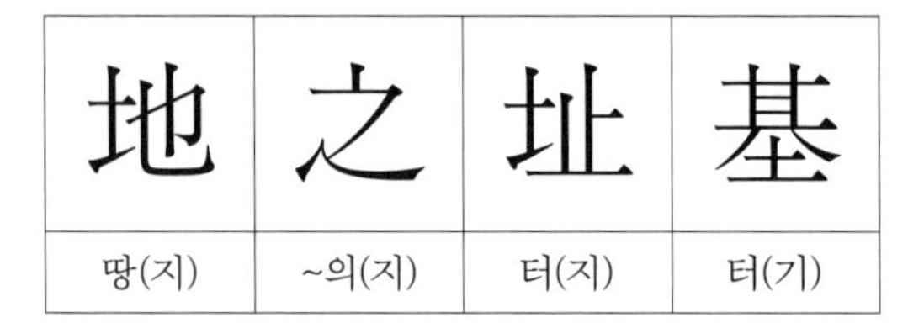

地	之	址	基
땅(지)	~의(지)	터(지)	터(기)

何	處	築	地
어디(하)	곳(처)	쌓을(축)	땅(지)

땅의 주초는

무엇 위에 세웠는가?

地	之	址	基

何	處	築	地

땅의 주초는 무엇 위에 세웠는가. (욥 38:6)

On what were its bases sunk?

地的根基安置在何处?

땅의 모퉁잇돌을

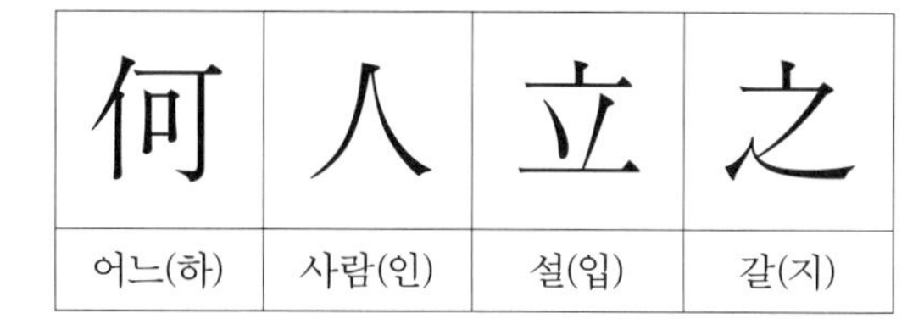

누가 놓았느냐?

何 人 立 之

땅의 모퉁잇돌을 누가 놓았느냐. (욥 38:6)

Who laid its cornerstone?

地的角石是谁安放的?

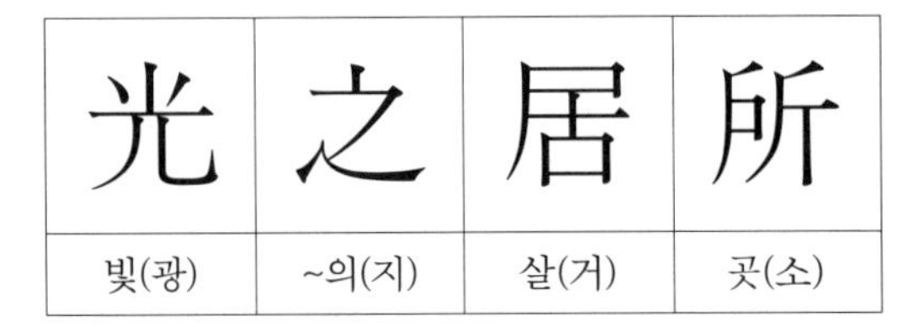

光	之	居	所
빛(광)	~의(지)	살(거)	곳(소)

何	路	可	至
어느(하)	길(로)	옳을(가)	이를(지)

광명의 거처는

어느 길로 가야 하는가?

光	之	居	所

何	路	可	至

광명의 거처는 어느 길로 가야 하는가. (욥 38:19)

Where is the way to the dwelling of light?

光明的居所从何而至?

흑암이 있는 집은 **또 어느 곳이냐?**

晦冥之宅 又在何處

흑암이 있는 집은 또 어느 곳이냐. (욥 38:19)

And darkness, Where is its place?

黑暗的本位在于何处?

我	知	上	帝
나(아)	알(지)	하늘(상)	임금(제)

나는 하나님을 아오니

我	知	上	帝

無	所	不	能
없을(무)	바(소)	아닐(불)	능할(능)

못 하실 일이 없습니다.

無	所	不	能

나는 하나님을 아오니 못 하실 일이 없사옵니다. (욥 42:2)

I know that Lord can do all things,

我知主, 你万事都能做;

참고문헌

성경

聖書 新公同譯, 社團法人 日本聖書協會, 1960.

現代中文譯本修整版 聖經, 香港聖經公會, 1962.

貫珠 聖經全書 大韓聖書公會, 1964.

新舊約全書 上帝版 聖經, 台灣聖經公會, 1997.

漢文聖經(1912年 發刊), 金炅洙編, 2010.

성경전서(개역한글), 대한성서공회, 1965.

새번역성경, 아가페출판사, 2002.

현대인의성경, 생명의말씀사, 2004.

성경전서(개역개정), 대한기독교서회, 2011.

NASB(New American Standard Bible) THE LOCKMAN FOUNDATION, 1960.

Holy Bible, United Bible Societies, 1965.

NIV(New International Version), United Bible Societies, 1973.

KJV(1611 Edition King James Version), 말씀보존학회, 2011.

성경 외

舊約註釋, 上海中國聖教書會印發, 1911.

新約註釋, 上海中國聖教書會印發, 1911.

기독교대사전, 조선출, 대한기독교서회, 1970.

성서백과사전, 성서교재간행사, 1980.

기독교대백과사전, 기독문화사, 1982.

국어대사전, 이희승, 금성출판사, 1992.

네이버 사전 (NAVER dictionary) dic.naver.com

대한성서공회 http://www.bskorea.or.kr

두피디아 https://www.doopedia.co.kr

브리태니커 백과사전 premium.britannica.co.kr

한국어 사전 https://ko.wikipedia.org/wiki/한국어_사전

한국어-히브리어 사전 https://ko.glosbe.com

홀리넷 http://www.holybible.or.kr

◦사자성경 감수 및 제언자 (가나다 순)

김용진 (숭실대학교 영어영문학과 교수, 언어학 박사)
김정일 (주성대학교 아동청소년문화복지과 교수, 철학 박사)
박미례 (중국칭화대학교 교수, 중문학 박사)
박정옥 (성결대학교 유아교육학과 교수, 아동학 박사)
서정민 (서울대학교 사회복지연구소 교수, 사회복지학 박사)
신연희 (성결대학교 사회복지학과 교수, 사회학 박사)
안영길 (성결대학교 국어국문학과 교수, 한문학 박사)
유진현 (신한대학교 식품조리과학부 교수, 영양학 박사)
이건수 (백석대학교 경찰행정학과 교수, 범죄학 박사)
이덕환 (명지대학교 교양학부 교수, 이학 박사)
이석우 (전 KBS 제작본부장)
정성길 (전 국방대학원 정책학부 교수, 정책학 박사)
조정길 (성결대학교 컴퓨터공학부 교수, 전산학 박사)
조회경 (성결대학교 국어국문학과 교수, 국문학 박사)
주시후 (협성대학교 교양학부 교수, 환경학 박사)
최락인 (성결대학교 국제개발협력학부 교수, 행정학 박사)
한기웅 (성결대학교 교양학부 교수, 문학 박사)
한승훈 (경동엔지니어링 부사장, 도시계획학 박사)

사자성경
1 창세기–욥기
I Genesis–Job
Four-Character Idioms of Bible

2018. 2. 28. 초판 1쇄 인쇄 2018. 3. 15. 초판 1쇄 발행 **편저자** 정종기
펴낸이 정애주
국효숙 김기민 김의연 김준표 김진원 박세정 송승호 오민택 오형탁 윤진숙 임승철 임진아 정성혜 차길환 최선경 한미영 허은
펴낸곳 주식회사 홍성사
등록번호 제1-499호 1977. 8. 1. **주소** (04084) 서울시 마포구 양화진4길 3 **전화** 02) 333-5161 **팩스** 02) 333-5165
홈페이지 www.hsbooks.com **이메일** hsbooks@hsbooks.com
페이스북 facebook.com/hongsungsa **양화진책방** 02) 333-5163

이 도서의 국립중앙도서관 출판예정도서목록(CIP)은 서지정보유통지원시스템 홈페이지(http://seoji.nl.go.kr)와
국가자료공동목록시스템(http://www.nl.go.kr/kolisnet)에서 이용하실 수 있습니다.(CIP제어번호: CIP2018006157)
ISBN 978-89-365-1279-8(04720) ISBN 978-89-365-0551-6(세트)

홍성사.